AF594838

REGRESO

REGRESO

CÓMO ATRAER A SU HIJO DE VUELTA A LA IGLESIA

BRANDON VOGT

TRADUCIDO POR LUCIANO MOLINAS

SEGUNDA EDICIÓN

Publicado por Word on Fire, Elk Grove Village, IL 60007
© 2025 por Word on Fire Catholic Ministries
Impreso en los Estados Unidos de América
Todos los derechos reservados

Diseño y composición gráfica de Cassie Bielak

Las citas bíblicas, a menos que se indique lo contrario, son de El Libro del Pueblo de Dios (Traducción argentina), 1990, © 2007 Libreria Editrice Vaticana, Vatican.va.
Aunque todas las historias de este libro son verdaderas, algunos nombres e información identificatoria han sido cambiados para proteger la privacidad de las personas involucradas. También, aunque todas las historias están basadas en experiencias reales, algunas han sido combinadas o generalizadas para representar temas comunes.

Primera Edición publicada en 2015 por Numinous Books
Segunda Edición publicada en 2025 por Word on Fire

Ninguna parte de este libro puede ser utilizada o reproducida de ninguna forma sin permiso por escrito, excepto en el caso de breves citas en artículos de la crítica o revisiones. Para mayor información, contactar a Word on Fire, PO Box 97330, Washington DC 20090-7330 o al correo electrónico contact@wordonfire.org.

ISBN: 978-1-68578-147-7

Library of Congress Control Number: 2024944706

RESEÑAS

«Todo padre Católico necesita este libro. Derrumba los mitos de por qué los jóvenes dejan la Iglesia y compone un plan maravilloso (y muy práctico) paso a paso para ayudarlos a regresar a la fe».

—**Trent Horn**, apologista del equipo de Catholic Answers

«*Regreso* es el recurso que los padres de hijos alejados han estado esperando: combina poderosas ideas espirituales con consejos prácticos que usted puede comenzar a aplicar ahora mismo. Es como un campo de entrenamiento para guerreros espirituales que están a punto de partir a una misión de búsqueda y rescate».

—**Jennifer Fulwiler**, bloguera y autora de *Something Other Than God* [Algo Distinto a Dios]

«*Regreso* de Brandon Vogt ofrece modos prácticos y realistas de traer almas perdidas a casa. Y yo debería saberlo: Fui uno de esos niños que dejaron la Iglesia por más de diez años. *Regreso* me llega a lo más profundo. Revela no solo por qué la gente se aleja de la Iglesia, sino cómo traerlos de vuelta al redil de Cristo. Es un verdadero tesoro para nuestro tiempo».

—**Leah Darrow**, oradora y autora Católica, y fundadora de Lux University

«A cada lugar que voy encuentro a padres que están preocupados porque sus hijos no practican más la fe. Finalmente, he aquí una guía práctica para hacer algo al respecto. Es hora de que abordemos este problema seriamente, y *Regreso* puede ayudar con eso».

—**Matthew Kelly**, fundador de Dynamic Catholic

«*Regreso* es un recurso que las familias Católicas de hoy necesitan desesperadamente. Este nuevo y fantástico recurso está lleno de respuestas prácticas, alentadoras y que dan sustento. Un "artículo imprescindible" para todo hogar, parroquia y biblioteca Católica».

—**Lisa M. Hendey**, autora de *The Grace of Yes* [La Gracia del Sí]

«La pregunta número uno que frecuentemente me hacen es, "¿Cómo podemos traer de regreso a nuestro hijo o hija a la Iglesia Católica?". Esto aflige los corazones de millones de padres. Por fin, alguien nos ha dado herramientas sensatas, oraciones y sabiduría sobre este problema vital. ¡Brandon ha creado una vez más un libro inspirador para ayudarnos a traer a nuestros amados a casa con Jesús y Su santa Iglesia!».

—**Tom Peterson**, fundador de Catholics Come Home
[Católicos Vuelvan a Casa]

«¿Qué regalo más grande desearía todo padre para un hijo que abandonó la Iglesia, que ayudarlo a volver a estar en contacto con la gracia de Dios? El libro de Brandon Vogt, *Regreso,* brinda más que solo sabiduría práctica y consejos perennes, es una hoja de ruta de evangelización para los padres Católicos de hijos que han abandonado la Iglesia. Compre este libro. Lea este libro. Haga lo que dice este libro. ¡Vea entonces qué gran regalo tiene Dios para su familia!».

—**Marcel LeJeune**, autor y fundador de Catholic Missionary Disciples
[Discípulos Misioneros Católicos]

«Bien documentado y realista, *Regreso* de Brandon Vogt no está solo lleno de esperanza, sino que llena magníficamente de esperanza. Una respuesta estridente para las plegarias más ardientes de muchos padres Católicos».

—**Dr. Stephen Bullivant**, Director del Centro Benedicto XVI para la Religión
y la Sociedad en la Universidad Santa María

«Una de las preguntas más comunes que recibo como director del St. Paul Street Evangelization [Evangelización en la calle San Pablo] es, "¿Cómo puedo traer de regreso a mi hijo o hija a la Iglesia?". Lo escucho todo el tiempo. Todo Católico que conozco tiene al menos un familiar cercano que se ha alejado de la Iglesia. *Regreso,* de Brandon Vogt, es una respuesta excelente a esa pregunta. Hace un gran trabajo colocando los cimientos y compartiendo los mejores consejos y estrategias prácticas. Compre este libro si desea ayudar a su hijo a volver».

—**Steve Dawson**, fundador de St. Paul Street Evangelization

«Así habla el Señor:

Reprime tus sollozos, ahoga tus lágrimas,

porque tu obra recibirá su recompensa . . .

y ellos volverán del país enemigo.

Sí, hay esperanza para tu futuro . . .

los hijos regresarán a su patria».

—JEREMÍAS 31, 16–17

Para todos aquellos que se han alejado
y para aquellos que se preparan para traerlos
de regreso.

ÍNDICE

PARTE III – LAS GRANDES OBJECIONES

PRÓLOGO

Por el Obispo Robert Barron

La Iglesia enfrenta hoy muchos desafíos, pero estoy convencido de que el más apremiante, al menos en Norteamérica, es el índice de deserción de nuestra gente. El trece por ciento de los norteamericanos se identifican como ex-Católicos, y por cada uno que se convierte a la fe católica, se van más de seis. Un tercio de las personas criadas como Católicas no se identifican hoy como Católicos, y la asistencia a Misa, descrita por el Concilio Vaticano Segundo como la «fuente y culmen de la vida cristiana», continúa cayendo, con un mísero 24% en los bancos de las Iglesias de un domingo cualquiera. Las estadísticas empeoran entre las generaciones más jóvenes. Un tercio de la generación Millenial afirma no tener afiliación religiosa, y solo el 16% se identifica como Católico.

Es sencillo pasar por encima estos números y justificar un falso sentido de seguridad. Es cierto que la población Católica se ha mantenido relativamente estable, pero esto es en mayor medida debido a la llegada de nuevos fieles inmigrantes que reemplazan a los Católicos que se van. Obviamente esto no es una tendencia sostenible o deseable. Incluso entre los inmigrantes, cuando la asimilación cultural se arraiga en la segunda o tercera generación, abandonan la Iglesia en porcentajes similares a los de la población Católica en general. Como muchos evangelizadores han notado, «Dios no tiene nietos». Cada generación debe conocer a Cristo y a la Iglesia por primera vez, sin confiar en el mero ambiente cultural o la identificación étnica.

Pero, aunque es posible que Dios no tenga nietos, la gente sí. Si está leyendo este excelente libro de Brandon Vogt, hay grandes posibilidades que sea un padre o abuelo preocupado porque su hijo o nieto se ha alejado de la fe. A pesar del aparente fracaso y la desilusión, se estará preguntando ¿Qué anduvo mal? ¿Hice lo suficiente? ¿Qué más podría haber hecho? ¿Hay algo que pueda hacer ahora? ¿Cómo repara alguien una relación rota con Cristo y con la Iglesia?

Para estas muchas preguntas, *Regreso* de Brandon Vogt brinda una ayuda enorme y desesperadamente necesaria. Todo padre o abuelo con un hijo que se ha alejado necesita leer este libro. Encontrará consejos concretos y estrategias prácticas. En vez de optar por la desesperación, Brandon apela a la creatividad y a la valentía, nuevos abordajes impregnados por la vitalidad de la Nueva Evangelización. *Regreso* incluye uno de los mejores resúmenes de la deserción de Católicos, junto a ideas apasionadas de por qué la gente descarta la fe de la Iglesia. No lanza calumnias o culpas, y evita la acusación del chivo expiatorio que caracterizan algunos abordajes de este problema. En su lugar, se enfoca en la solución, utilizando un énfasis positivo en lo que los padres pueden decir y hacer para responder a las objeciones de sus hijos, reconstruir relaciones, y finalmente atraerlos de regreso a la Iglesia.

Regreso no ofrece ninguna garantía mágica de que su hijo regresará. Pero encontrará un plan de juego completo para crear el mejor ambiente posible para recuperar a su hijo para Cristo y su Iglesia.

He trabajado por un buen tiempo junto a Brandon Vogt en los ámbitos de la labor del Señor. Su dedicación a la causa de la evangelización es ejemplar. Es un discípulo misionero pionero, cuyo sentido de la alegría por el Evangelio es contagioso y reconfortante. Por lo tanto, si su hijo o hija ha dejado la fe, lo animo a no abandonar la esperanza y aprender de sus consejos en este libro. *Regreso* prestará servicio como un recurso esencial para los esfuerzos de evangelización de la Iglesia y será un verdadero punto de inflexión para padres desesperados de cualquier lugar.

INTRODUCCIÓN

La familia de Juan estaba disfrutando una cena tranquila, agradable, sentados alrededor de la mesa conversando sobre el primer semestre de la universidad. La plática era estupenda hasta que su madre, Diana, preguntó en tono despreocupado a qué parroquia concurría en la facultad.

Juan dubitativo, dijo «Bueno, para ser honesto, en verdad hace tiempo que no voy a la Iglesia. Es difícil en la Universidad —tengo clases, deportes, actividades y estoy muy ocupado. Fui a Misa algunas pocas veces cuando llegué, pero luego me salteé uno o dos domingos. Con el paso de las semanas, supongo que dejé de ir. De hecho, hace tiempo que no voy . . .».

«Oh», contestó su madre, tragando saliva nerviosamente. «Hum. Estoy un poco sorprendida. Ibas a Misa todos los domingos cuando creciste; te criamos Católico. Es realmente importante que tú . . .».

«Ma, está bien». Interrumpió Juan. «En verdad, no estoy seguro si sigo realmente viendo la razón. Quiero decir, valoraba la Iglesia cuando crecí. Estoy feliz que todos fuéramos. Me formó y me ayudó a convertirme en una buena persona. Pero luego de conocer nueva gente en la universidad, y de pensar en Dios y en la fe por primera vez, me di cuenta de que no estoy seguro si yo mismo creo. Es como que de algún modo lo acepté porque era lo que ustedes creían. Iba a la Iglesia porque era lo que hacíamos como familia, y eso es lo que todos creían mientras crecíamos. Pero no estoy seguro si lo sigo creyendo, y siento que, si voy a la Iglesia ahora, solamente sería un hipócrita».

A Diana se le cayó el alma a los pies. Se le cerró la garganta. Miró a su marido en busca de apoyo, pero nadie supo qué contestar. Pasó un momento, antes que ella murmurara una respuesta:

«¡Guau! Ni siquiera estoy segura qué responder. Solo creí que enviándote a colegios Católicos . . .».

«Ma, está bien. En serio». Interrumpió Juan. «No es para tanto. Ninguno de mis amigos de la universidad va a la iglesia y realmente son buena gente —amables, generosos, de mente abierta, tolerantes. Como dije, creo que fue bueno que fuera a la Iglesia y a una escuela Católica mientras crecía, y estoy feliz que tú y papá lograran mucho a partir de ello, pero es que solo ya no veo más la necesidad. Tal vez algún día, cuando tenga hijos, volveré, así ellos podrán ser criados con buenos valores morales, pero estoy bien sin eso por el momento».

Si es un padre Católico en los Estados Unidos, y las estadísticas dicen la verdad, este no es un escenario disparatado para usted. Es auténtico y común. Hay grandes posibilidades de que uno de sus hijos se haya alejado de la Iglesia y que, al menos por el momento, no muestre signos de regresar.

Y no es solamente su familia. La Iglesia Católica se está desangrando de gente joven.

La mitad de los jóvenes norteamericanos que fueron criados como Católicos ya no se identifican hoy como Católicos. Aproximadamente ocho de cada diez (79%) que abandonan la fe, lo hacen antes de los veintitrés.

Algunos se alejan en la adolescencia mientras buscan su propia identidad. Algunos han sido heridos por personas dentro de la Iglesia. Otros se hunden en estilos de vida que entran en conflicto con las enseñanzas de la Iglesia. Muchos se marchan a la universidad, se conectan con profesores no Cristianos o escépticos, y lentamente pierden su fe. Algunos se adentran en el mundo, forman una familia y son absorbidos por el trabajo, pasatiempos, la vida de familia, perdiendo la fe en ese trajinar. Hay muchas historias, pero la mayoría comparte el mismo resultado: gente joven huyendo de la Iglesia.

La parábola del hijo pródigo se vuelve a representar cada día en los hogares a lo largo del país cuando millones de madres y padres esperan que sus hijos regresen a casa en la Iglesia. Está siendo evocada en el revolear de ojos y encoger de hombros de los hijos a los que no les interesa Dios, y en las lágrimas, pena y frustración de los sueños rotos y llanto del «¿Dónde nos equivocamos?».

Pocas experiencias generan más desesperación que tener un hijo que deja la Iglesia. Los padres comienzan a preocuparse profundamente de lo que les sucederá a sus hijos luego de la muerte si continúan rechazando la fe. ¿Cómo lo juzgará Dios a él? ¿Cómo nos juzgará a nosotros? ¿Estaremos todos juntos en la eternidad?

Otros se preocupan de cómo afectará las relaciones de familia. ¿Cambiará el modo en que la familia celebra los feriados y las ocasiones especiales? ¿Causará divisiones en mi familia? ¿Comenzará mi hijo a distanciarse? Una madre se lamenta «Mi hijo y su esposa no asistirán a la Primera Comunión o Confirmación familiar porque no quieren que sus hijos sean expuestos a los rituales Católicos. Eso ha abierto una brecha en el centro de nuestra familia».

Si la aflicción no fuera suficiente, muchos padres sienten culpa y vergüenza, creyendo que son los culpables del alejamiento de sus hijos. «Todo esto es tan humillante», admitió una madre. «Siempre fuimos conocidos como la familia Católica perfecta. Es que solo puedo escuchar a la gente diciendo "Bueno, me imagino que no eran tan buenos como pensábamos"».

La mayoría de los padres se sienten desamparados. Están desesperados por traer de regreso a sus hijos a la Iglesia, pero no saben qué hacer.

En los últimos años, me encontré con esta situación muchas veces. He hablado con miles de Católicos a lo largo del país en grandes conferencias, en pequeños grupos parroquiales, y todo lo que está en el medio. Luego de cada charla que doy, hay habitualmente una sesión de preguntas y respuestas. Inevitablemente, sin importar el tema de mi charla, la pregunta que escucho más frecuentemente es alguna versión de esto: «Mi hijo ha abandonado la fe y estoy devastado. ¿Qué debería hacer?».

Por largo tiempo, muchos de los líderes de la Iglesia sugerían jugar el juego de la espera. «Oh, anímate, tu hijo volverá», ellos motivaban. «Simplemente espera a que se case o tenga hijos». Pero como veremos más adelante en este libro, ese ya no es más el caso. Actualmente, muy pocos jóvenes adultos que se alejaron, terminan regresando solamente por el matrimonio o por los hijos.

El juego pasivo del «esperar y ver» no es más una alternativa. Necesitamos una estrategia diferente, algo más adecuado a la realidad. Necesitamos comprender el contexto y las verdaderas razones por las cuales nuestros jóvenes se alejan. Luego, una vez que comprendamos el problema, necesitaremos un plan de juego para traerlos de regreso.

Esto es precisamente lo que este libro le dará. Pasé más de un año planeando e investigando para este libro, hablando con expertos y conversando con cientos de padres y jóvenes que habían abandonado la Iglesia y luego regresado. Quería descifrar exactamente qué funciona, y luego compartirlo con los millones de padres que están desesperados por ayuda. En este libro, encontrará las mejores estrategias prácticas para traer a su hijo de regreso —sin banalidades, sin perogrulladas espirituales, solo estrategias verdaderas, probadas que funcionan.

Imagínese la alegría de ver a su hijo de nuevo al lado suyo en Misa, no sentado allí desinteresadamente, sino rezando con entusiasmo y adorando al Señor. Imagínese la felicidad de tener conversaciones profundas sobre Dios y la fe. Imagine la satisfacción de saber que su hijo tiene una relación floreciente, personal con Jesús y su Iglesia, y que es un discípulo comprometido que pasará toda la eternidad con usted y con el Padre celestial, y todos los santos y ángeles.

Esas no son solo fantasías. Son verdaderas posibilidades, y este libro lo colocará en el camino hacia lograrlas.

Unas pocas notas breves antes de zambullirnos. Primero, el lenguaje. Notará que en este libro utilizo el pronombre masculino él porque quise evitar los cambios confusos entre *él o ella* y el molesto *ellos* para describir individuos. Pero el consejo en este libro aplica igualmente bien para hijos e hijas. Por último, utilizo el término *ex-Católico,* que es como muchas personas piensan de sí mismas luego de alejarse de la Iglesia, aunque tales personas no son —y nunca podrán ser— ex-Católicas al menos en lo que a Jesús y su Iglesia respecta. La Iglesia nunca considera a sus hijos como si hubieran dejado la familia, sin importar lo que hagan o cuán lejos se alejen, incluso si ellos no se consideran a sí mismos como parte. Pero con eso en mente, en beneficio de la claridad, usaremos el término *ex-Católico* para describir a aquellos que no practican más, activamente, su fe Católica.

Otra cosa que es importante resaltar es que esta no es una guía para *mantener* a sus niños Católicos. Hay muchos otros recursos que ayudan a inculcar una fe profunda y duradera en sus hijos cuando son más chicos. Estos son necesarios urgentemente. Pero la pregunta en la que nos estamos enfocando aquí y probablemente la pregunta que se está haciendo usted es ¿Qué hago *luego* de que mi hijo se ha alejado? Podría desear haber actuado diferente cuando era chico, pero ese barco ha partido. No necesita tenerlo en el muelle; necesita conducirlo a casa. Afortunadamente, eso es lo que aprenderá en este libro.

Tercero, este libro no propone una fórmula mágica. Desearía que hubiera una fórmula simple, de arranque instantáneo, que fuera garantía para que su hijo regresara a la Iglesia, sin importar su situación. Simplemente conecte a su hijo, siga estos pasos y ¡listo! Está de regreso. Pero ¡por desgracia!, estamos tratando con personas reales y muchas variables —usted, su hijo, creencias personales, el libre albedrío. No puedo garantizar que los pasos en este libro guiarán *indudablemente* a su hijo de regreso a la Iglesia. Pero puedo prometerle que estas estrategias crearán el *mejor ambiente posible* para facilitar su regreso. Incrementarán las posibilidades drásticamente.

Cuarto, esto no es un parche rápido. Probablemente termine el libro y no vea a su hijo dirigiéndose al otro día al confesionario (¡Aunque con Dios todo es posible!). Como descubrirá más adelante, esta travesía tomará meses o tal vez años para alcanzar su meta. La conversión es un proceso lento. En la mayoría de los casos, un hijo que se ha alejado de la Iglesia por un largo tiempo, algo que llevó meses, habitualmente toma meses en revertirse. Así que comprométase ahora mismo a involucrarse en esto por largo plazo. Si está buscando herramientas sólidas que funcionen, aunque lleven tiempo, está sosteniendo el libro correcto.

Tengo que decir una cosa final. Podría sentirse tentado a saltarse partes en el libro. De hecho, es posible que haya echado un vistazo al índice y luego saltado a un capítulo intrigante. Pero es verdaderamente importante que lea las secciones en orden ya que están dispuestas una sobre otra. Así, por ejemplo, si se salta la Parte I y va directamente al «Plan de Juego», aprenderá cómo traer de regreso a su hijo antes de realmente comprender, en primer lugar, *por qué* se fue. Es como un doctor que se mete de lleno en una cirugía antes de diagnosticar lo que está mal en el paciente —es malo y potencialmente perjudicial. Así que asegúrese de leer los capítulos despacio, en orden. Créame, vale la pena.

Así que ahora tiene una elección para hacer: ¿Está preparado? ¿Quiere finalmente obtener progresos con su hijo? ¿Quiere ayudarlo a revertir el rumbo y encontrar el camino de regreso a la Iglesia?

Si es así, ahora es el momento. Ahora es el momento para que encuentre a Jesús de un modo diferente. Ahora es el momento para que redescubra su fe. Ahora es el momento para que reciba todos los dones que Dios tiene para él en su Iglesia.

Ahora es el momento para que él regrese.

PARTE I
Comprendiendo el problema

«El desafío más apremiante que enfrenta hoy la Iglesia Católica es la deserción de nuestra propia gente».

—OBISPO ROBERT BARRON

CAPÍTULO 1
¿Por Qué se Están Yendo?

Si hay una cosa en la que los padres de un hijo extraviado pueden tener consuelo, es que no están solos. Las estadísticas sobre aquellos que se alejan no son solamente pésimas. Son un síntoma de una epidemia religiosa.

Datos confiables muestran que la mitad (exactamente el 50%) de los jóvenes norteamericanos que han sido criados Católicos no se reconocen actualmente a sí mismos como Católicos. Reflexione sobre lo que significa eso. En los últimos veinte a treinta años, la mitad de los bebés que ha visto siendo bautizados, la mitad de los niños que ha visto siendo confirmados, y la mitad de los chicos de los grupos juveniles de su parroquia han abandonado la Iglesia. Si es un padre con varios hijos, es bastante seguro apostar que al menos uno se ha alejado.

Pero la estadística del 50% se refiere solo a *identificación* religiosa, no a la práctica. Aunque solo un 50% de los jóvenes criados en la Iglesia se identifican todavía como Católicos, eso no significa que asistan a Misa o tengan una fe personal y vigorosa. Investigadores de Notre Dame descubrieron que cuando evaluamos a la gente joven por ese criterio más estricto, el número se cae a valores estremecedores: solo el 7% de los jóvenes criados en la Iglesia practican todavía hoy su fe activamente, es decir asisten a Misa semanalmente, rezan unas pocas veces en la semana, y sostienen que la fe es «extremadamente» o «muy» importante para ellos. Así que solo la mitad de nuestros jóvenes son todavía «Católicos», pero entre ellos, una gran mayoría no está viviendo seriamente su fe en la práctica.

¿Cuándo ocurre entonces el colapso? Un estudio reciente del Centro de Investigaciones Pew mostró que ocho de cada diez (79%) de los que se alejan de la fe, lo hacen antes de los veintitrés años. No son norteamericanos de mediana edad, hartos de la Iglesia o disgustados a causa de los cambios del Vaticano II. Son adolescentes y jóvenes desilusionados. Asisten a secundaria y universidades, se conectan a las redes sociales a diario, pero hay un lugar en el que no están: en la iglesia.

Este problema se extiende a todas las etnias y regiones. Por ejemplo, aunque el 55% de los Hispanos adultos son Católicos, sorprendentemente uno de cada cuatro hispanos en Norteamérica es ahora *ex*-Católico. Pronto, la mayoría de los Católicos en Estados Unidos serán hispanos; pero la mayoría de los hispanos ya no serán más Católicos.

Cuando nosotros que somos padres y líderes escuchamos estas estadísticas, nuestra primera reacción probablemente es de conmoción y desesperación. Y como somos naturalmente solucionadores de problemas, nuestra siguiente inclinación es preguntar ¿Por qué? ¿Por qué se están yendo los hijos? ¿Qué es lo que los empuja a irse?

La dura realidad es que no hay una única respuesta. Una vez se le preguntó a Benedicto XVI, «¿Cuántos caminos conducen a Dios?», y él dijo, «Hay tantos como hay personas». Similarmente, G. K. Chesterton, un famoso converso al Catolicismo, dijo, «La Iglesia es una casa con cientos de puertas; y no hay dos hombres que entren exactamente por el mismo ángulo».

Si las personas *entran* a la Iglesia a través de rutas diferentes, ciertamente se van usando las mismas —si no es que más. La última encuesta de Pew sobre el ámbito religioso encontró que por cada persona que se convierte en Católica, aproximadamente 6,5 abandonan la Iglesia. El índice de pérdida sobre ganancia fue el peor de todos los grupos religiosos o no religiosos. Significa que por cada persona que llega por la puerta principal de la Iglesia, seis o siete se van por la de atrás. Podríamos parafrasear a Chesterton diciendo, «¡La Iglesia es una casa con cientos de puertas y las personas salen corriendo por cada una de ellas!».

Pero de nuevo, ¿es eso lo que causa que las personas se alejen? Algunos se van por razones personales. Tuvieron una mala experiencia con un sacerdote o un compañero Católico, están ahora muy ocupados para asistir a Misa, o simplemente sienten que la Iglesia es aburrida. Otros se van por razones morales. Están en desacuerdo con las enseñanzas sexuales de la Iglesia o piensan que los Católicos son muy moralistas. Algunos más se van por razones teológicas. Piensan que los Católicos no ponen el suficiente énfasis en Jesús o en la Biblia, o no estaban siendo alimentados espiritualmente, o tal vez sencillamente dejaron de creer completamente en Dios.

Debemos ser cuidadosos para no asumir que todos se van por las mismas razones. Habiendo hablado con cientos de ex-Católicos, muchos de los cuales han regresado a la Iglesia, puedo decir desde mi experiencia personal que, asumir las razones por las que se alejaron, puede tener consecuencias perjudiciales. Por ejemplo, un amigo mío comenzó a dudar que la Eucaristía fuera verdaderamente el Cuerpo y la Sangre de Cristo, y entonces dejó de asistir a Misa. Pero cuando su madre se enteró de que no estaba asistiendo más, le insinuó desdeñosamente que en verdad era perezoso y quería levantarse tarde los domingos. El escozor de ese pinchazo tardó meses en sanar.

Por supuesto, como padre usted no se preocupa de las estadísticas nacionales tanto como lo hace con su propio hijo. Usted quiere comprender por qué *su* hijo se fue. Más adelante en el libro, aprenderá cómo preparar conversaciones para sacar a la luz esta información. Averiguará cómo escarbar a través de las razones superficiales que su hijo pueda dar, que a menudo ocultan cuestiones y problemas más profundos.

Pero antes de que lleguemos ahí, demos una mirada a la situación desde una altura considerable para ver las razones más comunes por las que en general las personas se alejan. Revisaremos los datos de grandes encuestas de miles de ex-Católicos, y descubriremos malentendidos comunes sobre Dios y la Iglesia. Más adelante, descubrirá cómo contestar a esas objeciones. Pero por ahora, solo queremos aprender *cuáles* son las objeciones y por qué son causa de que la gente se vaya.

Mientras continúa leyendo, céntrese en detectar a *su* hijo en una o más de las descripciones. Comprender el «panorama completo» de por qué la gente se va de la Iglesia puede prepararlo para dar respuesta a las razones particulares de su hijo.

Las Razones Más Comunes por las Que la Gente Abandona la Iglesia

La Diócesis de Springfield, Illinois, sabía que tenía un problema. Los Católicos estaban abandonando la Iglesia en manadas y no estaban seguros del porqué. Así que, en 2014, la Diócesis se asoció con investigadores en la Universidad Benedictina para encargarle una gran encuesta a no practicantes y ex-Católicos para hacerles una simple pregunta: ¿Por qué se fueron?

Muchas empresas utilizan una técnica de «encuesta de salida» para indagar a exclientes o empleados. Pero pocos grupos de la Iglesia han considerado ese abordaje. En vez de asumir o imaginar por qué se van, ¿por qué no simplemente les preguntamos?

Es cierto que la encuesta no fue perfecta. No utilizó un muestreo aleatorio, y los encuestados eran sesgadamente mayores. No era completamente representativa, ya que, como aprendimos, la mayoría de la gente que deja la Iglesia lo hace mientras es joven. Pero los resultados todavía colorean una imagen valiosa de por qué muchos Católicos abandonan la Iglesia hoy.

Estas son las razones más comunes que dio la gente (el porcentaje indica el número de encuestados que dijo que el factor jugó un papel en su salida):

- Necesidades espirituales no satisfechas (68%)
- Pérdida de interés (67%)
- Muchos pedidos de dinero (56%)
- No cree más (48%)
- Descontento con el ambiente (47%)
- Demasiado ritualista (38%)
- Demasiado formal (36%)
- Música no agradable (36%)

¿Cuántas de esas razones piensa que han hecho enojar a *su* hijo? Tal vez su hijo no se sintió personalmente desalentado por el pedido de donaciones, pero ¿acaso perdió interés o no logró satisfacer sus necesidades espirituales?

Unos pocos años antes que la Diócesis de Springfield lanzara esta encuesta de salida, el Foro Pew sobre Religión y Vida Pública publicó un estudio mucho más grande. En vez de unos cientos de personas, involucró a decenas de miles de encuestados, y se hizo a la vez científica y representativamente. Titulado «Fe en cambio constante: Los cambios en la afiliación religiosa en los Estados Unidos», reveló muchas de las mismas percepciones que la encuesta de Springfield.

Estas fueron las razones más comunes que dio la gente al abandonar la Iglesia Católica:

- Simplemente se alejó lentamente de la religión (71%)
- Dejó de creer en las enseñanzas de la religión (65%)
- Necesidades espirituales no satisfechas (43%)
- Descontento con las enseñanzas sobre la Biblia (29%)
- Insatisfacción con el ambiente en las actividades de culto (26%)
- Insatisfecho con el clero de la comunidad (18%)
- Encontró una religión que le gustó más (10%)

Entre las encuestas de Springfield y la de Pew, descubrimos que existen dos agrupaciones principales: gente que se va de la Iglesia Católica porque se aleja lenta e involuntariamente, o que se va por razones específicas, espirituales/teológicas.

La Diócesis de Trenton, New Jersey, encontró razones similares en una encuesta que encargó en 2012. Al igual que la Diócesis de Springfield, querían saber por qué los Católicos se iban de sus parroquias, por lo que entrevistaron para averiguarlo a cerca de trescientos Católicos que no asistían más a la Iglesia. De modo llamativo, alrededor de un cuarto dijeron que se habían apartado de la parroquia pero que aún se consideraban Católicos. Un encuestado escribió «Aparté a mi familia de la Iglesia Católica y me volqué a una religión alternativa por un tiempo y luego regresé sabiendo que tenía la religión correcta pero la gente incorrecta conduciéndola». Varios eligieron especificar que se separaron de «la jerarquía». Muchos sociólogos han notado que la generación Y (aquellos nacidos entre comienzos de los

80 y comienzos de los 2000) son especialmente escépticos de las instituciones y autoridades, y por ello se irritan naturalmente contra la jerarquía de la Iglesia Católica. En muchos casos, los jóvenes no tienen problemas con Jesús, pero sí tienen varios con la Iglesia.

Un tema común en la encuesta de Trenton fue cómo la falta de una comunidad repele a la gente. «En tanto y en cuanto quise involucrarme y expandir mi fe», dijo uno de los encuestados, «no había caminos claros para hacerlo. Así que era solo un lugar para asistir a Misa, y ya que la asistencia a Misa era una obligación culposa, estaba siempre solo en una multitud donde no conocía a nadie y nadie me conocía». Otro dijo, «no experimenté la pertenencia a una comunidad en el sentido de que sólo conocía gente por concurrir a la Iglesia. Los que conocía, los conocía de afuera de la Iglesia. Nadie echó de menos el hecho de que dejáramos de ir. ¡Nadie llamó de la parroquia, aunque éramos asistentes regulares y aportantes habituales!».

Las Enseñanzas de la Iglesia Sobre el Sexo

Mientras muchos jóvenes se alejan involuntariamente, o por razones espirituales, muchos se rebelan ante las enseñanzas de la Iglesia sobre el sexo, primariamente aquellas sobre homosexualidad, aborto, anticoncepción, divorcio y convivencia. Recientemente, una profesora en una Universidad Católica, repartió en su primer día de clases unas tarjetas para anotar. Les pidió a los estudiantes que escribieran sus respuestas para la pregunta: «¿En qué creen los Cristianos?». Algunas pocas respuestas, aunque no muchas, se centraron previsiblemente en Jesús, el Bautismo y la salvación. Pero quedó conmocionada de que casi todas las tarjetas referenciaran la homosexualidad o el aborto (y muchas señalaron los dos). La mayoría de las referencias fueron negativas. Un estudiante respondió «Sé que a los Cristianos no les agradan los homosexuales ni las mujeres, pero eso es lo único que aprendí en mi escuela Cristiana. No sé qué más enumerar».

Esos estudiantes no están solos. Otro reciente estudio de Pew encontró que, entre los ex-Católicos que no están actualmente afiliados con ninguna religión, el 56% dijo que estaba descontento con las enseñanzas sobre aborto y homosexualidad; el 48% con las enseñanzas sobre el control de la natalidad; el 39% con la forma en que la Iglesia trata a las mujeres y el 33% con las enseñanzas sobre divorcio y volver a casarse. Un grupo de investigadores de la Universidad Notre Dame encontró que, a pesar de las enseñanzas distintivas y sólidas de la Iglesia Católica en contra del aborto, el control de la natalidad, la pena de muerte, el suicidio y el divorcio, los puntos de vista de los jóvenes adultos Católicos sobre estos temas «eran casi imperceptibles» de sus contrapartes no Católicas.

¿Qué significa esto? Significa que las enseñanzas de la Iglesia sobre el sexo están conduciendo a muchos jóvenes a abandonar y a mantenerse alejados de la Iglesia. Para dar solo un ejemplo común, para muchos jóvenes el Catolicismo no es más una opción seria, sencillamente porque asumen que la Iglesia Católica condena a la gente que tiene atracción por el mismo sexo. Ya que muchos de ellos tienen amigos que se identifican como gay o lesbiana, sienten que deben tomar una elección entre la Iglesia Católica y esos amigos. Y los amigos casi siempre ganan.

Más adelante en este libro, veremos cómo esto es una elección falsa. La Iglesia Católica no condena la gente que tiene atracción por el mismo sexo, sino que en cambio eleva su dignidad, incluso al reconocer el desorden de los actos sexuales fuera del matrimonio. Aprenderá más adelante cómo conversar delicadamente sobre esto y los otros temas sexuales.

Pero el punto a advertir aquí es que estos obstáculos pueden haber jugado un papel importante en el alejamiento de su hijo de la Iglesia *y* pueden ser grandes barreras para su regreso.

Una Opinión Deformada Sobre Dios

La mayoría de los temas que hemos tratado hasta aquí son espirituales y morales. Hemos visto cómo la gente se aleja porque no son alimentados espiritualmente o porque están en desacuerdo con las enseñanzas de la Iglesia en materia sexual. Pero un problema diferente, uno que acentúa los otros, es el modo en el que muchos jóvenes malinterpretan a Dios.

Varios estudios en las últimas dos décadas han confirmado que la mayoría de los jóvenes en Norteamérica, de la Iglesia o no, creen en lo que los sociólogos Christian Smith y Melinda Lundquist Denton han llamado «deísmo terapéutico moralista». Es crucial comprender esta opinión errónea sobre Dios, porque es probable que esta sea la principal razón por la que su hijo se opone a la Iglesia Católica.

Los autores resumen esta visión del «deísmo terapéutico moralista» en cinco afirmaciones:

1. Existe un Dios que creó y ordenó el mundo y vigila la vida humana sobre la tierra. Es aquí de donde obtenemos el término «deísmo». El Catolicismo es una forma de *teísmo*, lo que significa que sostiene la existencia de un Dios personal que interactúa continuamente con su creación. Los seguidores del *deísmo*, sin embargo, creen que Dios puso el mundo en movimiento, pero que raramente se involucra en los asuntos cotidianos. Es como un relojero que coloca todos los engranajes y resortes e inicia el reloj, pero luego se sienta y se retira mientras funciona por sí mismo. Su hijo probablemente vea a Dios de este modo —distante, sin involucrarse, y complacido de que el mundo hace tictac por sí solo. Más de la mitad (54%) de los nominalmente Católicos jóvenes creen en Dios pero piensan que no es personal, lo que es esencialmente deísmo. Y si su hijo cree en el deísmo más que en el teísmo, no es sorprendente que no tenga conexión personal con Dios ni con la Iglesia. Por lo tanto, una de las primeras tareas es hacer que la fe sea personal para él.

2. Dios quiere que la gente sea buena, amable y justa con los demás, como se enseña en la Biblia y en la mayoría de las religiones. Esta es la parte «moralista». Da por sentado que el objetivo de la religión es simplemente ser amable con los demás. Si le pregunta a su hijo que se ha alejado «¿Cuál es el propósito de la religión?», probablemente dé una respuesta bajo la forma de: la religión se trata de ser una buena persona. Esto, por supuesto, está a años luz del Cristianismo, que está centrado en conocer, amar e imitar a Jesucristo, que es Dios encarnado. El verdadero

Cristianismo se trata de la muerte y Resurrección de Cristo, su perdón de nuestros pecados y su reconciliación de toda la creación en un nuevo reino glorioso, que comienza a través de su Iglesia. Reducir esa imponente revelación a «solo ser amable» es como sugerir que la Capilla Sixtina se trata de «solo algunos colores».

Es importante reconocer esta percepción equivocada porque hay posibilidades de que, cuando intente ayudar a su hijo a «regresar a la iglesia» o «hacer las paces con Dios», verá esas metas a través de lentes moralistas. Asumirá que usted está más interesado en cambiar sus *conductas* que en atraerlo a una relación vigorosa con Dios. Es por esta razón por la que guiar con normas morales puede conducir a menudo a dañar las chances de que su hijo regrese. Pero llegaremos a eso más tarde. Por ahora, la idea clave es que, convertirse en un discípulo de Cristo *conduce* a ser una buena persona, pero no es todo lo que involucra. La verdadera religión no puede reducirse a la moral.

3. El objetivo principal de la vida es ser feliz y sentirse bien con uno mismo. Esta es la parte «terapéutica». Se sostiene que lo más importante en la vida es ser feliz y emocionalmente estable. C. S. Lewis le da voz a este punto de vista cuando dice «Lo que nos satisfaría realmente sería un Dios que dijera a cualquier cosa que nos gustara hacer "¿Qué importa mientras estén contentos?". Queremos, de hecho, no tanto un Padre en el cielo como un abuelo en el cielo —una benevolencia senil que, como dicen, "le guste ver a los jóvenes disfrutar de sí mismos" y cuyo plan para el universo fuera tan simple que pudiera decirse en verdad al final de cada día que "todos tuvieron un buen momento"». En esta visión, Dios se convierte en una suerte de terapeuta cósmico cuyo principal cometido es no molestar nuestros sentimientos ni traernos incomodidad. Tal como afirmó el Papa Benedicto XVI, «Nosotros no hemos sido creados para una vida fácil, sino para cosas grandes, para el bien». El verdadero Cristianismo conduce a algo más allá de los sentimientos de felicidad, si bien pueden llegar. En cambio, brinda una alegría eterna. Como bien sabemos todos, esa clase de profunda alegría algunas veces involucra dificultades, pena e incomodidad a lo largo del camino —usted sabe esto especialmente siendo padre. De esta manera, el objetivo de la vida no es sentirnos bien con nosotros mismos; es encontrar alegría conociendo y amando a Dios.

4. Dios no necesita involucrarse particularmente en la vida de uno, salvo cuando se necesita a Dios para que resuelva un problema. Aquí es donde cada una de las tres partes anteriores se acoplan juntas. Si combinamos la visión deísta de Dios con su rol terapéutico, damos por sentado que Dios existe para resolver nuestros problemas. ¿Necesitas ayuda para estudiar para un examen? Pide ayuda a Dios. ¿Recibiste un diagnóstico malo? Es momento de acudir al «gran hombre». ¿Estás ajustado con el dinero? Pide a Dios que ponga algunos fondos en tu camino. Para ser claros, estos pedidos no son malos en sí mismos. De hecho, se nos anima a llevar a Dios nuestras mayores necesidades. Jesús dice, «Vengan a mí, todos los que están fatigados y agobiados por la carga, y yo los aliviaré» (Mt 11, 28). El problema surge cuando las *únicas* veces que acudimos a Dios son aquellas en que necesitamos ayuda, cuando «pedir» se transforma en la única forma de oración. Imagine que tiene un amigo y que la única vez que ha hablado con él fue cuando necesitó un favor —y solo favores enormes. Esa no es amistad verdadera. Cualquier relación predicada *solo* sobre la base de pedir, no es una relación mutua.

5. La gente buena va al cielo cuando se muere. Finalmente, esta última parte asume que nos ganamos nuestro camino al cielo simplemente siendo buenas personas. Es el efecto de reducir la religión solo a la moral. La gente decente es salvada automáticamente por su honradez, y ya que toda persona es esencialmente honrada, casi todos serán salvados (excepto tal vez Hitler y Judas). Solamente puedes perderte la salvación haciendo algo realmente muy, muy malo, como un asesinato en masa y sin pedir perdón luego. En esta visión, nos ganamos nuestra salvación haciendo cosas buenas y evitando cosas muy, muy malas.

Repase entonces estas cinco características. ¿Piensa usted que describen el modo en que su hijo ve a Dios? ¿Describen el modo en que *usted* ve a

Dios? En cualquiera de los dos casos, usted aprenderá en los siguientes capítulos cómo reorientar esta perspectiva. Pero el punto es claro: si alguien tiene una visión dramáticamente errónea sobre Dios, esa es la primera cosa de la que necesitamos ocuparnos antes de ayudarlo a regresar a Dios motivado por el amor.

La Razón Principal por la Que Alguien Abandona la Iglesia

Hemos cubierto hasta ahora varias razones comunes de por qué los jóvenes dejan la Iglesia, y hay grandes posibilidades de que al menos una coincida fuertemente con la situación de su hijo. Piense en un barco que no está amarrado al muelle, alejándose en el mar. Podemos observar factores que *tiran* el barco mar adentro (p. ej., el viento y las olas), aunque también hay factores que permiten en primer lugar que el barco abandone el muelle —es decir que no estaba adecuadamente amarrado al muelle o anclado. Muchos jóvenes que abandonan la Iglesia son tironeados hacia afuera fácilmente sin tener nada que los mantenga anclados para quedarse.

Para exponerlo de modo simple, la razón final por la que la gente abandona la fe, es porque no tiene raíces en un encuentro real con Jesús en la Iglesia. Si se encuentra consistentemente con Jesús en la Iglesia, entonces a pesar de los problemas, las frustraciones, escándalos y penas que pueda sufrir u observar, nunca dejaría de hacer eco de la respuesta de San Pedro a Jesús cuando les preguntó a los discípulos si lo abandonarían: «Maestro, ¿a quién iremos?» (Jn 6, 68).

Los Católicos tienen un término específico para el acto de ayudar a la gente a encontrarse con Jesús: *evangelización. Evangelizar* significa anunciar la Buena Noticia de Jesús resucitado de entre los muertos y ayudar a otros a encontrarse personalmente con él.

Pero a lo largo de las últimas décadas, hemos hecho un trabajo pobre en este aspecto. Tal como lo han señalado muchos líderes de la Iglesia, la mayoría de las personas criadas en la Iglesia son bautizadas. Muchas son catequizadas. Pero pocas son evangelizadas. La mayoría ha atravesado los embudos institucionales y sacramentales, pero no se han encontrado verdaderamente con el Señor Jesús de un modo personal, profundo.

Si queremos prevenir que nuestros chicos abandonen la Iglesia, y si queremos recuperar a los que se han alejado, necesitamos crear lo que el Papa Francisco llama «una cultura del encuentro», que una a la gente joven con Jesús *a través* de su Iglesia, no a pesar de ella.

Toda la segunda parte de este libro le mostrará cómo hacer eso. Pero antes de que lleguemos allí, centrémonos en otra cuestión importante. Tenemos ahora un buen juicio sobre de por qué los jóvenes dejan la Iglesia. Pero cuando la dejan, ¿a dónde están yendo?

CAPÍTULO 2
¿A Dónde Están Yendo?

Es la trama religiosa principal de los últimos veinticinco años: El aumento meteórico de los «ninguna». Estas son las personas que en las encuestas religiosas marcan la casilla «ninguna», señalando que no se asocian a sí mismos en ninguna tradición religiosa. Los sociólogos a menudo agrupan a los «ninguna» junto a otros grupos más pequeños de no creyentes, como los ateos (que no creen en Dios) y los agnósticos (que no están seguros si Dios existe) para crear una categoría más amplia de los «sin afiliación religiosa».

Desde 2007 hasta 2014, el porcentaje de norteamericanos sin afiliación religiosa se disparó del 16% al 23%. Ese incremento del 7%, que representa alrededor de 19 millones de personas, fue más de cinco veces mayor que el incremento de cualquier otro grupo. ¿Qué significa eso? Significa que los «ninguna» están tomando el control —y rápido.

Esta es una mala noticia para todos los grupos religiosos, pero especialmente para los Católicos, ya que estamos sufriendo las mayores pérdidas a manos de los «ninguna». Entre los sin religión, el 21% fue criado en un hogar sin afiliación religiosa, mientras que el 28% fue criado Católico — más que cualquier otra tradición religiosa. Esto quiere decir que si usted se encuentra con un adulto promedio sin afiliación religiosa, la mayor probabilidad es que haya sido criado Católico que cualquier otra cosa.

El porcentaje de aquellos que se identifican como «ninguna» es todavía más grande entre las personas jóvenes. En 2014, el promedio de edad de toda la población de Estados Unidos era cuarenta y seis. El promedio de edad de los Católicos era cuarenta y nueve. ¿El promedio de edad de los sin afiliación? Solo treinta y seis.

Cuando nos centramos solo en los de la generación Y, aquellos nacidos entre comienzo de los 80 y comienzo de los 2000, aproximadamente un 35% se identifica como sin afiliación religiosa, comparado contra solo un

16% que se identifica como Católico. En otras palabras, las personas jóvenes tienen ahora el *doble* de posibilidades de decir que no tienen religión comparado con identificarse como Católicos.

Ahora bien, no quiero abrumarlo con estadísticas. Así que detengámonos, demos un paso atrás, y concentrémonos en el panorama grande al que apuntan todas estas estadísticas. Aquí está:

Si crio a su hijo Católico, hay aproximadamente 50% de posibilidades que deje la Iglesia antes de cumplir los treinta. Y si ya lo hizo, probablemente se convirtió en alguien sin afiliación, que no se identifica más con ninguna religión.

Sin embargo, es importante notar que sin afiliación no es la única etiqueta por la que se deciden los ex-Católicos. De acuerdo con el Centro de investigación Pew, he aquí una desglose de dónde terminan.

¿A Dónde Terminan Llegando los Ex-Católicos?

Sin afiliación (49%)

Hemos comentado sobre los «sin afiliación» anteriormente, por lo que no necesitamos emplear mucho más tiempo en ellos. Este es un grupo amplio que incluye alrededor de la mitad de los Católicos que abandonan la Iglesia. Es también diverso, abarcando muchas categorías de no creyentes o casi-creyentes: buscadores activos, la multitud de «espirituales pero no religiosos», agnósticos y ateos acérrimos. Algunas de sus características pueden sorprenderlo:

- 68% dice que «cree en Dios o en un espíritu universal» (el 30% dice que tiene «absoluta certeza» de esto).
- 37% dice que es «espiritual pero no religioso».
- 21% dice que reza diariamente.
- 18% se considera a sí mismo «una persona religiosa».
- 14% dice que la «religión es muy importante en su vida», a pesar de no comprometerse con ninguna tradición.
- 12% se identifica como ateo.

Muchos padres se preocupan pensando que «sin afiliación» significa «ateo». Creen que, si sus hijos dejan atrás su religión, también dan la espalda a Dios. Pero ese no es frecuentemente el caso. De hecho, cerca de siete de cada diez sin afiliación creen aún en Dios. Muchos de ellos rezan también a diario y consideran importante a la religión en sus vidas.

Así que aún si su hijo no se identifica como Católico y si usted le preguntara con qué religión se identifica, respondería «ninguna», hay chances respetables de que aún tenga algunos vestigios de fe. Esto es importante y será útil más tarde cuando aprenda cómo tener acceso a esos vestigios religiosos para poder traerlo de regreso.

Evangelista (25%)

En su libro *Search and Rescue* [Búsqueda y Rescate], el apologista Católico Patrick Madrid comparte la historia de un joven llamado Rick. Rick fue criado en un buen hogar Católico, y sus padres lo llevaban a Misa todos los domingos. Le enseñaron sus oraciones, lo acercaron como monaguillo y se aseguraron que concurriera a las clases de Catequesis. Sus padres ahorraron y estimaron el presupuesto para que pudiera asistir a una preparatoria Católica, en la cual ellos asumían que seguiría siendo Católico. Pero luego de que terminó y se marchó a la Universidad, descubrieron que se había hecho amigo de un grupo grande, vigoroso de estudiantes Protestantes Evangélicos que se reunían semanalmente para estudiar la Biblia.

Madrid pide que usted se imagine siendo los padres de Rick: «Al comienzo, ustedes estuvieron contentos de ver que seguía interesado en los temas religiosos, por lo que no prestaron demasiada atención cuando comenzó a citar versículos Bíblicos cuando venía a casa los fines de semana . . . [Pero] eventualmente, notaron que su vocabulario cambiaba. Comenzó a decir cosas como "El Señor me habló al corazón sobre esto" y "Alabado sea Dios por aquello otro . . .". Al poco tiempo, les anunció que ya no era más Católico. Había dejado, explicó, porque sus amigos Evangélicos lo habían convencido de que la Iglesia Católica no es bíblica y que sus tradiciones fueron creadas por el hombre y que sus doctrinas son falsas».

Si su hijo es como Rick, aconseja Madrid, no debería desesperarse. «Incluso cuando Rick podría pensar que ha descubierto las respuestas dentro de su nueva iglesia, aún desea, en lo profundo, tratar de resolver lo que la Iglesia Católica afirma que es verdad. Créalo o no, eso hace más fácil traerlo de regreso a la Iglesia».

Típicamente, la gente que deja la Iglesia para unirse a una comunidad Evangélica o no confesional muestra un ansia espiritual profunda, un fuerte aprecio por la Biblia, una vida de oración vigorosa y está fuertemente involucrada en actividades, ministerios y grupos pequeños. Estas son todas cosas buenas que pueden traducirse fácilmente en su regreso a la Iglesia Católica.

Protestantes tradicionales (13%)

Las comunidades de protestantes tradicionales, que incluyen a los Metodistas, Luteranos, Anglicanos y Presbiterianos se llevan a un número significativo de Católicos de la Iglesia, a menudo por un matrimonio mixto. Los Católicos que se casan con un Protestante tradicional cambiarán frecuentemente su religión poco tiempo antes o después de casarse para satisfacer a su cónyuge y lograr una armonía religiosa en su hogar.

Sin embargo, ya que el número de las comunidades Protestantes tradicionales en general continúa desplomándose, este grupo se está reduciendo también. La porción de Protestantes tradicionales norteamericanos bajó del 18% en 2007 al 14% en 2014.

Para los ex-Católicos, las comunidades tradicionales sirven a menudo como escalones en el descenso del camino a convertirse en sin afiliación. Mucha gente que deja la Iglesia Católica por alguna de las denominaciones Protestantes tradicionales, encuentra al cabo de unos pocos años que ha dejado de asistir completamente a la iglesia.

Otros (13%)

Este último destino incluye un rango amplio y ecléctico de grupos religiosos. Algunos de los que terminan aquí se convierten en Mormones o Testigos de Jehová. Ambos grupos son conocidos por su proselitismo magistral, yendo puerta por puerta para encontrar nuevos conversos. Ofrecen comunidades acogedoras, muy unidas, que hacen fácil que uno permanezca una vez que ha ingresado. Es común que Católicos sean absorbidos por estos grupos, especialmente si no conocen muy bien su fe o si se casan con alguien que es parte de la comunidad.

Los Seis Principales Tipos de Católicos que Desertan

La mayoría de los datos anteriores, aunque son útiles, se refieren a la identificación religiosa. En otras palabras, trata con las respuestas que la gente da a la pregunta «¿Qué religión profesa?». Pero eso no le cuenta la historia completa, ya que no mira detrás de la etiqueta buscando los verdaderos pensamientos y personalidades de los que abandonan.

Así que dirijamos ahora nuestra atención a algunos de los perfiles más comunes de ex-Católicos.

Estos perfiles no se alinean perfectamente con las etiquetas de la sección anterior. Podrán encontrar, por ejemplo, los «desinteresados» (que los explicaré en un momento) que todavía se identifican como Católicos, y otros que se han convertido en Evangélicos. Aunque las etiquetas anteriores trazan los contornos de los que se han alejado, las descripciones que siguen ponen color dentro de los trazos.

Observe si reconoce a su hijo en una o más de estas descripciones.

Católicos culturales

Me centro primero en esta, porque las personas dentro de esta categoría tienen un pie de cada lado entre estar en la Iglesia y haberla abandonado. Aunque abarca un espectro amplio de creencias y prácticas, usualmente incluye a aquellos para quienes «Católico» es más una etiqueta cultural, étnica o familiar que una identidad personal significativa que moldea sus vidas. Podrían continuar asistiendo a Misa por su familia, pero no están conectados personalmente con Dios y con los sacramentos. (A las personas dentro de este grupo se las refiere negativamente como Cristianos «N y P» ya que raramente aparecen fuera de Navidad y Pascuas).

A menudo los Católicos culturales se identifican aún como «Católicos». De esta forma, no cuentan técnicamente como «no afiliados» ni «ninguna». Pero para todas las intenciones y propósitos, se han alejado de la Iglesia. Sus cuerpos aparecen algunas veces en Misa, pero sus mentes y sus corazones están muy lejos. Boyan en las orillas, a menudo con gran desinterés, confusión y no poco desacuerdo.

Casi todas las encuestas confirman que la *mayoría* de los norteamericanos que se autoidentifican como Católicos, les queda bien esta descripción, es decir que la mayoría de los Católicos de los Estados Unidos son «Católicos culturales».

Un ejemplo perfecto es Rob, que fue entrevistado para un estudio grande sobre los adultos jóvenes y la religión. Cuando el entrevistador le preguntó sobre su religión, dijo «Católico», pero cuando el entrevistador le preguntó qué significaba ello, él dijo «creo en Dios y básicamente celebro la Navidad».

Rachel ofrece una visión similar. Aunque ella se alejó de la iglesia en la Universidad y no había asistido a Misa en ocho años, dice «No siento necesariamente como que he "dejado" tanto la iglesia, sino que he tomado una respetable interrupción. Me identifico todavía como Católica. Simplemente no practico más».

¿Cuál es entonces el problema con el «Catolicismo cultural»? Es que enmascara una vida de fe sosa y decadente. Pocos «Católicos culturales» tienen una relación viva, personal con Jesús en su Iglesia, pero peor aún, no *se dan cuenta* qué se están perdiendo, porque piensan que la etiqueta y la asistencia ocasional a la iglesia son suficientes.

En el caso de un ateo, al menos tienes a alguien que *sabe* que no es Católico. Por lo tanto, convertirse en un Católico totalmente activo demanda un cambio significativo, intencional en su vida. Pero los «Católicos culturales» ya se piensan a sí mismos como Católicos. Es mucho más difícil convencerlos de que al asistir a Misa esporádicamente o vivir en contra de las enseñanzas de la Iglesia, se están perdiendo la plenitud de la vida Católica.

Por el otro lado, como señala el sociólogo Christian Smith, los «Católicos culturales» tienen a veces una mayor chance de regresar a la Iglesia que los Católicos alejados, porque, «aunque están en desacuerdo con la Iglesia en algunos puntos, no son generalmente hostiles hacia la fe, sino que la ven como una fuente positiva de identidad y unión familiar».

El «Catolicismo cultural» no parece ser un problema infranqueable, y veremos más adelante cómo ayudar a los de este grupo a regresar a una vida de discipulado generosa y floreciente.

Los Desinteresados

Una madre me escribió diciendo, «Mi hijo mayor dejó la Iglesia por autocomplacencia. Le pregunté si estaba enojado por algo que la Iglesia enseñaba y me dijo que "no". Pienso que es solo pereza en general. Trabaja en un restaurante y levantarse temprano el domingo es difícil».

El Obispo Robert Barron describe la actitud de estos jóvenes como una característica de la cultura del «meh», una alusión a la respuesta ambivalente hacia la fe que muchas personas jóvenes dan —«meh» o «lo que sea», usualmente acompañada de un encogimiento de hombros (de allí proviene el nombre en inglés que los sociólogos aplican a este grupo: los «shruggers» [desinteresados]).

Molly Oshatz, una Católica que se identificó a sí misma alguna vez como una joven «meh», escribe acerca de esta tendencia creciente. «Cuarenta y cuatro por ciento de los encuestados dentro de un estudio de la Universidad Baylor en el 2011 informaron no dedicar tiempo en absoluto buscando "sabiduría eterna", el 19 por ciento contestó que "es inútil buscar un propósito". En el mismo año, Lifeway, una agencia de investigación evangélica, halló que el 46 por ciento de aquellos que encuestó nunca se preguntaron si irían o no al cielo, y el 28 por ciento informó que encontrar un propósito más profundo en la vida no era una prioridad para ellos». En otras palabras, cuando se trata de Dios y de las Grandes Preguntas de la vida, muchos jóvenes de hoy no están solo confundidos —ni siquiera les interesa.

Esta indiferencia religiosa conduce inevitablemente a la creencia de que la religión *no* interesa para nada, o que la religión es similar a una especie de hobby recreativo —algo como coleccionar monedas. Un «desinteresado» podría decir, «si te gusta la religión, eso es genial para ti, pero yo en cambio, prefiero los deportes, la lectura (o dormir)».

¿Cómo es que desarrollan esta actitud «meh»? Algunas veces está basada en el deseo de aparecer como de mente abierta, un rasgo valorado hoy entre los jóvenes. Pero tal como observó G. K. Chesterton, ser de mente abierta no es una virtud en sí misma —es una parada técnica en el camino para encontrar la verdad. «El objetivo de abrir la mente, tal como el de abrir la boca», escribió, «es cerrarla de nuevo sobre algo sólido». Desinteresarse por la religión en el nombre de la «apertura mental» es un signo de estancamiento, no de progreso.

Otros desarrollan su actitud «meh» a través de la apatía. El buscador perezoso vaga sin rumbo fijo, sin comprometerse con una religión particular, ni siquiera creyendo que vale la pena tal compromiso. ¿El sentido de la vida? ¿El gozo eterno? ¿El valor de la fe? Meh. Esta indecisión, por supuesto, deriva eventualmente en una decisión de oponerse a *todas* las religiones —un «No me interesa» se transforma ahora en «Rechazo todo» a muerte. Frank Sheed y Maisie Ward, dos evangelizadores destacados en la Inglaterra del siglo veinte, coincidieron en que esa posición es, literalmente, demencial: «Un hombre podría investigar las afirmaciones de una religión y aceptarla; podría investigar esas afirmaciones y rechazarlas; y en ambos casos está actuando como un hombre cuerdo. Pero un hombre que simplemente ignora el tema entero está actuando como un loco».

Si su hijo es un «desinteresado», su tarea principal será convencerlo de que las Grandes Preguntas de la vida importan, que vale la pena buscar respuestas sobre Dios, la moral y el sentido. Necesita ver lo que el converso C. S. Lewis logró darse cuenta, esto es, que «el Cristianismo es una afirmación, que, si es falsa, *no* tiene importancia alguna, y si es verdadera, tiene importancia infinita. La única cosa que no puede ser es de importancia moderada». En modo similar, cuando se trata de la persona en el centro del Cristianismo, Lewis nota que «Jesús producía principalmente tres efectos:

odio, terror, adoración. No hubo registro de personas que expresaran una leve aprobación».

En la segunda parte de este libro, usted aprenderá cómo transformar los indiferentes encogimientos de hombros de su hijo en interés genuino, pero sepa por ahora que la clave involucra presentar la provocativa verdad de Jesús y el Cristianismo de un modo que le exija hacer una elección. Las Grandes Preguntas de la vida, incluyendo aquellas sobre el Cristianismo, deben ser contestadas; no pueden ser ignoradas para siempre.

Los «Espirituales pero no Religiosos»

Este grupo aún cae debajo de la etiqueta «no afiliados», pero son bastante diferentes de otros subconjuntos de los no afiliados. Típicamente, rechazan la religión, la liturgia, las doctrinas, los dogmas, pero aún creen en Dios o en un poder superior, aún rezan y aún buscan experiencias de Dios.

Muchos de estos «espirituales pero no religiosos» sostienen que ellos no necesitan ir a la iglesia porque pueden encontrar a Dios en todas partes —en una hermosa puesta del sol, a través de películas o música, haciendo yoga, o mientras contemplan montañas o las olas del océano. Stephen, que creció como Católico pero ya no asiste a Misa, explica, «Puedo ir en un recorrido de 40 millas en bicicleta y tener tanto de él como lo que tengo cuando voy a la iglesia. La naturaleza, para mí, es todo de lo que se trata Dios. Es una renovación».

Estas personas ven naturalmente a la Misa a través del marco de los sentimientos y la experiencia. Piensan que la Misa está diseñada fundamentalmente para evocar sentimientos de asombro y sobrecogimiento, y para generar sensaciones religiosas. Aunque esos son algunos de los efectos de la Misa, y la liturgia celebrada con reverencia puede y debe hacer todas esas cosas, la Misa se trata, como llegaremos a ver, de mucho más. Se trata de un encuentro verdadero con el Dios viviente a través de la Palabra y los sacramentos, un encuentro que sencillamente no puede ser equiparado con un paseo en bicicleta o la contemplación de las montañas.

Impulsores morales

Jason fue un típico Católico cuando crecía. Su familia asistía a Misa regularmente, estudió en escuelas Católicas, pero en verdad no se le quedó nada. Cuando fue a la universidad, dejó de asistir a la iglesia. Allí conoció a Jessica, una hermosa joven, y se enamoraron rápidamente. Luego de graduarse, Jason y Jessica decidieron mudarse juntos. Cuando el matrimonio apareció en el horizonte, Jason pensó en la posibilidad de regresar a la Iglesia para celebrar su boda en la parroquia local. Pero cuando indagó sobre esa posibilidad, su situación de vida se transformó en un problema. El sacerdote sugirió que antes de casarse, Jason y Jessica vivieran separados o al menos cesaran sus relaciones sexuales. Jason se opuso a esa idea y decidió que, si esa era realmente la posición de la Iglesia Católica, entonces regresar a la Iglesia no sería más una opción.

Como Jason, muchas personas abandonan la Iglesia (y se mantienen alejadas) por causa de sus enseñanzas morales en temas como la anticoncepción, el aborto, la homosexualidad, el divorcio y el volver a casarse. Estas personas no son necesariamente malas o egocéntricas. Típicamente, persiguen lo que ellos consideran son cosas buenas —amor, intimidad sexual, libertad personal. Sencillamente piensan que la Iglesia está equivocada en sus enseñanzas. Sin embargo, en mi experiencia, estas personas tienen ideas muy distorsionadas sobre lo que la Iglesia enseña y por qué.

Atraer de regreso a la Iglesia a un «impulsor moral» puede ser delicado. Si el impedimento moral de su hijo involucró una decisión de una vez, tal como un aborto, tal vez un evento que ocurrió muchos años atrás, ese distanciamiento puede ser sanado bastante fácil mediante el sacramento de la Confesión. Pero si su «impulsor moral» está envuelto en una práctica más continua, tal como una relación homosexual o de convivencia, la travesía de regreso a la Iglesia podría ser más desafiante (aunque no imposible). Manejaremos estos casos particulares más adelante en el libro, aportando una hoja de ruta para cada uno de ellos.

Conversos religiosos

Un gran porcentaje de ex-Católicos terminan cambiando a otra fe, usualmente a las tradiciones Evangélicas o Protestantes no confesionales. Habitualmente lo hacen por razones espirituales. Una de las quejas más grandes que hacen los ex-Católicos es que «no fueron alimentados espiritualmente» en sus parroquias Católicas. Otros se cambian porque sus cónyuges tienen una fe diferente y quieren preservar la armonía religiosa.

«Los conversos toman un amplio rango de travesías personales que los llevan finalmente a un grupo religioso diferente de aquel en el que comenzaron», explica el investigador Christian Smith. «Sin embargo, no parece que las conexiones personales con otros fuera de la fe Católica ni el descontento con la Iglesia Católica en general o su parroquia local en particular, sean factores que contribuyan mucho al cambio».

Regresar a los «conversos» puede ser a la vez más fácil y más difícil que ayudar a otros tipos de ex-Católicos. En el lado positivo, los «conversos» usualmente tienen una pasión verdadera por la fe, así también como razones específicas por las que se fueron. A diferencia de los «Católicos culturales» o los «desinteresados», ellos en realidad saben por qué no son totalmente Católicos. Eso le facilita a usted concentrarse en sus impedimentos primordiales.

Pero por el otro lado, las razones por las que los «conversos» se van pueden ser a menudo sólidas y sentirse profundamente, lo cual puede ser desafiante. Por ejemplo, si su hijo se vuelve Mormón para satisfacer a un cónyuge Mormón, convencerlo de regresar a la Iglesia Católica no es solamente un llamamiento intelectual —le está pidiendo alterar potencialmente la armonía de su matrimonio. Más tarde aprenderemos cómo lidiar con esta clase de temas espinosos y ayudar a los «conversos» religiosos a volver de nuevo a la Iglesia.

Escépticos

Aunque los ateos (3%) y agnósticos (4%) conforman una parte relativamente pequeña de la población, me sorprende constantemente la cantidad de relatos que escucho de jóvenes que dejan el Catolicismo por uno u otro caso. El número de ateos y agnósticos, a menudo agrupados como «escépticos», continúa expandiéndose rápidamente. Su número se ha duplicado en la última década, con una contribución no menor de los Católicos: 12% de ex-Católicos se identifican como ateos y 16% como agnósticos.

¿Por qué se da este súbito surgimiento del escepticismo? Fue alimentado, en parte, por libros polémicos escritos por los así llamados «Nuevos Ateístas» a comienzos de la década del 2000. Este grupo incluyó escritores como Richard Dawkins (El Espejismo de Dios), Christopher Hitchens (Dios No Es Bueno) y Sam Harris (Carta a una Nación Cristiana), quienes escribieron libros éxito en ventas condenando a Dios. Sus libros fueron típicamente duros y llenos de burla e insulto a las personas religiosas y estaban destinados a disuadir a los Cristianos, retratando a la fe como violenta, irracional y hasta peligrosa. Aunque la retórica de los Nuevos Ateístas se ha revelado como de mucho ruido y pocas nueces, gente joven de todo el mundo ha sido atraída hacia ella especialmente en los campus universitarios. Existen grandes posibilidades de que, si su hijo se ha declarado ateo, haya leído uno de estos libros.

Muchos padres se desesperan cuando se enteran de que su hijo no cree más en Dios. Podría parecer que se encuentra lo más lejos posible de la fe y que es imposible que vuelva a la Iglesia. Sin embargo, en mi experiencia de trabajo con miles de ateos a través del sitio web StrangeNotions.com de diálogo Católico-Ateo, he descubierto que muchos ateos están más cerca de la Iglesia que lo que podríamos suponer.

¿Por qué? Hay dos razones. Primero, son en general de mente abierta y están dispuestos a investigar la cuestión de Dios a través de la lectura y el diálogo. Esto es grandioso para los Católicos que tienen la esperanza de traerlos de regreso a la verdad. Segundo, los ateos son típicamente apasionados sobre la cuestión de Dios, aun si la responden negativamente. Algunas veces es más fácil ganar un ateo de regreso a la fe que alguien que simplemente no le interesa (como los «Católicos culturales» o los «desinteresados»). Los ateos, aunque no crean en Dios, al menos reconocen que vale la pena considerar y discutir la cuestión.

* * *

Como hemos visto en el último capítulo no hay un solo tipo de «Católicos alejados». Cada persona y cada travesía de alejamiento de la Iglesia es única. Con suerte, entre estos diferentes destinos y tipos, ha sido capaz de trazarse un cuadro claro de dónde podría estar su hijo, religiosa y mentalmente. Si no es así, no se preocupe. Más adelante en el libro, aprenderá cómo obtener estas respuestas exactas, directamente de su hijo.

Ahora, sin embargo, luego de haberle dado vueltas mentalmente al problema general, nos enfocaremos en cinco grandes mitos sobre los Católicos alejados que impiden a muchos padres ayudar a sus hijos a regresar.

CAPÍTULO 3
Los Cinco Grandes Mitos Sobre los Católicos que se Alejan

«Mi hijo se ha alejado para siempre», explicó Dianne. «Lo amo y espero realmente que alguna vez vea la luz, pero no hay ninguna manera de que pueda volver jamás a la Iglesia. No hay esperanzas».

Muchos padres se sienten al límite de la desesperación. Miran cuán lejos se han alejado sus hijos, y no pueden ver ningún camino posible para que regresen a la Iglesia. Sus hijos no muestran nada de interés en las cosas religiosas, o han desarrollado sentimientos de rechazo tan fuertes hacia la Iglesia, que haría falta un milagro para que volvieran.

Pero lo que he aprendido una y otra vez, hablando con muchos padres y jóvenes, es que este es uno de los mitos más comunes y devastadores. Ningún chico está condenado y *siempre* hay un camino de regreso a la Iglesia. ¿Cómo sabemos eso? Porque su hijo está finalmente en las manos de Dios, que lo ama más que usted. Lo quiere de regreso más que usted, y en su providencia, puede hacer cualquier cosa.

Pero cuando creemos en este mito de que no hay esperanza, nos volvemos insensibles y nos quedamos inmovilizados. Pensamos «La situación es desesperada. No hay nada que pueda hacer, así que ni siquiera lo intentaré».

Ese es solo uno entre varios mitos, y cualquiera de ellos puede impedirle seriamente realizar ningún progreso con su hijo. En este capítulo, expondremos cuidadosamente cada uno de estos mitos, limpiando nuestro campo visual para que podamos ver cómo hacer posible el regreso de su hijo.

Mito #1: «Regresarán eventualmente cuando se casen y tengan hijos».

Verdad: Como los jóvenes adultos demoran su casamiento y tener hijos, las posibilidades de que regresen por estos motivos son bajas.

Para muchos adultos jóvenes, «tomar un descanso de la religión» es una parte normal del emerger a la vida adulta. Completan los sacramentos iniciales (Bautismo, Primera Comunión y Confirmación), se esfuerzan para atravesar los importantes desafíos de la educación religiosa Católica y luego se establecen y guardan su religión hasta que, tal vez, aparezcan el matrimonio y los hijos. No es que los jóvenes se alejen pasivamente por este camino. De acuerdo a los Sociólogos de Notre Dame, «algunos jóvenes parecen *esperar* permanecer inactivos religiosamente durante los años anteriores al matrimonio, durante la temprana adultez». Muchos padres que son Baby Boomers o de la Generación X recorrieron este camino, y sus hijos naturalmente esperan imitarlos.

¿Pero realmente el matrimonio y los hijos los traerán de regreso? Al menos estadísticamente, la respuesta parece ser «probablemente no». Una razón es que la gente joven está demorando el matrimonio más tiempo que antes. Nuestra cultura supone que debería postergarse el matrimonio para así focalizarse primero en los estudios y carrera. Como miembro de la Generación Y, puedo confirmar que esto es los que prácticamente todos mis pares adultos jóvenes creen. En consecuencia, la edad promedio para casarse de hombres y mujeres se ha elevado las últimas décadas. En 1960, la edad promedio para el primer casamiento era de veintitrés para el hombre y de veinte para la mujer; ahora son de veintinueve y veintisiete respectivamente. Investigadores del National Project Marriage [Proyecto Nacional del Matrimonio] de la Universidad de Virginia, concluyen que «culturalmente, los jóvenes adultos están identificando crecientemente al matrimonio como un "piedra de remate" más que como una "piedra fundacional" —esto es, algo que ellos hacen una vez que tienen todas sus cosas en orden, antes que un cimiento para saltar a la adultez y a la paternidad».

¿Cómo afecta eso nuestra misión de traerlos de regreso a la Iglesia? Bueno, cuanto más postergan su matrimonio, más tiempo se mantienen alejados de la Iglesia. Peor aún, incluso cuando se casan, tienen menos probabilidades de casarse por la Iglesia Católica —especialmente si la pareja ya está viviendo junta o han estado casados antes. La mayoría de las parejas deciden casarse en otro lugar, y por lo tanto, el casamiento no sirve como una oportunidad de traerlos de regreso.

Un segundo problema es que aún luego de casarse, la gente joven podría no tener hijos enseguida —o no tenerlos nunca. Los índices de partos para las mujeres de Estados Unidos en las edades de los veinte bajaron un 15% entre 2007 y 2012, y los datos de 2013 de los Centros para el Control y Prevención de Enfermedades (CDC) revelaron que, de cada 1000 mujeres norteamericanas en edad reproductiva, hubo solo 58,2 nacimientos en 2019 —el índice más bajo de natalidad registrado en la historia de Estados Unidos. ¿Pero no significa eso que las mujeres jóvenes están teniendo hijos *más tarde* en su vida? Los investigadores de Princeton analizaron los datos de CDC y pusieron en duda la noción del «repunte de bebés». Encontraron que las mujeres veinteañeras es más probable que se abstengan de tener hijos *completamente,* no solamente a posponerlos. Así que, si la gente joven no está teniendo hijos actualmente, o al menos está esperando un largo tiempo para tenerlos, se acrecientan las posibilidades de que no regresen para bautizar sus hijos o criarlos en la Iglesia.

¿Qué significa todo esto? El matrimonio y el tener hijos ya no son más imanes para traer de regreso a la gente a la Iglesia. No podemos contar con ellos, asumiendo que harán mágicamente todo el trabajo por nosotros. Su atractivo ha disminuido hasta tal punto en el que, para muchos adultos jóvenes, tenemos que dar por sentado que ningún momento de la vida —matrimonio o hijos— ejercerá una significativa atracción de regreso a la Iglesia.

Mito #2: «Los llevé a Misa y a un Colegio Católico —eso debería haber sido suficiente, ¿cierto?»

Verdad: El simple hecho de pasar por Instituciones Católicas no asegura que una persona joven encuentre al Señor o desarrolle una fe vigorosa, personal.

Lisa, una madre de dos Católicos alejados, le dio voz a este mito: «Tal vez fuimos muy estrictos con los mecanismos de la fe. Ayudamos a nuestros chicos a practicar nuestra fe yendo a Misa, pero nunca desarrollaron su propia relación personal con Jesús. Esa fue la pieza faltante que no fui capaz de transmitirles ya que no tuve mi propia reconversión hasta más tarde en mi vida (no puedes dar lo que no tienes). Traté de compensar la falta de una relación personal con Jesús imponiendo las reglas, rituales y ritos del Catolicismo sobre mis hijos. Ahora, aunque mis hijas mayores son muy virtuosas en sus conductas, no practican su fe. No valió la pena conservar los rituales sin la relación».

Durante los siglos dieciocho y diecinueve, el Catolicismo norteamericano floreció a través de las instituciones. En la mayoría de los casos, los hijos se movían sin contratiempos a través de nuestros sistemas religiosos. Nacían en hospitales Católicos, asistían a escuelas Católicas, participaban en clases de educación religiosa, y se inscribían en universidades Católicas. La mayoría emergieron al otro lado como Católicos vigorosos.

Pero ese ya no es más el caso.

No podemos dar por sentado hoy, a pesar del valiente esfuerzo de muchos pastores, educadores y líderes de ministerios, que cuando un chico atraviesa nuestras instituciones, desarrollará una amistad genuina con Jesucristo.

En su libro *Young Catholic America: Emerging Adults In, Out of, and Gone from the Church* [La Norteamérica Joven Católica: Adolescentes y Jóvenes Adultos que Están Dentro, Fuera, o se Han Ido de la Iglesia], investigadores de Notre Dame encontraron que «no hay un efecto significativo directo de asistir a una escuela Católica sobre el incremento de la religiosidad en los que emergen a la edad adulta». Aunque los investigadores consideraron el contexto familiar de los estudiantes, las preparatorias Católicas «tuvieron de poca a nula influencia cinco años después sobre aquellos que asistieron a las mismas».

Un estudio reciente del Foro Pew llegó a conclusiones similares. «Ex-Católicos que son ahora no afiliados tienen las mismas posibilidades que los Católicos de toda la vida de haber concurrido a instituciones y prácticas religiosas tales como clases de educación religiosa (68% y 71% respectivamente) y grupos religiosos para jóvenes (32% para ambos grupos)». En otras palabras, lamentablemente, participar en la Iglesia, asistir a clases de educación religiosa, y unirse a grupos de jóvenes en la parroquia parece tener desde poco a ningún efecto en que la gente joven mantenga su fe al entrar en la edad adulta.

No tienen toda la culpa de eso nuestras instituciones. El problema es que estamos esperando que las instituciones carguen el peso *entero* de evangelizar a nuestros hijos, algo que nunca estuvieron llamadas a hacer. La Iglesia ha sido muy clara al respecto. En el *Catecismo de la Iglesia Católica,* aprendemos que la parte con mayor responsabilidad sobre la formación de nuestros chicos no son las parroquias ni las escuelas, sino los padres. «Por la gracia del sacramento del matrimonio», dice el Catecismo, «los padres han recibido la responsabilidad y el privilegio de evangelizar a sus hijos. Desde su primera edad, deberán iniciarlos en los misterios de la fe, de los que ellos son para sus hijos los "primeros heraldos". Desde su más tierna infancia, deben asociarlos a la vida de la Iglesia. Una vida familiar saludable puede alimentar las disposiciones interiores que son una preparación genuina para una fe viva y permanecen como apoyo de ella durante toda la vida».

Todo esto aplica también para el asistir a Misa. Solo inscribir a sus chicos en escuelas Católicas no es suficiente, así como tampoco llevarlos a Misa, incluso consistentemente, no es suficiente por sí mismo, para inculcar una fe profunda y duradera. Los sacramentos no son mágicos. Si su hijo recibe la Eucaristía sin la formación adecuada, o fue confirmado sin la disposición apropiada, hay una gran chance de que no haya cooperado con la gracia que fluye de esos sacramentos.

Pero aquí está la buena noticia: una vez que su hijo tenga la disposición adecuada, que este libro le ayudará a conseguir, los resultados serán increíbles. Los sacramentos transformarán profundamente su vida.

Mito #3: "Abandonaron por causa mía. Es todo mi culpa".

Verdad: Casi siempre existen múltiples causas y no es siempre todo culpa suya.

El hijo de Ronda dejó la Iglesia a los dieciséis y no regresó hasta que cumplió treinta y dos. Como muchos padres, ella se sintió sepultada bajo una avalancha de remordimiento y culpa. «Recuerdo que luchaba con pensamientos que me atormentaban como "debería haberlo visto venir" o "debería haber pasado más tiempo con él" o "debería haber sabido . . ." o "si tan solo hubiera . . .". No fui perfecta como madre. Ninguno de nosotros lo es. Para cuando lo hemos descifrado, nuestros niños se han ido de casa. La imperfección no implica ser un mal padre. Mortificarse a sí mismo con los "tendría" y "debería" y "habría" le drenarán la energía que necesita para llevar esto adelante. En la mayoría de los casos aconsejaría simplemente no ir allí. Aparte esos pensamientos para otro día, y cuando llegue ese día, postérguelos para el siguiente. No hay nada que pueda hacer con el pasado, pero hay muchísimo que puede hacer hoy al respecto».

No solo es un mito creer que usted es el único responsable de que su hijo rechace a Dios o deje la Iglesia o se aleje —sino que puede ser totalmente devastador. He visto muchos padres quedarse espiritualmente paralizados por causa de esta culpa.

No hay dudas de que poseemos una influencia fuerte sobre nuestros hijos. Ser buenos padres tiene su impacto, así también como ser malos padres también lo tiene. Pero tener *influencia* no es lo mismo que tener *control*. Toda persona tiene libre albedrío, lo que significa que, aunque proveamos la atmósfera ideal para que la fe siente raíces, nuestro hijo puede rechazarla. Puede llevar a su hijo a Misa, inscribirlo en escuelas Católicas, posibilitarle experiencias religiosas conmovedoras, aportarle las mejores respuestas a sus preguntas, y ofrecerle un testimonio convincente de santidad. Incluso después de todo eso, su hijo podría elegir otro camino. El don del libre albedrío requiere que él tenga la opción.

Usted no puede tomar la decisión por sus hijos. Tal como aconseja mi amigo Bert Ghezzi, «Podemos arrastrar a los que amamos hasta lugares donde pensamos que el Espíritu Santo podría dar en el blanco, pero no podemos meternos en su piel y manipular su libre albedrío. Sus decisiones de fe son entre ellos y Dios —lo que significa que, si se alejan, no podemos hacernos responsables legítimamente de esa decisión».

Ahora bien, por supuesto esto no significa que como padres seamos completamente inocentes cuando un chico deja la fe. Ciertamente, ninguno de nosotros es un padre perfecto, lo que significa que probablemente contribuimos algo, aunque sea poco, al alejamiento de nuestro hijo. Pero usted no es *completamente* responsable de la decisión —probablemente involucró varios factores fuera de su control— y más importante aún, usted *puede* desempeñar un rol clave en su regreso.

Hacer las paces con esta realidad es duro pero liberador. Una vez que se dé cuenta de que lo único que puede hacer como padre es proporcionarle el mejor ambiente para que su hijo conozca y ame a Dios, podrá centrarse en ese objetivo antes que estresarse por cómo responde su hijo a sus insinuaciones. Deje que las capas del autorreproche y la culpa se desprendan de usted mientras redirige su eje a ayudar al regreso de su hijo.

Es probable que este cambio de perspectiva ayude también a su hijo. Si usted se culpa porque su hijo abandonó la fe, eso podría volverse evidente para su hijo y darle a él una excusa fácil. Su hijo podría pensar «Hum. Puedo, o bien hacerme responsable por mis malas decisiones morales y religiosas, o bien puedo culparte a ti, mi padre. De acuerdo, te elijo a ti». ¿Qué chico no aliviaría su propia responsabilidad, y colocaría la culpa en usted? Pero si su hijo siente que usted no se hace más responsable de sus decisiones religiosas, entonces se destapa la olla. Lo que él haga de allí en adelante será un reflejo de las decisiones y acciones de *él* y no de las suyas. Al abandonar usted la responsabilidad, la carga se desplaza a donde pertenece —a él.

Por último, el camino principal para superar este mito es que usted se desapegue de sus hijos y de sus decisiones religiosas. Esto no significa que usted no esté interesado o involucrado, sino significa que usted no permitirá que las decisiones de él moldeen su propia identidad y autoevaluación. «Si ser el padre de sus hijos es su identidad central, usted está sobre terreno inestable», escribe Carol Barnier, que es una expródiga y madre de varios hijos adolescentes. «Si cada vez que ellos tropiezan, usted se encuentra cuestionándose su propio valor, usted está sobre terreno inestable. Si cada vez que ellos comenten un error serio, usted se encuentra hundido en una aislada depresión, usted está sobre terreno inestable. Si *cualquier* cosa que hagan sus hijos tiene el poder de llevarlo a creer que es un inútil, usted está sobre terreno inestable. Nuestros chicos no están llamados a ser nuestro centro. La única identidad que es sensata, verdadera y sólida es que *usted* es un preciado hijo de Dios».

Mito #4: «No me escucharán; es simplemente imposible tener una conversación sobre la fe»

Verdad: Su primer objetivo debería ser escucharlos, no hablarles. A través de la escucha, las conversaciones comenzarán a dar fruto.

Para muchos padres, la partida de sus hijos de la Iglesia es doblemente trágica, primero porque su hijo le ha dado la espalda a la fe, pero segundo porque no está abierto a comentar la razón. Esto coloca a los padres en un apuro. Quieren conversar el tema con sus hijos y ayudarlos a cambiar su parecer. Pero sus hijos clausuran la conversación incluso antes de que comience. Incluso una mención de «Dios» o de «Iglesia» o de «Catolicismo» puede desencadenar una reacción acalorada.

Afortunadamente, como veremos en el capítulo siguiente, hay muchas maneras de facilitar un diálogo fructífero, incluso cuando lograrlo parece imposible. Sin embargo, la táctica más importante es dejar de hablarle *a* su hijo acerca de la fe y comenzar a escuchar sus opiniones y sentimientos. Por ejemplo, en vez de fastidiarlo sobre por qué es importante para él asistir nuevamente a Misa, pregunte por qué ha decidido dejar de ir. En vez de indagar por qué no cree más en Dios, pregunte qué lo ha hecho cambiar de opinión. Si no está de acuerdo con las enseñanzas de la Iglesia sobre anticoncepción, homosexualidad o divorcio, pregunte qué es lo que más le molesta al respecto.

Encausar la conversación con preguntas y una actitud de escucha puede abrir al diálogo hasta los corazones más cerrados de los jóvenes. Cubriremos esto más tarde en el libro y aprenderemos algunos consejos y estrategias específicos.

Mito #5: «No hay esperanza. No importa lo que suceda, mi hijo no volverá jamás a la Iglesia»

Verdad: Nunca es imposible. Dios nunca renunciará a su hijo y por lo tanto tampoco usted debería hacerlo.

Una cosa que debe saber, en lo profundo de su corazón y con absoluta certeza, es que Dios *nunca* renunciará a su hijo. Nadie desea más que su hijo regrese a la fe y sea salvado, que Dios mismo. San Agustín afirmó que Dios nos ama a cada uno de nosotros como si hubiera solo uno de nosotros para amar. Él ama a su hijo infinitamente; su amor, preocupación y deseo no tienen límites.

Así que estén seguros de una cosa: Dios *nunca* dejará de perseguir a su hijo. Lo que significa que siempre hay esperanza.

Recuerde la parábola de Jesús del hijo pródigo. Un hijo imprudente abandona a su padre, huyendo al equivalente de Las Vegas del siglo primero. Despilfarra su dinero en una vida desenfrenada. Pero a pesar de tener todo el placer que puede adquirir, no es suficiente. Aún no está satisfecho. Reflexionando, se da cuenta de que la verdadera felicidad no se obtiene en el dinero o en el sexo o en las fiestas, sino en el amor, el amor mismo que ha rechazado. Así que decide regresar con su padre, con vergüenza y pena, para disculparse de sus decisiones impulsivas y rogarle a su padre que lo contrate como un sirviente.

Pero antes de que el hijo tenga la oportunidad de disculparse, su padre lo divisa a la distancia y *corre* hacia él. Cuando el padre alcanza a su hijo, no lo reprende ni pronuncia una lista de requerimientos que deben ser alcanzados para darle la bienvenida a casa —lanza sus brazos sobre él y lo besa. En vez de permitirle a su hijo disculparse, el padre se vuelve a su sirviente y le dice «¡Rápido! Traigan las mejores ropas y vístanlo, pónganle un anillo en el dedo y calzado en los pies. Luego saquen el ternero cebado, mátenlo y hagamos fiesta celebrando un banquete. Porque este hijo mío estaba muerto y ha vuelto a la vida; se había perdido y lo hemos encontrado» (Lc 15, 22-24).

El sentido de la parábola es claro. No importa cuán lejos se haya alejado su hijo de Dios o de la Iglesia, no importa que haya caído en qué clase de promiscuidad o problemas u oscuridad, Dios está ansioso por abrazarlo. El Señor no está simplemente esperando desinteresadamente a que su hijo regrese. Está recorriendo con la vista el horizonte, preparándose para abalanzarse sobre su hijo ante el mínimo signo de actitud receptiva. Dios *nunca* renunciará a su hijo.

Recuerde también, que hemos aprendido en el capítulo anterior, que incluso si su hijo ha abandonado a la Iglesia, eso no significa que haya dejado de creer en Dios. Las estadísticas muestran que la mayoría de los ex-Católicos, incluyendo a muchos de los no afiliados, aún aman a Dios, rezan, y están abiertos a las cosas espirituales. Así que, si aun en la superficie parece como que su hijo ha renunciado a la fe completamente, podría estar simplemente luchando con temas morales o cuestiones alrededor de la Iglesia Católica.

Desde nuestra perspectiva borrosa e incompleta, atrapados como estamos dentro de los límites del espacio y del tiempo, podría parecer imposible que su hijo siquiera considerara regresar a la Iglesia. Podría requerir un *enorme* cambio en su pensamiento, sus acciones y su estilo de vida. Pero el saber que siempre hay esperanzas puede tranquilizarnos, incluso cuando el camino por delante no es claro.

Y debería agregar que para el momento en que termine este libro, ¡no se sentirá más desesperado! Las herramientas y estrategias que descubrirá en las partes dos y tres de este libro le darán un camino claro para traer a su hijo de regreso. Cuando termine la última página, se sentirá confiado, entusiasmado y esperanzado.

Así que comprométase ahora a deshacerse de la idea desalentadora de que no hay esperanza —siempre hay esperanza, y pronto lo sabrá bien.

* * *

En este punto de su lectura, debería tener un mucho mejor juicio sobre por qué la gente joven abandona la Iglesia, adónde se dirige cuando se va y algunas de las suposiciones más peligrosas que puede hacer sobre ellos —esto es, los mitos que tienden a estropear cualquier progreso. Es momento ahora de pasar a la segunda parte del libro, donde veremos esta comprensión útil del problema y comenzaremos a resolverlo.

PARTE II
El Plan de Juego

«Un objetivo sin un plan es solo un deseo».

—ANTOINE DE SAINT-EXUPERY

CAPÍTULO 4
Lo Básico

Espero que luego de haber leído los primeros capítulos de este libro, tenga un panorama más claro de lo que su hijo probablemente esté pensando. Espero se sienta también más aliviado, después de haber desechado los mitos más comunes. Deshacerse de suposiciones incorrectas puede resultar liberador y cambiar su perspectiva.

Pero ahora, es probable que esté esperando un poco de acción. Cuanto mejor se comprende el problema, más urgentemente se lo quiere resolver. De eso se trata esta segunda parte.

A lo largo de los siguientes capítulos, confeccionará cuidadosamente un plan de juego para traer a su hijo de regreso a la Iglesia. El plan involucra varios elementos, algunos de los cuales es posible que ya esté haciendo, pero la mayor parte serán nuevos. No se abrume. Hay mucho aquí. Incorpórelo lentamente y sepa que no debe implementarlo de la noche a la mañana.

Pero antes de que nos sumerjamos en los consejos específicos, hay una cosa que tenemos que establecer: *usted* es la clave. Ninguna herramienta ni estrategia puede reemplazar el hecho de que, por la naturaleza de ser usted el padre de su hijo, usted es desde ya el factor más importante en esta ecuación. No hay consejo, estrategia, ni herramienta que pueda sustituir el rol que juega usted.

Usted es la clave.

El profesor de Notre Dame Christian Smith afirma que «los estudios sociológicos han mostrado a la vuelta del siglo veintiuno que el único factor medible más importante para determinar la vida religiosa y espiritual de los adolescentes y jóvenes adultos es la fe religiosa, el compromiso y la práctica de sus padres». Lo sepan o no los padres, continua Smith «[ellos] son los pastores más importantes que un joven tendrá jamás».

¿Por qué? Porque «las relaciones cercanas con adultos religiosos . . . sirven como puntos de referencia valiosos de convicción y participación, y hacen que la asistencia a Misa sea gratificante y significativa». Sin embargo, continúan los investigadores, «lo más crucial es el compromiso, intencionalidad, ejemplo y estímulo de los *padres* Católicos».

Un joven confesaba «dejé la Iglesia Católica a los 19 años, no para pasar a otra iglesia, sino porque dejé de creer. Regresé a la Iglesia diez años después porque vi el modo en que la fe ayudó a mi familia y amigos a atravesar unos tiempos difíciles. Mi propia vida parecía vacía. Quería la paz que parecía provenir de su fe en Dios».

Usted es la clave.

Podría parecer desafiante al comienzo, porque usted no puede solo sentarse apáticamente a un costado, esperando a que alguien se meta y haga todo por usted. Existe la posibilidad de que su hijo se conecte con otro amigo o mentor que ayude a traerlo de regreso a la Iglesia, y ciertamente este es un factor importante al que retornaremos más adelante. Pero no puede contar con eso. *Usted* es el factor principal, lo que significa que *usted* tiene que dedicarse a su hijo.

Seré directo ahora: esto no es fácil. Es mucho más fácil dejar a un lado el alejamiento de su hijo. Es más confortable y ciertamente hace que los eventos familiares sean más soportables. Pero, aunque ignorar su incredulidad podría hacer los feriados más fáciles, no ayudará a su eternidad. Así que, antes de navegar en el resto del plan de juego, comprométase con su rol. Propóngase que hará todo lo posible para irradiar «compromiso, intencionalidad, ejemplos y estímulo» a su hijo.

Pero para llegar allí, comenzaremos por reconocer qué es lo que *no* hay que hacer. Probablemente esté desesperado por conducir a su hijo de regreso a la Iglesia. Pero esa desesperación algunas veces puede conducirlo a perseguir el objetivo correcto con los métodos equivocados. Así que miremos cinco estrategias que *no* debería perseguir. Cada uno de estos errores creará una pared entre su hijo y su regreso.

Cinco Errores Que Casi Seguro Mantendrán Alejado a Su Hijo

1. Obligarlo a ir a Misa

«¡Uf! ¡Si tan solo pudiera conseguir que comenzara a ir a Misa de nuevo!», se quejó María conmigo, lamentándose sobre su hijo adolescente. «No interesa lo que haga —le ruego, le suplico, le ordeno, le lloro— nada de eso funciona. En unas pocas ocasiones pude forzarlo a ir, amenazándolo con bloquear los datos de su celular o cortar su mesada pero incluso así, simplemente se sentó en el banco de la Iglesia y claramente no quería estar allí».

Este es un consejo crucial y probablemente sorprendente:

Deje de obligar a su hijo a asistir a Misa. Ahora, para ser claro, me estoy refiriendo aquí a chicos más grandes y adultos jóvenes. Obviamente, usted debería llevar a Misa a los más chicos. Esa es su obligación religiosa como padre.

Pero para los hijos más grandes, entre aproximadamente los quince y hasta los veintipocos, obligarlos con la Misa a menudo produce que el chico esté *menos* atraído por las cosas religiosas. Esto es porque la Misa nunca tuvo el propósito de evangelizar a los desinteresados. La Misa es el *último* paso en la travesía de la Evangelización, no el primero. Es el destino final, el fruto y la consecuencia de una relación personal con Jesucristo, no la causa de ello. Para atraer de regreso a su hijo a Cristo y su Iglesia, usted tiene entonces que primero establecer otros cimientos.

Un sacerdote me hizo notar hace poco «Si alguien viene a Misa, poco dispuesto o sin preparación, está frente a un gran peligro de enfermarse espiritualmente. En tanto y en cuanto nuestro plan sea solo traer gente a Misa —si eso es lo único que estamos tratando de hacer, sin pasos intermedios— probablemente los estemos enfermando más, desde el punto de vista espiritual».

Esa idea puede parecer incómoda, pero se remonta a San Pablo, en su Primera Carta a los Corintios. «Examine, pues, cada uno su conciencia antes de comer del pan y beber de la copa, porque quien come y bebe sin advertir de qué cuerpo se trata, come y bebe su propio castigo. Ahí tienen la causa de no pocos de sus achaques y enfermedades, e incluso de bastantes muertes» (1 Cor 11, 28-30).

Pablo estaba aludiendo a los dolores físicos que la gente de Corinto había sufrido como consecuencia de no celebrar la Misa con la debida reverencia, y especialmente por no reconocer la Presencia Real de Jesucristo en la Eucaristía. En nuestro tiempo, es extraño que Dios derribe a alguien con una enfermedad o la muerte por dormirse en la Misa o por recibir el Santísimo Sacramento despreocupadamente. Pero si asistimos a Misa sin estar preparados, distraídos, o sin voluntad de participar, entonces podríamos sufrir efectos *espirituales* serios. En vez de unirnos con Dios, la Misa podría *dañar* esa relación y ocasionar un mayor distanciamiento.

Por supuesto, la mayoría de los padres no tiene esa intención. Cuando obligan a sus hijos a asistir a Misa, están actuando con buena voluntad, pensando que, ya que Jesús está presente en Misa de un modo especial, deberían hacer todo lo posible para tener a sus hijos allí. Este deseo es incentivado por la cultura Protestante que nos rodea, para quienes el oficio de adoración de los domingos es visto como un puente a la participación plena de la visa Cristiana. Cuando nuestros hermanos y hermanas Protestantes quieren acercar a Dios a un amigo alejado, su primera acción es llevarlo a la iglesia. Una vez allí, saben que recibirá una cálida recepción, un mensaje relevante e influyente y una invitación a unirse a un pequeño grupo comunitario. En otras palabras, si el camino del discipulado es un embudo, los Protestantes sitúan el oficio religioso en la parte superior del embudo, en el comienzo, mientras que los Católicos ponen a la Misa en la parte inferior, al final del embudo. Esa es una diferencia crítica y explica por qué obligar a la gente a ir a Misa resulta a menudo contraproducente.

Así que la próxima vez que esté tentado de empujar e incitar a su hijo más grande a acudir a Misa, incluso cuando sabe que es profundamente reticente, repliéguese un poquito. No lo fuerce. Plante otras semillas primero.

En los capítulos siguientes, aprenderá diferentes estrategias para atraer a su hijo de regreso a la Eucaristía, unas que construyen primero un cimiento espiritual robusto, para que *quiera* ir a Misa en vez de ser forzado a ir.

2. Criticar su estilo de vida

Abraham Piper, quien se alejó de la iglesia cuando era adolescente, tiene algunos buenos consejos para padres de chicos que toman malas decisiones morales: que la desaprobación moral no sea lo primero. «Si su hijo está teniendo dificultades para creer en Jesús, tiene poca importancia que él admita, por ejemplo, que emborracharse está mal. Usted quiere protegerlo, sí, pero su problema más peligroso es no creer —no el andar de fiesta. No interesa cuánto valide la conducta de su hijo su falta de creencia, asegúrese siempre de estar más centrado en la enfermedad de su corazón que en sus síntomas».

Comenzar por los mandamientos morales a menudo no es viable para la gente joven. Si lo primero que su hijo escucha es «deja de hacer eso» o «cambia tu vida» o «tienes que poner fin a esa relación», él estará rápidamente en desacuerdo. Nunca tendrá una oportunidad de argumentar más convincentemente a favor de su regreso a Dios y a su Iglesia. Esto no significa que usted debería simplemente mirar silenciosa y pasivamente cómo su hijo toma malas decisiones. En cambio, significa que su primer abordaje debería estar definido por la amabilidad y la paciencia y no por la crítica.

El Papa Francisco ha hablado a menudo en contra del abordaje hipermoralista. En su primera gran entrevista como Papa, explicó cómo presentarle a alguien a Jesucristo *antes* de llegar a los requerimientos morales que fluyen de aquel encuentro, es la mejor estrategia:

«Lo más importante es el anuncio primero: ¡Jesucristo te ha salvado! . . . El anuncio misionero se concentra en lo esencial, en lo necesario, que, por otra parte, es lo que más apasiona y atrae, es lo que hace arder el corazón, como a los discípulos de Emaús. Tenemos, por tanto, que encontrar un nuevo equilibrio, porque de otra manera el edificio moral de la Iglesia corre peligro de caer como un castillo de naipes, de perder la frescura y el perfume del Evangelio. La propuesta evangélica debe ser más sencilla, más profunda e irradiante. Solo de esta propuesta surgen luego las consecuencias morales . . . El anuncio del amor salvífico de Dios es previo a la obligación moral y religiosa. Hoy parece a veces que prevalece el orden inverso».

Recuerden de un capítulo anterior que la mayoría de los jóvenes creen hoy en algo llamado «deísmo moralista terapéutico» que coloca un foco importante en lo que se debe y no se debe hacer en la fe (de ahí la dimensión «moralista»). Pero como padre, su objetivo no es simplemente la mejoría moral o el cambio de conducta. Su objetivo es el *restablecimiento,* es atraer a su hijo a una relación floreciente con Jesús en su Iglesia. Una vez que haga eso, los cambios morales fluirán inevitablemente.

Pero seamos francos: no es tan fácil. Requerirá que muchas veces se muerda la lengua, cuando sienta la necesidad de regañar a su hijo, sabiendo que probablemente lo alejará aún más. ¡La cicatriz valdrá la pena!

Dicho esto, algunas veces el regaño moral *es* necesario para que un hijo comience su regreso a la Iglesia. Los hijos extraviados algunas veces necesitan que alguien los despabile de su confusión moral y les diga «estas decisiones están destruyendo tu vida» o «podrías llegar a ser mucho mejor si eligieras un camino diferente». Pero siempre es mejor cuando esa corrección no es lo primero que escuchan e, idealmente, cuando viene de un amigo, mentor o pareja, antes que de un padre. Su relación con su hijo extraviado ya sea probablemente endeble y debería protegerla a toda costa. No la ponga en riesgo comenzando con un fuerte regaño.

3. Hostigarlo

Muchos padres hostigan, fastidian y acosan a sus hijos —incluso cuando ya son adultos— para conseguir que asistan a la iglesia más seguido o para que cambien su estilo de vida.

Hostigar casi nunca da resultado y, de hecho, usualmente tiene el efecto contrario. Mucha gente se mantiene alejada de la Iglesia Católica simplemente porque sus padres los hostigan permanentemente con el tema de la religión.

Así que comprométase ahora mismo a dejar a un lado preguntas como «¿Por qué nos estás haciendo esto?» o «¿Cuándo dejarás de ser tan perezoso y volverás a la iglesia?». Es casi imposible que su hijo sienta completamente la pena que siente usted, que sepa cuán desesperadamente quiere usted que regrese a la Iglesia. Así que no vale la pena que consuma sus energías hostigándolo ni haciéndole sentir culpa.

Incluso peor que hostigarlo en general, sin embargo, es el hostigamiento pasivo-agresivo. Sarah, una joven adulta que había dejado de asistir a Misa, dijo «no puedo soportar cuando mi madre se me viene encima con el tema de la iglesia, pero odio más cuando lo hace con pequeños comentarios, o suspiros, o chasqueando la lengua. Ella no para de decir que mi hermana va a Misa y la sensación que tengo es que ella, de algún modo, es una mejor hija. Me molesta mucho. Es peor que si viniera directamente y me dijera lo que piensa en vez de simular que está tratando de ayudar».

Otros jóvenes se desalientan cuando sus padres constantemente les reenvían desmesuradamente mails religiosos y políticos. «Mis padres *y* mis abuelos me envían al menos un mail ridículo por día, ya sea afirmando que el diablo se ha apoderado del país y que todos nos vamos al infierno, o que este o aquel político es la encarnación del mal. Me gustaría que pararan de hacer eso. No están colaborando para nada con su causa —me hace pensar que su religión es más loca de lo que yo ya creo que es». Puede tener valor el envío de artículos, links y videos —cubriremos esto después— pero si no se hace de manera cuidadosa, puede interpretarse como proselitismo agresivo.

El Papa San Juan Pablo II, tal vez el evangelizador más efectivo del siglo veinte, resumió una estrategia alternativa mejor. Dijo simplemente, «La Iglesia propone; no impone nada». Los padres que consiguen traer de regreso a sus hijos a la Iglesia no hostigan ni fuerzan la religión a sus hijos. En cambio, los invitan, amable y respetuosamente, mediante una conversación cálida y amor incondicional. No se queje de los defectos de su hijo; invítelo a algo mejor. Proponga, pero no imponga.

4. Desestimar sus objeciones

Era el primer semestre de Nick en la Universidad, cuando uno de sus nuevos amigos dijo algo despectivo sobre el Cristianismo. El resto del grupo se rio, pero John se quedó en silencio. Uno de los muchachos lo notó «Esperen, ¿tú no eres super religioso, cierto?» «Bueno, no lo sé» respondió John.

«Crecí como Católico y mis padres son muy religiosos, pero no estoy seguro de cuál es mi posición». Su amigo respondió inmediatamente «Bueno, yo también creía en Dios pero eso fue antes de que descubriera de que no hay evidencia de Dios. El Cristianismo es igual que cualquier otro mito o cuento de hadas. Prefiero la ciencia y las cosas que son verdad, antes que las historias inventadas». Le recomendó a John leer algunos libros ateístas, y muy pronto John acordó con su opinión.

Más tarde durante aquel año, cuando John regresó a su casa de visita, compartió sus muchas experiencias en la universidad. Pero en cierto punto, la conversación se desvió al tema de la parroquia local, y eso provocó que su madre pregunte «Oh, ya que estamos, ¿conseguiste una parroquia por allá?». John se detuvo por un momento, tragando dificultosamente. «Bueno, para ser honesto, no estoy seguro si sigo creyendo en Dios. Es que simplemente no encuentro ninguna evidencia».

La madre de John replicó inmediatamente «Oh. ¡Guau! ¿En verdad no crees eso, cierto? Eso es ridículo. *Por supuesto* que hay evidencia. ¿De dónde piensas que salió el mundo? ¿Quién crees que te hizo? ¿Cómo es posible que niegues que Dios existe?».

John quedó conmocionado. Él esperaba que su madre estuviera decepcionada, pero no se esperaba que solo desestimara livianamente sus objeciones. No estaba seguro de que verdaderamente *creyera* las objeciones —en verdad solo repetía como loro lo que había escuchado de sus amigos y leído en los libros ateístas. Pero el hecho de que su madre rechazara con indiferencia sus objeciones lo hizo pensar que ella no lo respetaba para nada. En vez de ayudar a que superara un serio período de duda, ella solidificó su partida, haciéndolo volverse más obstinado.

Muchos padres no tienen tanta suerte de que sus hijos les expliquen por qué se han alejado de Dios. Así que si tiene la posibilidad de descubrir *por qué* su hijo ha dejado la Iglesia, no desestime sus objeciones. Puede sonar tonto para usted, pero es importante para él. Tómelo seriamente, sin importar cuán ridículo suene. Cuanto más respeto le otorgue a las preocupaciones de su hijo, más abierto estará él a sus respuestas.

5. Dar por sentado que puede cambiarlo

Tal como vimos antes, tanto abandonar la Iglesia como volver a ella involucran muchas variables diferentes —usted, su hijo, amigos, creencias personales y libre albedrío. Usted puede ejercer cierta influencia sobre las decisiones de su hijo, incluso puede ser mucha, que es lo que este libro lo ayudará a hacer. Pero la última decisión la tiene él.

Esto nos lleva a una de las verdades más duras, pero más importantes: debe despedirse del intentar cambiarlo. Esta es una verdad dura de oír. La mayoría de nosotros queremos controlar nuestros propios destinos. Pero cuando se trata de las decisiones de su hijo sobre la fe, está finalmente fuera de sus manos.

Jesús contó una parábola sobre un sembrador que esparció las semillas en el terreno (ver Mt. 13, 3-9). Algunas cayeron en el camino y los pájaros las comieron. Otras cayeron en terreno pedregoso, y no pudieron crecer. Otras cayeron entre espinas, que ahogaron las plantas. Pero algunas semillas cayeron en terreno fértil y produjeron una enorme cosecha.

¿Cuál fue la lección de esta parábola? Que no podemos controlar cuándo, cómo o si nuestra semilla producirá fruto. Todo lo que podemos hacer es sembrar nuestras semillas de oración, conversación y amor, y rogar a Dios que se asegure de que la semilla caiga en buen terreno. Aun así, está finalmente fuera de nuestro control.

Esto no quiere decir que debe dejar de preocuparse por el resultado, o que se ha rendido con su hijo. Simplemente significa que ha puesto a Dios en control de los resultados en vez de usted. Significa que usted reconoce que no puede tomar decisiones por su hijo, que el resultado está solo parcialmente en sus manos. Muchos padres encuentran esto profundamente liberador. En vez de manipular a sus hijos para que regresen a Misa, se los confían a Dios, siguen las estrategias delineadas en este libro y le ceden la palabra en los resultados al Espíritu Santo.

Los Cinco Umbrales que Su Hijo Necesita Traspasar

El modo más común en que los Católicos miden el progreso espiritual, o el grado en que uno es «devoto», es midiendo los pasos en los sacramentos. Mientras un hijo progresa desde el Bautismo, a la Primera Confesión, a la Primera Comunión, a la Confirmación, se mueve presumiblemente hacia una vida de discipulado más profunda como un Católico plenamente formado.

Excepto que como todos sabemos, esto rara vez ocurre.

Grandes cantidades de aquellos que siguen los pasos sacramentales finalizan aun alejándose de la Iglesia, como tal vez sea cierto en el caso de su propio hijo. Moverse simplemente por el embudo de los sacramentos no es garantía de que su hijo emerja habiendo tenido un encuentro genuino con el Señor Jesús y una auténtica conversión de vida.

Sherry Weddell, en su libro *Formación de Discípulos Intencionales: El Camino para Conocer y Seguir a Jesús,* ofrece una forma mucho mejor de medir la madurez espiritual. Construyendo a partir de un marco propuesto por dos ministros Evangélicos, Weddell brinda lo que ella llama «umbrales de conversión», que cada persona debe cruzar para convertirse en un verdadero discípulo de Jesucristo.

Mientras examinamos brevemente a continuación los umbrales, hágase dos preguntas. Primera, ¿en qué umbral estoy yo? Segunda, ¿cuál es el que mejor describe a mi hijo?

1. Confianza inicial

Esta es la etapa más básica de conversión y requiere confiar o tener una asociación positiva con Jesucristo, la Iglesia, un creyente Católico o alguien identificable como Católico. Mucha gente nunca llegó hasta esta etapa, guardando resentimientos y sospechas hacia todo lo que tenga que ver con el Catolicismo. Esto incluye a no poca gente que ha sido herida personalmente por Católicos, tanto física como emocionalmente. Pero si usted puede conducir a su hijo hasta al menos tener una idea positiva sobre Dios, la Iglesia o los Católicos, incluso si no está del todo convencido e incluso si todavía no está de acuerdo con algunas enseñanzas centrales Católicas, lo habrá ayudado a cruzar este primer umbral y a prepararse para el siguiente.

2. Curiosidad Espiritual

Aquí su hijo se encuentra intrigado por Jesús, su vida, sus enseñanzas, o algún aspecto de la fe Católica. Nuevamente, no necesita estar de acuerdo con ello todavía. Solo tiene una curiosidad que va desde el mero interés por una nueva alternativa hasta una fuerte fascinación. Su hijo no está aún abierto a un cambio personal. Su curiosidad es pasiva. Casi como algo que le sucede a él más que a través de él, aunque es más que una mera confianza.

3. Apertura Espiritual

En este umbral, su hijo se reconoce a sí mismo y tal vez reconoce ante Dios, que está abierto a la posibilidad de un cambio personal. Desplazarse desde el segundo umbral hasta este, es un paso significativo. De hecho, Weddell afirma que «Esta es una de las transiciones más dificultosas para un no creyente postmoderno». Note que este paso involucra meramente apertura al cambio. No requiere que su hijo esté particularmente comprometido a cambiar su vida todavía. La gente que está abierta está simplemente admitiendo la posibilidad.

4. Búsqueda espiritual

El cambio clave que ocurre en este umbral es que su hijo se desplaza de una apertura pasiva a una búsqueda activa. Siente algo que lo está atrayendo más cerca de Dios y de la Iglesia, y quiere responder a ese llamado. En esta etapa, el buscador está comprometido en una cruzada espiritual urgente, buscando saber si puede comprometerse con Cristo en su Iglesia. Este umbral incluye típicamente una fuerte dosis de estudio personal —leer libros o artículos Católicos, escuchar podcasts, mirar videos en YouTube o películas. El buscador espiritual está luchando con sus dificultades y dudas sobre el Catolicismo y quiere saber la verdad. Quiere saber qué es lo que la Iglesia Católica enseña y por qué.

5. Discípulo intencional

Usando lenguaje bíblico, esta es la decisión de «dejar las propias redes», tal como hicieron los discípulos cuando decidieron seguir a Jesús. Involucra un compromiso consciente de seguir a Cristo en el medio de su Iglesia como un discípulo genuino. Este compromiso conduce naturalmente a su hijo a reordenar su vida para alinearla con el camino a la felicidad prometido por Jesús. Regresa a los sacramentos, asiste a Misa regularmente, se esfuerza por la santidad y cultiva su vida interior.

Tenga en mente que estos umbrales no van en paralelo a la progresión sacramental. Por ejemplo, mucha gente que fue criada en escuelas Católicas y recibió todos los sacramentos iniciales, nunca ha superado aún el primer umbral, la confianza inicial. Todavía les falta una asociación positiva con Jesucristo en su Iglesia.

Otros, a pesar de no haber recibido ninguna preparación religiosa, han superado ya varios umbrales. Es incluso posible que alguien haya alcanzado el umbral de Discípulo intencional ¡sin haber sido bautizado! (Esto no quiere decir que los sacramentos sean intrascendentes en la conversión o reversión de su hijo. Son cruciales, y nos enfocaremos en varios de ellos a lo largo de este libro. Pero como ya hemos visto poco, si su hijo no está predispuesto adecuadamente para recibirlos, está en peligro de un daño espiritual verdadero).

Muchos de nosotros oscilamos durante nuestra vida a través de estos umbrales. Eso está bien. El objetivo para todos nosotros —incluso usted y su hijo— es el de convertirnos en discípulos intencionales. No se desanime si el proceso involucra dos pasos hacia adelante y uno hacia atrás.

Luego de aprender sobre estos umbrales, y diagnosticar en cuál están usted y su hijo, la siguiente pregunta para hacer es: ¿Qué puedo hacer para ayudar a que mi hijo alcance el siguiente umbral? Si le falta incluso la confianza básica en las cosas religiosas, ¿cómo puedo comenzar a construir ese cimiento? Si ya es un buscador espiritual, ¿cómo puedo alimentar ese interés con recursos Católicos buenos y con conversación?

Si todavía no tiene una visión clara de cómo ayudar a su hijo para que alcance el siguiente umbral, no se preocupe. Pero deje que esa pregunta resuene en su mente a lo largo de este libro. En esencia este libro está diseñado para ayudar a su hijo a atravesar estos umbrales de conversión, llevándolo desde el lugar en que esté hoy, a lo largo de todo el camino hasta el discipulado intencional.

Ayúdelo a Encontrar el Tesoro

Al final del día, el problema verdadero de su hijo no es la apatía, ni la rebeldía, ni el sexo, ni una maldición, ni la pereza, ni la promiscuidad. El problema verdadero es que su hijo no ve a Jesús claramente. «Lo mejor que usted puede hacer por un chico rebelde es mostrarle a Cristo», escribe Abraham Piper, que fue él mismo un adolescente rebelde. «No será simple o inmediato, pero los pecados de su vida que a usted lo afligen y a él lo destruyen comienzan a desaparecer solo cuando él ve a Jesús más como verdaderamente es».

El propósito entero del plan de juego que estamos por explorar es ayudar a su hijo a encontrar al Señor, a conocerlo y amarlo personalmente. Esto no puede acentuarse lo suficiente. Ninguna estrategia para llegar hasta su hijo tendrá ningún efecto duradero si el objetivo subyacente no es ayudarlo a él a ver a Jesús claramente y hacerse amigo de él personalmente.

Pero si este es el objetivo, entonces significa que no estamos solo preocupados en convertir a su hijo en una persona más amable. No estamos tratando solo de darle un corte de pelo más limpio, un discurso más agradable y una vestimenta más modesta. Y nuestro objetivo no es simplemente calmar nuestras conciencias para que podamos dormir mejor sabiendo que nuestro hijo ha regresado a la Iglesia.

Su objetivo es darle a su hijo todos los dones que Jesús ofrece a través de su Iglesia y salvarlo de la desgarradora esclavitud del pecado y de la muerte.

Una vez que su hijo experimente el asombro, la libertad y la gracia de Jesucristo, tendrá un concepto completamente nuevo de la satisfacción. Será totalmente redefinida. Reemplazará al dinero, al elogio, al poder o al placer que está persiguiendo ahora y encontrará su satisfacción en Cristo.

Y cuando eso suceda, todos los otros cambios positivos que usted desea seguirán cayendo, como fichas de dominó, una tras otra.

Pero Jesús es la primera ficha de dominó. No es una entre muchas; es la ficha principal del dominó. Si su hijo no encuentra nunca a Jesús, los otros cambios serán poco probables. O en el mejor de los casos, usted tendrá éxito en cambiar unas pocas de sus conductas, pero no habrá afectado su alma.

Así que mientras nos movemos ahora hacia el plan de juego y batallamos con cómo implementarlo con su propio hijo, permita que este pensamiento propulsor resuene una y otra vez en su mente: *Mi objetivo es mostrarle a mi hijo a Cristo. Mi objetivo es mostrarle a mi hijo a Cristo.*

Jesús cuenta una parábola sobre un hombre que encuentra enterrado un gran tesoro en un campo, y lleno de alegría, vende todo lo que tiene para comprar el campo (Mt 13, 44). Pero observe el orden de esos eventos. El hombre no compra primero el campo —primero encuentra el tesoro. Y en eso se basa el secreto de atraer a su hijo de regreso a la Iglesia.

Primero usted necesita ayudar a su hijo a encontrar el tesoro —Jesús, la perla de gran valor— y sólo entonces él «comprará el campo», sólo entonces él invertirá en el modo de vida ofrecido por la Iglesia.

En cada paso del camino, a través de cada táctica y estrategia, a través de cada jugada que usted haga para atraer de regreso a su hijo a la Iglesia, esta es su misión:

Mostrarle a su hijo a Cristo, el Tesoro de Vida.

CAPÍTULO 5
Ore, ayune y sacrifíquese

En una ocasión, cuando Jesús subió al Monte Tabor, con Pedro, Santiago y Juan, los otros apóstoles encontraron un chico asolado por un espíritu malo. Intentaron todas las tácticas que conocían, pero nada funcionó. Más tarde, los discípulos le preguntaron a Jesús, «¿Por qué no pudimos expulsarlo?» Jesús contestó «Esta clase no sale excepto con oración y ayuno» (Mt 17, 21).

Cada vez que enseña, Jesús asume que la oración y el ayuno son partes normales de la vida Cristiana. Por ejemplo, en su famoso Sermón de la Montaña, dice «*Cuando* recen . . .», o «*Cuando* ayunen . . .» (Mt 6, 6.16, énfasis agregado). No dice «*Si* ustedes rezan . . .», o «*Si* ustedes ayunan . . .». Él asume que esas son prácticas normales en la vida Cristiana.

La oración, el ayuno y el sacrificio son especialmente necesarios en su misión de traer a su hijo de vuelta a la Iglesia. Y una historia ilustra esto vívidamente.

Cómo la Oración de una Madre Dio a Luz a un Santo

Ya conoce el patrón. Un muchacho inteligente y talentoso deja su casa para ir a la universidad. Conoce nuevos amigos. Ocupa la mayor parte de su tiempo en fiestas, persiguiendo chicas y adoptando nuevas filosofías. El hijo se siente atraído por un culto religioso de moda. Eventualmente, se muda con su novia, y tienen un hijo sin casarse. La madre del chico solo se puede quedar de brazos cruzados, desesperada, con el corazón roto por las elecciones de él y aparentemente desamparada. Lo único que ella puede hacer es orar.

Esa es la historia de muchos Católicos hoy —y tal vez *su* propia historia. Los padres piensan que están solos enfrentando esta clase de problemas, pero este patrón no es nuevo. Se extiende en el pasado por siglos, y en el caso anterior, incluso más de un milenio. De hecho, la historia de arriba es, en verdad, la historia del siglo IV de Santa Mónica y de su joven hijo extraviado, Agustín.

Mónica fue criada como Cristiana, pero se casó con alguien de otra fe. En su caso, su marido Patricio, era un político ateo. Tuvieron tres hijos juntos, pero su matrimonio fue inestable. Patricio era un hombre violento y regularmente abusaba de ella. También le fue infiel durante el matrimonio. Pero Mónica permaneció paciente. Otras esposas con problemas en sus matrimonios acudían a ella por consejo y se convirtió en una fuente de consuelo para cualquiera que sufriera matrimonios dificultosos. Sirvió a Patricio con amor y devoción desinteresados y rezaba por él cada día. Eventualmente, sus plegarias dieron fruto. Un año antes de que Patricio muriera, se convirtió al Catolicismo —mayormente por la oración y el influyente ejemplo de Mónica.

Aunque la conversión de su marido la complació indescriptiblemente, ella estaba aún preocupada por uno de sus hijos, Agustín. Aunque era brillante y talentoso, ocupaba la mayoría de su tiempo de juerga por las calles con amigos, viviendo promiscuamente, y buscando avanzar en su carrera. Hasta tuvo un hijo extramatrimonial. Aun así, Mónica se negó a rendirse con su hijo, tal como estuvo comprometida con su marido. Rezaba diaria e intensamente por Agustín, ayunaba en su beneficio y le rogaba a Dios por su regreso a la fe. Cuando Agustín viajó a Roma y Milán por su educación, Mónica lo siguió y continuó orando.

Mientras estaba en Milán conoció a Ambrosio, el obispo local, quien después se convertiría en un santo canonizado. Ambrosio se transformó en un guía espiritual para ella. Notó su incesante nostalgia por su hijo y las horas que ocupaba rezando por él. Le prometió a ella «Seguramente el hijo de tantas lágrimas no se echará a perder». Su predicción fue acertada, aunque tomó varios años en cumplirse.

Agustín y Ambrosio entablaron amistad, y el obispo condujo a Agustín a volverse curioso sobre el Cristianismo. Ambrosio fue el primer pensador Cristiano de alto nivel que Agustín conoció. Como resultado de sus muchos diálogos, Agustín finalmente decidió convertirse a la fe. Ambrosio bautizó a un Agustín de treinta y dos años, quien se transformaría eventualmente en uno de los pensadores más influyentes de la historia Occidental, y uno de los más grandes santos de la Iglesia Católica.

Luego del bautismo de Agustín, Mónica apenas podía contener su entusiasmo. Ella y su hijo comenzaron a compartir hermosas conversaciones sobre Dios y el cielo. Mientras estaba acostada en su lecho de muerte, feliz de haber visto que su marido y su hijo llegaran a compartir su fe, sintió que su vida entera estaba realizada. Hoy la Iglesia celebra la fiesta de Santa Mónica y San Agustín, una a continuación de la otra en el calendario litúrgico, con Mónica el 27 de agosto y Agustín el 28 de agosto.

Santa Mónica ejemplifica el poder de un padre que ora. No fue capaz de convencer a Agustín con palabras. De hecho, cada vez que intentaba conversar con su hijo sobre religión, él siempre le ponía peros. Pero debido a su intercesión diaria, persistente por quince años, Agustín fue capaz de realizar su periplo hacia la Iglesia.

¿Qué podemos aprender del ejemplo de Mónica? Primero, no deje de orar por su hijo. Cuando Mónica se quejó de que Agustín no escuchaba sus advertencias, Ambrosio la animó «Háblele menos a Agustín de Dios y más a Dios de Agustín». Ella aceptó el consejo y nunca se rindió, incluso cuando las cosas lucían sombrías. Eventualmente, su tenacidad dio buenos resultados.

Nos recuerda la parábola de Jesús de la viuda persistente. En el Evangelio de Lucas, Jesús cuenta la historia de la viuda que estaba angustiada porque un juez había rehusado a escuchar su caso. La mujer continuó yendo al juez con su pedido, una y otra vez, hasta que finalmente él cedió, diciendo «Aunque no temo a Dios ni tengo respeto a nadie, voy a hacer justicia a esta viuda para evitar que me siga importunando. Así me dejará en paz de una vez». Jesús interpretó la parábola de esta manera: «Ya han oído ustedes lo que dijo aquel mal juez. Pues bien, ¿no hará Dios justicia a sus elegidos, que claman a él día y noche? ¿Creen que los hará esperar?» (Lc 18, 1-8). En otras palabras, Dios adora la plegaria persistente. Nunca se cansa de sus pedidos, aun si le trae las mismas necesidades cada día.

Joan Hamill sabe eso por experiencia propia. Joan oró semanalmente por quince años por diferentes familiares para que regresaran a la Iglesia. «Le oré a Santa Mónica para que intercediera por los miembros de nuestra familia» dice Hamill. «Como resultado, dos hermanos retornaron a la Iglesia, al igual que mi cuñada y mi cuñado».

Así que no se rindan ni dejen de orar por sus hijos. Como Santa Mónica y la viuda persistente, tengan confianza que Dios premiará su perseverancia. Cuanto más resistente sea su oración, habrá mayores posibilidades de que Dios la responda.

La segunda cosa que podemos aprender de Santa Mónica es a no solo orar por nuestro hijo —deberíamos orar por un «Ambrosio» que se entrometa en la vida de su hijo. Tal vez haya una gran carga psicológica entre usted y su hijo que haga que él nunca acepte una verdad de sus labios. Es entendible. Las estrategias de este libro lo ayudarán a ablandar parte de esa fría tensión, pero mientras tanto, ore para que Dios ponga a alguien más en su camino, alguien con la combinación adecuada de personalidad, intereses, inteligencia y corazón. Así como Ambrosio entró en escena para ayudar a Agustín, usted podría necesitar a alguien que le dé un impulso a su hijo.

(También, tenga presente que mientras está orando por alguien que se entrometa en la vida de *su* hijo, otros padres estarán orando por lo mismo para la vida de *sus* hijos. ¡Y tal vez usted sea esa persona! Incluso si su hijo está en desacuerdo con usted, no se cierre a utilizar los consejos de este libro para ayudar a *otros* hijos a regresar a la Iglesia. ¡Usted podría ser el Ambrosio para el Agustín de alguien más!).

La tercera moraleja es que podemos pedir la intercesión de Santa Mónica por nuestro hijo. Una encuesta reciente preguntó a padres Católicos, «Cuando rezan, cuán seguido le rezan o piden la intercesión de . . .» y listaban varias opciones. Por lejos, las respuestas más comunes fueron «Dios Padre» (74% oraban a él siempre o la mayoría del tiempo), «Dios Hijo, Jesucristo» (59%) y «Dios Espíritu Santo» (45%). Pero, ¿Cuál fue la respuesta *menos* común? Los santos. Solo uno de cada cinco padres Católicos pedían regularmente la intercesión de los santos. Eso significa que la gran mayoría de los padres Católicos se está perdiendo parte del mayor apoyo que tenemos.

Para los Católicos, los santos no son muertos que se fueron. Por ejemplo, Santa Mónica no dejó de existir cuando murió en 387. Su cuerpo puede haber dejado de funcionar, y su alma partió, pero ella permanece viva en Cristo, viviendo con Él en el cielo por toda la eternidad. Y debido a que la Iglesia es un cuerpo indivisible (ver 1 Cor 12, 12), que ni la muerte ni la vida puede separar (ver Ro 8, 38-39), podemos conectarnos todavía con esos santos y santas que ya han pasado a la otra vida y pedir por sus oraciones.

Entre todos los santos del cielo, pocos sintieron como Santa Mónica la pena aniquiladora de un hijo extraviado. Así que acérquese a ella y pídale que rece por su hijo, tal como lo hizo por Agustín. Si sus plegarias funcionaron para Agustín, ¡pueden funcionar para su hijo también! Habitualmente le pedimos a nuestros amigos en la tierra que oren por nosotros, y podemos hacer lo mismo con los santos. De hecho, las plegarias de los santos son generalmente *más* poderosas que las nuestras aquí en la tierra, ya que están más cerca de la mente y el corazón de Dios —¡ya están en el cielo! Así que la próxima vez que rece, dedíquele a Santa Mónica tal vez un breve pedido como este:

«Santa Mónica, necesito tus oraciones. Tú sabes exactamente cómo me estoy sintiendo porque una vez sentiste lo mismo. Estoy sufriendo, sin esperanza y cerca de la desesperación. Deseo desesperadamente que mi hijo regrese a Cristo y su Iglesia, pero no puedo hacerlo solo. Necesito la ayuda de Dios, y necesito tu ayuda. Por favor únete a mí para rogar que la gracia poderosa del Señor sea derramada en la vida de mi hijo. Pide al Señor Jesús que ablande su corazón, prepare un camino para su conversión y encienda el Espíritu Santo en su vida. Amén».

El Modo Más Importante de Ocupar su Tiempo

Luego incluso de escuchar la historia de Santa Mónica, algunos padres aún no están convencidos. «Bueno, esa es una historia hermosa y estoy contento haya funcionado para ella» piensan. «Pero dudo que mis plegarias puedan hacer mucho».

Eso me recuerda a una historia que el Obispo Barron me contó una vez. Estaba visitando un campus universitario en Arizona donde los misioneros de FOCUS habían servido por unos pocos meses. FOCUS, Fellowship of Catholic University Students [Hermandad de Estudiantes Católicos Universitarios], es un gran ministerio nacional de evangelización que envía graduados universitarios recientes a otras universidades a lo largo del país. Los jóvenes misioneros se comprometen por dos años de su vida a orar por y evangelizar a los estudiantes en los campus. Se ha convertido en uno de los grupos misioneros más efectivos en el país.

Durante la visita del Obispo Robert Barron, les preguntó cómo iban las cosas en su nuevo puesto de avanzada. Uno de los misioneros le respondió «Bueno, cuando recién llegamos aquí decidimos identificar al estudiante más influyente del campus y luego orar por su conversión. La persona más influyente aquí es el mariscal de campo del equipo de fútbol americano, así que hemos estado rezando con empeño por él».

«Oh», replicó el Obispo Barron. «¿Y cómo va la cosa?».

«Bueno», respondió el estudiante, «hemos estado rezando por él nominalmente, cada día, por tres o cuatro meses. Y aunque no lo hemos pillado todavía, tenemos a su compañero de cuarto y a su novia. Los dos ingresaron a la Iglesia Católica. Nos imaginamos que es solo una cuestión de tiempo para que Dios lo convenza a él también».

Esta historia recalca la importancia de la evangelización estratégica. Pero también afirma el poder fundamental de la oración. Los misioneros de FOCUS en cada campus colocan un gran acento en la oración, porque la han visto funcionar una y otra vez. No es para ellos solo una tarea piadosa; es una de sus herramientas más importantes.

Pero muchos de nosotros carecemos de esa clase de confianza en la oración. Podríamos musitar algunos Padre Nuestros o Ave Marías, u ofrecer alguna plegaria rápida pidiendo por seguridad una que otra vez, pero tenemos inconvenientes para creer que la oración puede hacer algo significativo como llevar a alguien a la conversión.

La encuesta de padres Católicos que mencioné anteriormente, consultó también por sus hábitos de oración, y encontró que solo uno de cada tres padres Católicos ora al menos una vez al día. Cuando se les preguntó por qué no rezaban más a menudo, los padres dieron estas razones como más probables: una agenda muy ocupada o falta de tiempo (51%), habían faltado a Misa (39%) o que orar simplemente no se les había venido a la cabeza (39%).

De nuevo, pocos de nosotros creemos *verdaderamente* que la oración tiene el poder de moldear al mundo de grandes formas. Si creyéramos eso, ¿cómo no orar más seguido? Seguro tenemos empleos, familias y responsabilidades, pero si verdaderamente creyéramos que nuestras oraciones pueden mover el corazón de Dios y provocar cambios masivos en el mundo, ¿por qué no rezar más regularmente y hacerlo nuestra primera prioridad?

La respuesta más común en la encuesta —la que, ciertamente, la mayoría de nosotros probablemente daríamos— es que simplemente estamos muy ocupados.

¿Qué Pasa Si Estoy muy Ocupado para Rezar?

Imagínese si un jugador de la NBA dijera «No tengo tiempo para practicar y entrenarme. Mi agenda está tan ocupada filmando comerciales, dando reportajes y firmando autógrafos». Diríamos con razón «¡Estás loco! Si no practicas, pronto nada de lo demás tendrá importancia». Lo mismo ocurre con la oración. Si abandonamos la oración, nuestra vida espiritual entera es comprometida, y cuando eso sucede, todas las áreas de la vida se caen con ella.

San Francisco de Sales, un evangelista increíblemente ocupado, enseñó «Si no tienes tiempo para la oración, no tienes tiempo para nada . . . Media hora de oración diaria es esencial, excepto cuando estás ocupado. En ese caso, una hora es necesaria». Estar demasiado ocupado para orar es precisamente la razón que necesitamos para orar *más*. Significa que nuestras prioridades no están alineadas.

Este es un hecho inalterable: nunca *tendrás* tiempo para orar; tendrás que *hacer* tiempo. Pregúntate a ti mismo *¿No vale la pena ese tiempo por mi hijo?* ¿No vale la pena comprometer cinco a diez minutos de oración por día para que mi hijo regrese a la Iglesia? Ahora mismo, determine el mejor hueco de cinco a diez minutos al que se pueda comprometer cada día. Para mucha gente, esto es al comienzo del día. Para otros, es justo después del almuerzo o antes de irse a dormir. Pero cuando sea, hágalo una rutina y comprométase a ello. Podría incluso registrarlo en su calendario y hacer que su teléfono le envíe una alerta o mensaje cuando sea el momento.

Incluso luego de que inicialmente se comprometa a la oración, la batalla aún no ha terminado. Un sacerdote que conozco dice «¿Quiere una prueba de primera mano de que hay espíritus oscuros operando? Comprométase solo a rezar diez minutos, cada día, y observe cómo el mundo entero conspira para que no pueda cumplir aquello».

Hay muchas posibilidades de que se comprometa a orar regularmente, lo haga por unos pocos días, pero luego de un tiempo, comience a preguntarse *¿Está verdaderamente funcionando esto?* ¿Qué sucede si sentimos como que no estamos teniendo ningún progreso? Oramos por nuestro hijo una y otra vez y nada parece cambiar. En este punto, queremos recordarle un hecho que todos los maestros espirituales afirman —esto es, que la oración usualmente trabaja detrás de escena, a través de movimientos imperceptibles y efectos invisibles. Peter Kreeft escribe «Si Dios nos mostrara todas las diferencias que todas las plegarias hicieron a todas las vidas que afectaron, a lo largo de las generaciones, no seríamos capaces de levantarnos de nuestras rodillas por el resto de nuestras vidas».

Por ahora, al menos de este lado del cielo, no podemos ver todas las maneras en que nuestras oraciones nos están moldeando a nosotros y a nuestros hijos. Pero podemos seguir adelante y continuar orando, confiados de que están haciendo una diferencia real.

Cuatro Poderosas Formar de Rezar por Su Hijo

Un problema que muchos padres enfrentan, especialmente si fueron criados solo con oraciones de memoria en la iglesia o en la escuela, es que tienen dificultades con qué *hacer* durante la oración. Se preocupan de que no saben qué decirle a Dios. Eso está bien. San Josemaría Escrivá dijo «¿No sabes cómo rezar? Poneos en presencia de vuestro Padre, y manifestadle al menos: ¡Señor, que no sé rezar, que no se me ocurre nada para contarte!... Y estad seguros de que en ese mismo instante habéis comenzado a hacer oración».

Podría comenzar con una plegaria tradicional. Por ejemplo, un simple Padre Nuestro puede abrir las puertas a una oración más profunda. Como afirma San André Bessette «Cuando le dices a Dios "Padre Nuestro", él tiene su oído pegado a tus labios». El Ave María también es potente. A un sacerdote amigo le gusta señalar «Un Ave María trajo a Jesús a la tierra» (Lc 1: 26-38) ¿Qué podría hacer por ti?

Luego de comenzar con plegarias tradicionales de memoria, podría luego pasar a una oración más espontánea. Jesús enseñó a sus seguidores a referirse a Dios como «Abba», que es un término afectuoso para «Padre». Dios es su padre amoroso que desea todas las cosas buenas para usted y su hijo. Hable con él. Exponga sus quejas, sentimientos y angustias. No se calle. Con confianza, ruéguele que atraiga de regreso a su hijo a su propia familia, la Iglesia. Este tipo de plegaria auténtica, sin filtro, es extremadamente agradable a Dios, como lo sería para cualquier padre amoroso.

Adicionalmente a los consejos anteriores, muchos Católicos confían en otras cuatro herramientas y métodos.

Primero está el Rosario. En el Rosario reflexionamos sobre la vida de Cristo y pedimos por la intercesión de su Madre. La Biblia enseña que la Santísima Madre ha sido coronada como Reina del Cielo (ver Ap 12). Se sienta a la derecha de su Hijo en el cielo y puede ser una poderosa defensora para usted. Ella sabe bien de la pena agonizante de ver sufrir a su hijo, y puede compadecerse de su dolor. Mientras reza el Rosario, pídale compartir sus preocupaciones y que interceda en su nombre. Siguiendo esa línea, debería comprometerse a rezar el Rosario cada día por un mes por la conversión de su hijo y ver qué sucede.

Segundo, muchos padres encuentran un gran poder en el rezo de novenas. Una novena es una serie corta de plegarias, usualmente rezada una vez al día durante un período de nueve días, que tiene como fin un cierto objetivo o intención. Por ejemplo, podría rezar una novena a Santa Teresa de Lisieux, la joven santa que murió con solo veinticuatro años, pidiéndole que interceda por su joven hijo. Cada día podría pedir por un don específico para su hijo —buenos amigos, el Espíritu Santo, la gracia de la conversión, etc. El sitio PrayMoreNovenas.com se lo hace más fácil enviándole una oración de la novena cada mañana, directamente a su bandeja de entrada de correo electrónico.

Una tercera forma de orar por su hijo es ocupar una hora cada semana frente al Santísimo Sacramento, pidiéndole que intervenga en la vida de su hijo. Fue muy conocido que el gran predicador arzobispo Fulton Sheen completó una «Hora Santa» cada día durante sus sesenta años de sacerdocio, sin excepción. A pesar de una agenda extenuante y viajes incesantes, nunca se perdió de pasar una hora con el Señor, incluso si significaba encontrar una capilla en el medio de la noche. Cerca del final de su vida, Sheen reflexionaba en su importancia para su propia vida: «Es imposible para mí explicar cuán útil ha sido la Hora Santa para preservar mi vocación . . . La Hora Santa se convirtió como en un tanque de oxígeno para revivir el soplo del Espíritu Santo en el medio de la atmósfera loca y pestilente del mundo. Incluso cuando parecía infructífera y falta de intimidad espiritual, yo tenía todavía la sensación de estar al menos como un perro a la puerta del amo listo por si me llamaba».

Cuarto, podría intentar con la Coronilla de la Divina Misericordia. Esta oración fue revelada por Jesús a Santa Faustina Kowalska, una santa favorita de San Juan Pablo II, a quien se le dieron visiones y mensajes de Jesucristo. En su *Diario*, ella explica que Jesús pidió que se estableciera la Fiesta de la Divina Misericordia, conocida hoy como Domingo de la Divina Misericordia, y que se precediera con una novena dedicada a la Divina Misericordia. Nuestro Señor le dijo a Santa Faustina «Deseo que durante esos nueve días lleves a las almas a la Fuente de Mi Misericordia para que saquen fuerzas, alivio y toda gracia que necesiten para afrontar las dificultades de la vida». En el quinto día de la novena, la oración es especialmente dedicada a «las almas de aquellos hermanos separados de la Iglesia». Jesús afirmó a Faustina «Tu oración que más me agrada es la oración por la conversión de los pecadores. Has de saber, hija Mía, que esta oración es siempre escuchada».

Sea cual fuere el tipo de oración que elija, lo más importante es, tal como dice Nike, «Just do it» (Solo hazlo). Solo preséntese y abra su corazón a Dios. Él ama a su hijo más de lo que pueda comprender usted y quiere que regrese más de lo que usted lo quiere. Confíe su hijo a Dios y recuérdele a Dios que cuenta con él, que está confiando completamente en su gracia y providencia para traerlo de regreso a casa.

Se Necesita de Toda una Comunidad para Rezar por Un Hijo

Rhonda, que es madre de tres en New Hampshire, puede dar testimonio del poder de la oración por un hijo que se ha alejado. «Cuando mi hija más pequeña tenía quince», decía Rhonda, «me anunció un día, muy calmadamente, que no sabía si creía en Dios o no. Conversamos por un rato, pero no hace falta lo diga, yo estaba muy preocupada. Ella había sido siempre nuestra hija más difícil, una especie de rebelde».

La hija de Rhonda había comenzado a quedarse afuera hasta tarde con amigos, bajó sus calificaciones, y hacía todo lo que podía para faltar a Misa los domingos. Un día, Rhonda escuchó sobre un servicio de reconciliación en su parroquia. Ella siempre había sido escéptica con esas cosas, pero algo la incitó a acudir de todas maneras. Así que Rhonda fue, rezó, y pidió a otros que rezaran por su hija que se estaba alejando.

«En solo cuestión de meses», recuerda Rhonda, «mi hija dio un cambio rotundo a su vida. Volvió a convertirse en una estudiante de honor, seguía todas las reglas de la casa, adoraba ir a Misa, e incluso consiguió un trabajo. Fue maravilloso. Comenzó a cantar en el coro en Misa, ya que tiene mucho talento musical. Nunca hubieras creído que era la misma chica».

Actualmente, la hija de Rhonda está casada, con hijos, y está criando a su propia familia en la fe Católica. Cómo dice Rhonda «La Oración es un don poderoso».

Muchas parroquias brindan oficios focalizados en la oración por seres queridos ex-Católicos. Por ejemplo, en la Parroquia St. Mary Magdalen [Santa María Magdalena], en Altamonte Springs, Florida, se ofrece un oficio de «Lágrimas» donde los padres son invitados a escribir el nombre de sus hijos en una tarjeta, la colocan sobre el altar, y rezan juntos por los hijos alejados de la comunidad. El tema de las lágrimas alude a las muchas lágrimas que derramó Santa Mónica por Agustín. Tal como esas lágrimas ayudaron a traer a Agustín de regreso, así los padres de St. Mary Magdalen creen que sus «lágrimas» de oración ayudarán a sus hijos.

Otra parroquia organiza un evento donde cientos de personas escriben los nombres de sus hijos pródigos en pequeñas tarjetas y las acercan a los pies de la cruz para orar. Los líderes se ponen de pie y oran por cada uno de esos nombres, los colocan en unas canastas, y llevan las canastas hasta las salidas. Luego del oficio de oración, mientras la gente se retira, son invitados a tomar una tarjeta de la canasta y orar por algún otro hijo pródigo, además de por el suyo.

Es significativo el hecho de que los nombres son colocados a los pies de la cruz. La cruz de Cristo es un lugar de aparente derrota y confusión. Es donde la madre de Jesús se arrodilló y lloró mientras su hijo soportaba la tortura de la crucifixión. Pero es también el lugar de victoria irrefutable. Es donde Jesús venció a las tinieblas del mundo y trajo esperanza donde no parecía existir nada. No hay mejor hogar para los padres cuyos hijos han abandonado la Iglesia que la cruz de Jesucristo, y cuando la comunidad de fe se reúne alrededor de la cruz a rezar, emerge un gran poder.

Si su parroquia todavía no ofrece ninguna actividad como las descritas arriba, considere pedirla a su párroco o a algún responsable para ponerla en marcha —o tal vez ¡coordinarla usted mismo!

Cómo y Por Qué Ayunar por Su Hijo

Muchos padres entienden el beneficio de la oración, incluso aunque no oren tanto como quisieran. Pero hay otras dos prácticas fructíferas que muchos padres ignoran, que pueden amplificar significativamente los efectos de la oración. Cierto es que estos requieren de un poquito más de determinación. El primero es el ayuno, y el segundo es el ofrecimiento de sacrificios.

En general, los Católicos Romanos conocen sobre el ayuno. La mayoría «renuncia» a algo para la Cuaresma, a menudo chocolate, TV, alcohol o redes sociales. Se abstienen también de comer carne los viernes durante Cuaresma y se comprometen a comer solo una comida completa el Miércoles de Cenizas y el Viernes Santo. Pero comparado con miembros de otras tradiciones religiosas, estos compromisos son relativamente livianos. Por ejemplo, durante la celebración del Ramadán, que dura alrededor de un mes, los Musulmanes ayunan de toda comida, bebida (incluso agua) y actividad sexual desde el amanecer hasta el atardecer. Incluso entre otros Cristianos, existen típicamente reglas de ayuno más estrictas. Los Ortodoxos Orientales abandonan toda la carne, lácteos y huevos durante Cuaresma, durante los cuarenta días previos a la Navidad, y tienen además otros dos períodos de ayuno en preparación de las Fiestas de San Pedro y San Pablo y el Tránsito de María (Dormición). Además de estas cuatro temporadas de ayuno, ¡los Ortodoxos también ayunan *todos* los miércoles y viernes del año!

¿Pero cuál es el sentido de todo este ayuno? No es ciertamente el de perder peso o lucir mejor para la temporada de trajes de baño. Para la gente religiosa, el propósito de ayunar es desapegarse a sí mismos del mundo y acercarse a Dios —y también profundizar el poder de nuestra oración intercesora.

Estos son unos principios básicos a considerar cuando ayune por sus hijos:

Ayune por el propósito correcto: Cuando nos referimos al ayuno, el propósito importa. Hay muchas razones por las que usted podría abandonar la comida, como perder peso, purificar su cuerpo, prepararse para una cirugía o impresionar a otros con su piadosa disciplina. El ayuno Cristiano es diferente. Su propósito no es el de lucir o sentirse mejor. El propósito es orientar nuestras mentes y corazones más completamente hacia Dios.

Ayune humildemente: El ayuno era muy común durante los tiempos de Jesús. Sin embargo, se hacía a menudo con pompa y públicamente, para ganar admiración. A muchos de los líderes religiosos les gustaba exagerar su sacrificio, ensuciar sus rostros y demostrar a todos que estaban ayunando. Pero Jesús desalienta esto. Él enseña que cuando ayunemos, deberíamos lucir y actuar normalmente, mientras interiormente buscamos el rostro de Dios. El premio por este ayuno oculto es mucho más grande que el estímulo temporal al ego que se obtiene mostrándose en público.

Ayune de cosas que no son alimentos: Aunque la mayoría de la gente elige ayunar de cosas comestibles, no necesariamente tiene que ser comida. De hecho, el ayuno de cosas no comestibles puede ser a menudo más beneficioso espiritualmente. Hágase esta pregunta: ¿A qué cosas o actividades estoy más apegado? Tal vez sea un maratón televisivo de series de Netflix, o pasar mucho tiempo en Facebook, o chequear su teléfono móvil muy seguido. Ta vez tenga que ayunar del sarcasmo, o de quejarse, o del chismerío. Sea cual fuere el caso, no restrinja su ayuno a la comida.

Ayune de cosas que le gustan: El ayuno es típicamente útil sólo cuando realmente disfruta lo que está ofreciendo. Si no no le gustan las redes sociales, por ejemplo, entonces abandonar Facebook por una semana, probablemente no tenga mucho efecto.

Ayune en pequeñas dosis: Santa Teresa de Lisieux, una de las santas más populares de la Iglesia, no es recordada por ningún gran logro espiritual en su vida. Es honrada por desarrollar un camino, simple, ordinario hacia Dios, centrado en realizar pequeñas cosas con gran amor —lo que ella llamó el Caminito. Esa es una gran actitud para el ayuno. Podríamos agotarnos si intentamos ayunar muy rápido, muy pronto. Por ejemplo, un amigo mío, que para empezar no tenía mucho autocontrol, decidió que quería heroicamente sacrificar toda la carne y lácteos por toda la temporada de Cuaresma. Se rindió antes de una semana. Era simplemente demasiado para él. Hubiera tenido más éxito si hubiera ofrecido solo un alimento y luego ir progresando desde allí, tal vez agregando un segundo alimento la segunda semana. Considere formas en que pueda ayunar en dosis pequeñas. Podría simplemente partir quitando el postre. O cuando esté en un restaurante de comidas rápidas, podría elegir *reducir* el tamaño de su porción en vez de incrementarla. O podría subir por las escaleras la próxima vez, antes que tomar el ascensor, o estacionar en el lugar más lejano del ingreso. Recuerde, pequeñas dosis.

Ayune específicamente por su hijo: Abandonar algo, o saltarse una o dos comidas, es solo parte de la ecuación. Para aplicar el beneficio resultante del ayuno necesita unir específicamente ese sacrificio a las necesidades de su hijo. Esto puede consistir en recitar una simple oración en los momentos de deseo. Por ejemplo, si está ayunando de comida, cada vez que sienta murmurar a su estómago, diga una oración tal como «Dios, estoy eligiendo saltarme el almuerzo de hoy para beneficio de mi hijo. Tú sabes sus necesidades y lo amas incluso más de lo que yo lo hago. Dale por favor la gracia que necesita para que regrese a ti en tu Iglesia». También ayuda seguir recordando mientras ayuna «Estoy haciendo esto por mi hijo».

Ayunar es una de las más poderosas —y subutilizadas— disciplinas religiosas, y en la actualidad, pocos Católicos se vuelcan a ella fuera de la Cuaresma. Pero si se compromete a realizar «pequeños ayunos con gran amor», eso verdaderamente puede ayudar a su hijo.

Ofrezca Sus Sufrimientos

En sus comienzos como pastor, San Juan Vianney tenía un deseo que consumía toda su atención: ayudar a sus feligreses a que se convirtieran en santos. Aunque muchos pastores, en aquel momento y ahora, compartirían esa misión, San Juan estaba totalmente comprometido con ella, dispuesto a hacer lo que fuera necesario para lograrlo. Pasaba muchas noches enteras en vigilia en su capilla, orando: «Mi Dios, concédeme la conversión de mi parroquia; estoy dispuesto a sufrir toda mi vida, sea lo que sea que os complazca hacer recaer sobre mí; sí, incluso por cien años estoy preparado a soportar los dolores más agudos, solo permite que mi gente se convierta».

Esto podría sonar loco al mundo exterior. ¿Alguien pidiendo sufrimiento para sí mismo? La mayoría de nosotros hacemos todo lo que podemos para *evitar* el dolor y el sufrimiento —o incluso una pequeña molestia. Pero como Católicos, sabemos que nuestro sufrimiento no es inútil. Si lo permitimos, puede ser redentor, ofrecido a Dios como sacrificio para beneficio de otros. Incluso si el sufrimiento no es inherentemente bueno, puede producir el bien si lo soportamos, permitimos que nos purifique, y lo transformamos en un sacrificio.

San Juan Vianney tuvo abundantes oportunidades de «ofrecer» sus sufrimientos. Cuando llegó a su parroquia en 1818, había solo sesenta casas y unas doscientas personas. Pocos de sus feligreses estaban alfabetizados y la mayoría eran indiferentes a su fe. A casi nadie le interesaba lo que este nuevo sacerdote tenía para decir. Aunque ocupase hasta siete horas escribiendo sus homilías y consumiera casi todo el día sábado practicándolas y memorizándolas para la Misa del domingo, enfrentó lo que diplomáticamente podríamos llamar un público «difícil». Llegaban tarde y se retiraban antes, golpeando la estridente puerta cada vez. Susurraban entre ellos durante la homilía y bostezaban ruidosamente. Algunos feligreses incluso se burlaban de la voz y maneras del sacerdote. Pero eso no hizo tambalear el compromiso del pastor: «Cuando predico, le hablo a gente que está o sorda o dormida, pero cuando rezo, le hablo al Dios que no es sordo».

Aun con este grado heroico de sacrificio, tomó un largo tiempo ver algún cambio. Además de su deplorable comportamiento en Misa, los feligreses de Juan lo acusaron de libertinaje, escribieron canciones para burlarse de él, le lanzaron barro y le colgaron afiches groseros en la puerta de su rectoría. Le enviaron a su obispo cartas sobre él llenas de odio. Una mujer incluso lo acusó falsamente de ser el padre de su hijo. ¿Su respuesta a toda esta vehemencia? «Debemos rezar por ellos».

Jesús dijo «Si alguno quiere venir detrás de mí, que renuncia a sí mismo, cargue con su cruz y me siga» (Mt 16, 24). Para muchos padres, esto significa cargar con la difícil cruz de su hijo abandonando la Iglesia —pero luego cargar esa cruz en su nombre. No debemos huir de las cruces en nuestra vida. Tal como Jesús aceptó los golpes, la tortura y finalmente la muerte en nuestro lugar, ofreciendo sus sacrificios por nuestro beneficio, así debemos canalizar nuestros dolores y sufrimientos más pequeños en beneficio de nuestros hijos.

¿Cómo luce esto en la práctica? Cada vez que enfrente una situación difícil en casa o en el trabajo, ore, «Señor, te ofrezco esto a ti por el bien de mi hijo». Cada vez que sufra un pequeño corte, o un dolor de garganta, sopórtelo por voluntad propia y diga «Señor, te ofrezco este sacrificio a ti por mi hijo o hija».

Para ser claros, este no es un intento de manipular a Dios. No podemos obligar a la mano de Dios exigiéndole que ofrezca su gracia a nuestro hijo en respuesta a nuestras buenas obras. La gracia es, por definición, un don inmerecido. Pero en la economía espiritual de Dios, él siempre equipara sacrificio con gracia. Cuando hacemos pequeños sacrificios en beneficio de nuestros hijos, nueva gracia fluye en abundancia, gracia que podemos aplicar a nuestros hijos a través de la oración.

Confíe en el Espíritu Santo

El Espíritu Santo es incuestionablemente el regalo más grande que nos dejó Jesús antes de ascender al cielo. Como la tercera persona de la Trinidad, el Espíritu Santo es el alma divina de la Iglesia y la fuerza detrás de nuestros esfuerzos espirituales. Dicho de modo simple, no puede hacer *nada* para ayudar al regreso de su hijo sin cooperar con el Espíritu Santo.

Él es su gran aliado en esta misión. Vino a su vida en el Bautismo, pero si usted es como la mayoría de los Católicos, usted no ha recibido plenamente todos los «frutos» de su presencia. La Biblia lista varios que él quiere producir en usted: caridad, gozo, paz, paciencia, bondad, generosidad, fidelidad, mansedumbre, continencia (ver Ga 5:22-23). Léalos nuevamente despacio. ¿Quiere conseguir esos modales? ¿Le serían útiles en su misión? ¿Tendría un éxito mayor con su hijo si fuera más alegre, tuviera más paciencia, o si de usted brotara más bondad y caridad? Si es así, invoque al Espíritu Santo para que tome más control de su vida. Dígale, ahora mismo, con sus propias palabras, que quiere que él infunda esos frutos en su vida.

El Espíritu Santo, si se lo pide, será su confidente y guía en esta misión, y soportará la mayor parte de la carga. Operando en usted, lo proveerá con las palabras adecuadas para decir en los momentos indicados, y suavizará su corazón. Operando en su hijo, preparará lentamente el camino para la conversión de su hijo, rastrillando obstáculos pedregosos y plantando semillas de gracia que el Espíritu más tarde regará y hará crecer.

Sin el Espíritu Santo, nuestros consejos y estrategias tienen una muy limitada posibilidad de éxito. De seguro, usted podrá ser capaz de manipular a su hijo a través de una pregunta o frase adecuada, pero a menos que el Espíritu Santo haya estado removiendo su corazón, su hijo probablemente será reticente.

Por lo tanto, tener presente el valor de todos los otros tipos de oración y ayuno que hemos conversado, la plegaria más importante es esta: que el Espíritu Santo venga a su vida y a la de su hijo, para que «prepare los caminos del Señor» (Is 40, 3).

Orar, ayunar y sacrificarse por su hijo son disciplinas fundamentales que afianzarán el resto de su plan de juego. Pero aún no estamos listos para abordar a su hijo directamente. Antes que eso suceda, usted necesita estar seguro de que está bien preparado.

CAPÍTULO 6
Capacítese a Sí Mismo

«No quiero que sepan que soy Católico» pensé. «Si lo saben, seguramente desafiarán mi fe y no sabré cómo responder. O me harán preguntas difíciles y no sabré las respuestas. Preferiría mejor que no supieran de mi conversión».

Así es como me sentía con mis amigos en la universidad después de convertirme al Catolicismo. Aunque me avergüenzo al admitirlo, era joven y nuevo en la fe, y estaba preocupado de tener que hablarlo con los demás. Cada vez que mi conversión surgía en una conversación, me quedaba callado o sin saber qué decir. Y cuando *intentaba* explicar o defender mi fe, sentía que causaba más daño que bien.

Tal vez usted se sienta así también. Tal vez usted adore su fe profundamente. Nunca falte a Misa. Diga sus oraciones. Dios sea real y esté vivo para usted. Pero, aun así, no se sienta suficientemente preparado para compartir su fe con los demás, y mucho menos con su hijo. Tal como yo luego de mi conversión, está preocupado porque la gente le hará preguntas difíciles y no tendrá una respuesta.

Así es como me sentí por un largo tiempo —por más de un año después de hacerme Católico. Pero al aprender más sobre mi fe, esa actitud cambió poco a poco. Comencé a leer buenos libros Católicos que explicaban a Dios y a la Iglesia de maneras que podía entender y articular. Encontré recursos que señalaban versículos de la Biblia o referencias históricas que respaldaban las enseñanzas de la Iglesia, lo que era de ayuda cuando mis amigos Protestantes me presionaban. También encontré un buen estudio Católico de la Biblia y me lo devoré. Tenía varias notas y explicaciones de teólogos Católicos, aclarando pasajes confusos.

Luego descubrí el *Catecismo de la Iglesia Católica*, lo que fue para mí como encontrar una verdadera mina de oro. Aquí, en un único libro, descubrí lo que el Papa San Juan Pablo II llamó la «norma segura» para entender y enseñar la fe. Fue como una guía con todo incluido para el Catolicismo entero. Cuanto más lo estudiaba, más sabía. Y cuanto más sabía, me volvía más confiado para compartir mi fe con otros.

Estos libros me ayudaron a ver *por qué* los Católicos creen lo que creen. Por supuesto, el *qué* era importante. Pero necesitaba el *porqué* en igual cantidad. Cuando se conversa de la fe con un hijo, existen muchas posibilidades de que lo que verdaderamente quiera saber es el *por qué*—¿Por qué los Católicos creen esto o aquello, y más importante, *por qué* me importa a mí?

Luego de toda esa lectura, lo que no sabía todavía sobrepasaba lo que había aprendido. Pero me sentí confiado de que me podía mantener en pie frente a un escéptico o un inquisidor que tuviera preguntas sustanciales sobre el Catolicismo. A lo largo de los últimos años, he dialogado con cientos de personas sobre la Iglesia y he ayudado a muchos a encontrar respuestas satisfactorias a sus preguntas, gracias en gran parte al tiempo insumido estudiando la Biblia, el *Catecismo* y otros recursos útiles.

Mirando atrás, tropecé sin saberlo con un secreto que a muchos padres Católicos se les escapa cuando tratan de traer a sus hijos de regreso:

No puedes dar lo que no tienes.

Podría sentirse emocionado de compartir la fe con su hijo. Pero el entusiasmo y la buena voluntad no lo llevarán muy lejos. Usted necesita *conocer* su fe y ser capaz de explicarla.

Es ciertamente posible que pueda ayudarlo incluso si tiene un poco más que una comprensión básica —Dios usará lo que sea que le dé. Pero cuanto más sepa, y mejor lo sepa, usted será más efectivo. Y es menos probable que informe mal a su hijo y se lo haga más difícil para regresar.

Todos sabemos que ese es el caso en otras áreas. Por ejemplo, si quiere cautivar a su hijo con el béisbol, con la música o con la mecánica cuántica, buena suerte en hacerlo si no está familiarizado usted mismo con el tema. Si nunca ha tomado un bate de béisbol, o estudiado música, y si no ha abierto un libro de ciencia desde la preparatoria, probablemente usted no sea de gran ayuda. Pero cuando usted tiene un conocimiento operativo de la materia que está compartiendo, su pasión se notará e incrementará dramáticamente sus posibilidades de transmitir esa pasión a su hijo.

¿Quiere que su hijo tome el Catolicismo en serio? ¿Quiere que él se vuelva tan apasionado sobre Dios como lo está usted? Luego de rezar y ayunar por su hijo, el próximo paso es capacitarse.

Esta es una exigencia directa de San Pedro, el primer Papa, que dijo «estén dispuestos siempre a dar, al que las pidiere, las razones de la esperanza de ustedes» (1 Pe 3, 15).

Pero, ¿cómo hacer eso? Debe aprender su fe. Esto no significa que debe ser capaz de contestar cada pregunta o aliviar cada preocupación. Tal como aprenderemos en un momento, algunas veces un humilde «no lo sé» es más efectivo que un intento bamboleante de contestar cada objeción. Pero en general, cuanto más firme sea la comprensión de su propia fe, más confiado, entusiasmado y efectivo será para atraer a su hijo de vuelta a la Iglesia.

Para comenzar, necesita familiarizarse con dos libros en particular.

Las Dos Fuentes a las Que Acudir

«La lectura ha hecho muchos santos», escribió San Josemaría Escrivá; y tenía razón. Los libros han influido en la vida de los Cristianos a lo largo y ancho de los siglos. Los libros tienen un poder tremendo para cambiar nuestras vidas. Hay cientos de buenos libros Católicos disponibles en la actualidad, pero hay dos que se destacan como imprescindibles.

La Biblia

El primero, y el más obvio, es la Biblia. Ha sido llamado el libro «más conocido y menos leído» del mundo, lo cual es triste pero probablemente cierto —al menos para los Católicos. Si usted es como la mayoría de los fieles Católicos, probablemente tenga una Biblia en su casa, pero eso no quiere decir que la lea regularmente. Aunque los Cristianos Protestantes son conocidos generalmente por su profunda devoción a las Escrituras, los Católicos, lamentablemente, no tienen una buena reputación en ese aspecto.

Afortunadamente, eso está cambiando. En las últimas décadas, la Iglesia Católica ha experimentado un renacer bíblico, en gran parte debido al llamado del Concilio Vaticano Segundo por un estudio renovado de las

Escrituras, junto al pontificado del Papa Benedicto XVI. Haber tenido un Papa que era además uno de los principales expertos bíblicos, colaboró a revivir el foco de la Iglesia en la Biblia. En la actualidad, la Iglesia Católica es bendecida con una abundancia de expertos bíblicos que están escribiendo libros, dando charlas, produciendo programas de estudio y elevando el conocimiento bíblico de la Iglesia a pasos agigantados.

Por supuesto, el Catolicismo ha sido *siempre* una religión basada en la Biblia. Desde los primeros siglos del Cristianismo, la Biblia fue compilada por Católicos, copiada por Católicos y difundida por Católicos. La Biblia es un libro Católico. Pero los hombres y mujeres Católicos no le han prestado siempre la atención que se merece. Seguramente, escuchamos grandes partes de la Biblia proclamadas en la Misa, pero pocos de nosotros estamos familiarizados personalmente con los relatos, enseñanzas y temas dominantes de la Sagrada Escritura.

¿Cómo nos convertimos en más versados con la Biblia? La manera más simple es comenzar leyéndola consistentemente, en pequeñas dosis. Esto suena fácil, pero habitualmente no sucede sin un compromiso firme. Así que, ahora mismo, mientras está leyendo este capítulo, comprométase a leer la biblia durante diez minutos cada día. Solo eso —diez minutos. Seguramente pueda hacer eso. Muchos Católicos prefieren leer en la mañana, justo después de levantarse. Los hace comenzar el día con el pie derecho, estableciendo una buena tonalidad. El Pr. Larry Richards, un conocido orador y defensor de la Biblia, anima a los Católicos a manejarse con el principio «Sin Biblia, sin desayuno». Dice que cada vez que le pregunta a la gente si leen su Biblia, le contestan «Bueno, lo *intento* Padre...». «Oh, ¡vamos!» responde. «Nadie *intenta* tomar el desayuno. ¡Simplemente lo hacen!». No se olvidan de tomar su desayuno o miran cómo la comida pierde posiciones en la lista de las cosas por hacer. Alimentarse es una de las prioridades principales. Es por esta razón que el Pr. Larry sugiere no tomar el desayuno hasta leer la Biblia por diez minutos. Tómelo usted como regla propia. Priorice la Biblia por sobre la comida y casi se asegurará de que no se le escape.

Leer la Biblia solo diez minutos por día puede cambiar su vida. Comience con uno de los Evangelios, como Mateo o Marcos, y haga gradualmente su recorrido por el Nuevo Testamento. Mientras lee, deténgase de vez en cuando para reflexionar sobre la persona de Jesucristo. Ruéguele, pídale que le hable, e invite al Espíritu Santo a que le muestre cómo aplicar el pasaje que recién ha leído a su propia vida. Lentamente, a través del tiempo, no solo se familiarizará con los contornos de las Escrituras y con la vida y enseñanzas de Jesús, sino que esos pasajes comenzarán a moldear su mente y su corazón. También harán nacer en usted una nueva confianza y un celo de compartir lo que ha descubierto. Jesús se hará real para usted, será más que solo un personaje histórico. Lo encontrará como alguien vivo y profundamente fascinante.

Un aviso de precaución: muchas personas encuentran confusa a la Biblia, incluso el Nuevo Testamento, si lo empiezan a leer aisladamente, sin ningún contexto. Por lo tanto, es una buena idea buscar una Biblia de estudio útil, una que tenga notas y comentarios junto a los pasajes. Desde mi punto de vista, la mejor opción es la serie de *Word on Fire Bible* (Aviso: Ocupé el cargo de editor general para esta serie). La *Biblia de Word On Fire* no solo reúne una enormidad de comentarios de los más importantes teólogos, poetas y artistas de los 2000 años de historia de la Iglesia, sino que está producida con un formato extraordinariamente hermoso. Además de eso, podría tener en cuenta la *Ignatius Catholic Study Bible: New Testament* [Biblia de Estudio Ignatius: Nuevo Testamento] (Ignatius Press 2010) y la Biblia de Navarra (EUNSA, 2004). Ambas presentan el Nuevo Testamento junto con citas y notas de santos, Papas, Padres de la Iglesia y Teólogos Católicos contemporáneos.

Respecto a libros que lo ayudarán a entender las Escrituras, le recomiendo *Walking with God: A Journey through the Bible* [Caminando con Dios: Una Travesía a Través de la Biblia] de Tim Gray y Jeff Cavins (Ascension Press 2010) que desarrolla la historia completa de las Escrituras para que usted pueda comprender cómo los libros individuales y los pasajes se ajustan al plan global de Dios para el mundo. Otros buenos libros Católicos sobre las Escrituras son *You Can Understand the Bible: A Practical and Illuminating*

Guide to Each Book in the Bible [Usted Puede Comprender la Biblia: Una Guía Práctica e Iluminante para Cada Libro en la Biblia] (Ignatius Press, 2005) de Peter Kreeft, que ofrece introducciones y resúmenes útiles de cada libro de la Biblia y *The Bible Compass: A Catholic's Guide to Navigating the Scriptures* [La Brújula de la Biblia: Una Guía Católica para Navegar las Escrituras] de Edward Sri (Ascension Press, 2009), que contesta muchas de las preguntas comunes sobre la Biblia.

Pero sea cual fuere la que escoja, la clave es que se comprometa, ahora mismo, a leer la Biblia durante diez minutos cada día. Luego encuentre una buena Biblia de Estudio Católica, y tenga en cuenta de elegir al menos un buen libro que lo ayude a entender mejor las Escrituras.

El Catecismo de la Iglesia Católica

Durante muchos años, si alguien le preguntaba a un Católico, «¿Qué es lo que la Iglesia Católica cree sobre [inserte un tema]?», hubiera sido difícil encontrar la respuesta. Aunque usted podía recurrir a un rango amplio de credos y libros de catecismo locales, no había un libro único, actualizado, que recogiera toda la enseñanza de la Iglesia en un lugar. Todo eso cambió cuando el Papa Juan Pablo II promulgó el *Catecismo de la Iglesia Católica.* El proyecto tomó varios años para realizarse y se convirtió en el primer libro autorizado desde el siglo dieciséis en reunir toda la enseñanza de la Iglesia en un solo volumen. Fue bienvenido especialmente por su hermosa redacción. Debido a que las ediciones previas eran más jurídicas y formales, enumerando secamente cientos de doctrinas, el nuevo *Catecismo* está escrito de un modo más explicativo, casi al estilo de un ensayo poético. Es rico y fácil de comprender.

Tal como con la Biblia, el *Catecismo* es indispensable, y si se compromete de cinco a diez minutos por día de lectura del *Catecismo,* en un corto tiempo tendrá una comprensión magistral no solo de *qué* enseña la Iglesia, sino de *por qué* lo enseña. De hecho, con solo cinco a diez minutos por día, terminará el *Catecismo* completo en menos de un año. Podría parecer un libro intimidante —algunas ediciones tienen más de setecientas páginas— pero cuando lo lee en pequeñas dosis, progresará rápido por el libro entero.

Dentro del *Catecismo* encontrará explicaciones claras, útiles de las enseñanzas Católicas más importantes —e incluso de las más controversiales. Si su hijo no entiende por qué los Católicos veneran a María, o rezan a los santos, o confiesan sus pecados a un sacerdote, o rechazan la anticoncepción artificial, entonces encontrará lo que necesita en el *Catecismo*.

Muchas ediciones tienen índices detallados al final, organizados tanto por tema como por versículo de la Biblia. Así que si usted o su hijo necesitan saber qué es lo que la Iglesia enseña sobre un tema en particular, tal como el cielo, o cómo la Iglesia interpreta un pasaje de la Biblia, como Mateo 16, 18, usted puede acudir al índice y encontrar todas las referencias dentro del *Catecismo*.

Lea Buenos Libros Católicos

La Biblia y el Catecismo deberían ser los primeros libros a los que acudir, pero no los últimos. En la actualidad, tenemos la bendición de tener muchos libros Católicos excelentes para ayudar a que su fe crezca. No sienta que tiene que leer todos ellos. En verdad solo necesita al menos un libro sobre Catolicismo en general, y luego tal vez uno o dos que traten las cuestiones específicas, dudas, objeciones con las que su hijo esté luchando. En referencia a libros generales, esta es una lista de mis «deben leerse» favoritos:

Catholicism: A Journey to the Heart of the Faith [Catolicismo: Una Travesía al Corazón de la Fe] por el Obispo Robert Barron (Image Books, 2011) —Una de las explicaciones más claras y hermosas de la fe Católica del principal evangelista de la actualidad. El Obispo Barron utiliza relatos, arte, arquitectura, música, historia, los santos y más para develar el genio y belleza del Catolicismo. Es el primer libro que recomendaría a alguien que preguntara «¿De qué trata el Catolicismo?».

Fundamentals of the Faith: Essays in Christian Apologetics [Fundamentos de la Fe: Ensayos de Apologética Cristiana] por Peter Kreeft (Ignatius Press, 1988) —Con humor y encanto, Kreeft sopesa todos los elementos fundamentales del Cristianismo y del Catolicismo, explicando, defendiendo y mostrando su relevancia actual. Esto lo sumerge en el camino entero, desde la existencia de Dios hasta la comparación de religiones, oración y la naturaleza de la Iglesia.

Essential Catholic Survival Guide [Guía de Supervivencia Esencial Católica] por el equipo de Catholic Answers (Catholic Answers, 2005) — Recopila setenta de los mejores artículos y tratados de Catholic Answers, el ministerio de apologética líder mundial, en un libro cohesionado y coherente que puede ser utilizado por cualquier persona, en cualquier tiempo y lugar para defender la fe Católica. Cubre preguntas e ideas equivocadas referidas a la Iglesia, el Papa, María, los santos, los sacramentos, moral, los Cristianos no Católicos y más.

What to Say and How to Say It: Discuss Your Catholic Faith with Clarity and Confidence [Qué Decir y Cómo Decirlo: Converse Sobre su Fe Católica con Claridad y Confianza] por Brandon Vogt (Ave Maria Press, 2020) —Una guía clara de cómo discutir los temas más difíciles, candentes con amigos y familiares. Incluye tópicos como el ateísmo, el matrimonio del mismo sexo, transgenerismo, la Eucaristía y más.

Respecto a libros que estudian a fondo objeciones particulares o escollos que su hijo pudiera tener, estos son mis favoritos:

Aborto—*Persuasive Pro-Life: How to Talk About Our Culture's Toughest Issue* [Provida Persuasivo: Cómo Hablar sobre los Temas más Duros en Nuestra Cultura] de Trent Horn (Catholic Answers, 2014)

Nulidades—*Annulments and the Catholic Church: Straight Answers to Tough Questions* [Nulidades y la Iglesia Católica: Respuestas Directas a Preguntas Duras] de Edward Peters (Ascension Press, 2010)

Ateismo—*Answering Atheism: How to Make the Case for God with Logic and Charity* [Respondiendo al Ateísmo: Cómo Presentar el Argumento de Dios con Lógica y Caridad] de Trent Horn (Catholic Answers, 2013)

Biblia—*The Bible Compass: A Catholic's Guide to Navigating the Scriptures* [La Brújula de la Biblia: Una Guía Católica para Navegar las Escrituras] de Edward Sri (Ascension Press, 2009)

Confesión—*Lord, Have Mercy: The Healing Power of Confession* [Señor, ten Piedad: El Poder Sanador de la Confesión] de Scott Hahn (Image, 2003)

Anticoncepción—*The Contraception Deception: Catholic Teaching on Birth Control* [La Decepción de la Anticoncepción: Enseñanzas Católicas sobre Control de Natalidad.] de Patrick Coffin (Emmaus Road, 2018)

Muerte—*Love Is Stronger Than Death* [El Amor es Más Fuerte que la Muerte] de Peter Kreeft (Ignatius Press, 1992)

Divorcio—*Divorced. Catholic. Now What?* [Divorciado. Católico. ¿Y Ahora qué?] de Lisa Duffy (Journey of Hope, 2007)

Iglesia Primitiva—*The Fathers Know Best: Your Essential Guide to the Teachings of the Early Church* [Los Padres Saben Más: Su Guía Esencial para las Enseñanzas de la Iglesia Primitiva] de Jimmy Akin (Catholic Answers, 2010)

Eucaristía—*Jesus and the Jewish Roots of the Eucharist: Unlocking the Secrets of the Last Supper* [Jesús y las Raíces Judías de la Eucaristía: Develando los Secretos de la Última Cena] de Dr. Brant Pitre (Image, 2011)

Mal y Sufrimiento—*Making Sense Out of Suffering* [Encontrando Sentido a Partir del Sufrimiento] de Peter Kreeft (Servant, 1986)

Jesús—*Jesus Shock* [La Conmoción de Jesús] de Peter Kreeft (Beacon Publishing, 2012)

Cielo—*Heaven: The Heart's Deepest Longing* [El Cielo: El Anhelo más Profundo del Corazón] de Peter Kreeft (Ignatius Press, 1989)

Historia—*Seven Lies about Catholic History: Infamous Myths about the Church's Past and How to Answer Them* [Siete Mentiras sobre la Historia Católica: Mitos Infames Sobre el Pasado de la Iglesia y Cómo Contestar a Ellos] de Diane Moczar (TAN Books, 2010)

Homosexualidad—*Made for Love: Same-Sex Attraction and the Catholic Church* [Hechos para el Amor: La Atracción por el Mismo Sexo y la Iglesia Católica] de Pr. Michael Schmitz (Ignatius Press, 2017)

María—*Behold Your Mother: A Biblical and Historical Defense of the Marian Doctrines* [Aquí Tienes a tu Madre: Una Defensa Bíblica e Histórica de las Doctrinas Marianas] de Tim Staples (Catholic Answers, 2015)

Misa—*The Lamb's Supper: The Mass as Heaven on Earth* [La Cena del Cordero: La Misa, el Cielo en la Tierra] de Scott Hahn (Doubleday, 1999)

Papa—*Pope Fiction: Answers to 30 Myths and Misconceptions about the Papacy* [Papa Ficción: Respuestas a 30 Mitos y Confusiones sobre el Papado] de Patrick Madrid (Basilica Press, 1999)

Pornografía—*Delivered: True Stories of Men and Women Who Turned from Porn to Purity* [Cumplido: Historias Verdaderas de Hombres y Mujeres que se Convirtieron del Porno a la Pureza] de Matt Fradd (Catholic Answers, 2014)

Protestantismo—*The Protestant's Dilemma: How the Reformation's Shocking Consequences Point to the Truth of Catholicism* [El Dilema del Protestante: Cómo las Consecuencias Estremecedoras de la Reforma Muestran el Verdadero Catolicismo] de Devin Rose (Catholic Answers, 2014)

Sagrada Tradición—*By What Authority? An Evangelical Discovers Catholic Tradition* [¿Bajo Qué Autoridad? Un Evangélico Descubre la Tradición Católica] de Mark Shea (Ignatius Press, 2013)

Santos—*Any Friend of God Is a Friend of Mine: A Biblical and Historical Explanation of the Catholic Doctrine of the Communion of Saints* [Todo Amigo de Dios Es Amigo Mío: Una Explicación Bíblica e Histórica de la Doctrina Católica de la Comunión de los Santos] de Patrick Madrid (Basilica Press, 1996)

Salvación—*The Drama of Salvation: How God Rescues You from Your Sins and Delivers You to Eternal Life* [El Drama de la Salvación: Cómo Dios Te Rescata de Tus Pecados y Te Envía a la Vida Eterna] de Jimmy Akin (Catholic Answers, 2015)

Matrimonio del Mismo Sexo—*Getting the Marriage Conversation Right: A Guide for Effective Dialogue* [Entendiendo Correctamente la Conversación del Matrimonio: Una Guía para el Diálogo Efectivo] de William B. May (Emmaus Road, 2012)

Ciencia y Fe—*Faith, Science, and Reason: Theology on the Cutting Edge* [Fe, Ciencia y Razón: Teología en la Vanguardia] de Christopher Baglow (Midwest Theological Forum, 2009)

Sexualidad—*Good News About Sex and Marriage: Answers to Your Honest Questions About Catholic Teaching* [Buenas Noticias Sobre el Sexo y el

Matrimonio: Respuestas para Sus Preguntas Honestas Sobre las Enseñanzas Católicas] de Christopher West (Servant, 2004)
Sufrimiento—*Making Sense Out of Suffering* [Encontrando Sentido a Partir del Sufrimiento] de Peter Kreeft (Servant, 1986)
Transgenerismo—*When Harry Became Sally: Responding to the Transgender Moment* [Cuando Harry se Convirtió en Sally: Contestando a la Importancia del Transgénero] de Ryan T. Anderson (Encounter Books, 2018)

Todos estos libros pueden encontrarse en su librería Católica local o en tiendas de libros online. De hecho, puede conseguir copias usadas de muchos de ellos online, por pocas monedas.

Léalos a su propio ritmo, ¡pero léalos! Si se compromete a leer solo un buen libro Católico por mes o cada dos meses, se convertirá rápidamente en un experto para explicar y defender su fe. Se maravillará cuánto ayudará eso cuando finalmente tenga un diálogo con su hijo.

Sepa Dónde Encontrar las Respuestas que Necesita

Leer buenos libros le dará una riqueza de conocimiento. Pero ¿qué sucede si su hijo lo deja sin palabras? A menudo padres acuden a mí y me dicen «Mi hijo me preguntó sobre la cuestión de [tema Católico difícil], y no tengo idea de cómo contestarle. ¿Qué debería decir?». Casi siempre doy el mismo consejo. «Visite el sitio Catholic.com y en el campo de búsqueda en la parte superior de la página, ingrese el tema o pregunta. Inmediatamente encontrará varios recursos útiles».

Catholic.com es administrado por el apostolado Catholic Answers, que se especializa en ayudar a los Católicos a explicar y defender la fe. Tienen cientos de artículos, videos, tratados, libros y podcasts disponibles en su sitio y el campo de búsqueda los conecta todos juntos. Su sitio web es verdaderamente una de las herramientas Católicas online más valiosas. Catholic Answers incluso realiza el seguimiento de los términos más buscados, y se aseguran de tener abundantes recursos para esos puntos. (En caso de que se lo esté preguntando, la búsqueda más popular es «Purgatorio»).

Así que, si su hijo lo deja sin palabras con una pregunta o desafío, podrá decirle «Hum. Esas es una gran pregunta y no sé la respuesta. Ya regresaré contigo». Luego vaya a Catholic.com, utilice la caja de búsqueda, encuentre las respuestas que necesita, y regrese con su hijo. (Más adelante en este libro aprenderemos cómo conversar y compartir estas respuestas. Por ahora, al menos, estamos simplemente aprendiendo dónde encontrarlas).

Además del sitio Catholic Answers, internet ofrece muchas otras herramientas. Por ejemplo, sitios como StrangeNotions.com, que yo fundé, son especialmente útiles si su hijo es ateo o agnóstico. El sitio web presenta artículos sobre la existencia de Dios, la moral, ciencia, filosofía y más. Presenta más de treinta colaboradores expertos y cientos de artículos que están categorizados y etiquetados amigablemente con tags.

También le gustará WordOnFire.org, el portal del ministerio online del Obispo Robert Barron, que contiene miles de videos y artículos, muchos de ellos vinculando la fe con películas populares, libros y eventos de actualidad. Si usted y su hijo van a ver una película nueva, por ejemplo, revise si el Obispo Barron tiene un comentario de YouTube sobre ella. Si es así, comparta el video de YouTube con su hijo —es un modo fácil y no intimidante de compartir su fe y abrir una conversación.

Por supuesto la Biblia y el *Catecismo de la Iglesia Católica* completos están disponibles online a través del sitio del Vaticano, Vatican.va. Un truco útil es entrar en Google y tipear en la caja de búsqueda «[tema/pregunta] Catecismo Católico». Los resultados lo enviarán a la sección exacta del *Catecismo* que se centra en el tema o pregunta en que está interesado. (Intercambie «Biblia» por «Catecismo» para obtener el mismo resultado con las Escrituras).

Con este puñado de sitios web, será capaz de encontrar rápido todas las respuestas que necesite. Recuerde, no tiene que *saber* todas las respuestas que su hijo podría hacer sobre Dios y la Iglesia. Sólo tiene que saber dónde encontrarlas.

Sea Capaz de Contestar la Pregunta Más Importante

G. K. Chesterton, uno de los periodistas más famosos en la Inglaterra del siglo veinte, conmocionó al mundo cuando anunció su conversión a la Iglesia Católica en 1922. Sus pares intelectuales le preguntaron confundidos «¿Por qué te conviertes en Católico?». Chesterton dio diferentes respuestas a esta pregunta, dependiendo de la ocasión, pero una vez dijo, «La dificultad de explicar "Por qué soy Católico" es que hay diez mil razones que equivalen a lo mismo: que el Catolicismo es verdadero».

Como Chesterton, usted debe capacitarse a sí mismo para contestar la pregunta más importante, aquella que se extiende por detrás de cada uno de los desacuerdos menores y dudas que su hijo pueda tener: ¿Por qué yo debería ser Católico? Al final, su hijo se ha alejado de la Iglesia porque no ha encontrado una respuesta satisfactoria a esa pregunta.

Pero muchos Católicos no han considerado nunca seriamente esa pregunta, especialmente aquellos que fueron bautizados y criados en la Iglesia. Si alguien lo detuviera hoy en la calle y le preguntara «¿Por qué es Católico?», Usted, ¿qué diría? Tómese un momento y reflexione. ¿Hablaría de los modos positivos en que su fe ha moldeado su vida y cómo le ha traído paz, consuelo y seguridad? ¿Explicaría que usted es Católico simplemente porque su familia es Católica y lo crio de esa manera? ¿Haría referencia a la Eucaristía, la Confesión o los otros sacramentos?

Algunas respuestas son mejores que otras. Por ejemplo, ser Católico simplemente porque así es como fue criado es una razón pobre. Si su fe está enraizada en nada más que una costumbre familiar, está en serio riesgo de marchitarse, y no será atractivo para nadie más. Es por esta razón que tanta gente joven abandona la Iglesia cuando ingresa a la Universidad. Al crecer, solo fueron a Misa porque su familia lo hacía. Pero luego de que se mudaron, perdieron esa ancla y comenzaron a ir a la deriva.

Una respuesta mucho mejor a la pregunta «¿Por qué eres Católico?», es una que dio Chesterton: «Soy Católico porque es verdad». En otras palabras, «Soy Católico porque creo que todo lo que profesa la Iglesia Católica en su credo es verdad. Creo que Dios existe. Creo que creó el mundo desde el amor y lo cuida providencialmente. Creo que Dios se hizo hombre en Jesucristo, y que fue crucificado, murió y resucitó de la muerte. Creo que Jesús estableció la Iglesia Católica, dándole la autoridad para enseñar, curar y gobernar en su nombre. Y creo que al final de los tiempos, Dios resucitará nuestros cuerpos y recibirá a los que han sido fieles en la felicidad eterna».

Es importante que se equipe a usted mismo con la respuesta a esta pregunta. Necesita saber por qué es Católico, y necesita ser capaz de explicárselo sucintamente a su hijo. Si no está seguro de cómo hacer eso, le recomiendo mi propio libro, Why I Am Catholic (And You Should Be Too) [Por Qué Soy Católico (Y Usted También Debería Serlo)] (Ave Maria Press 2017).

Su hijo podría estar intrigado por su respuesta a la pregunta «¿Por qué ser Católico?», pero es probable él sea más receptivo a la evidencia personal de cómo Dios y la Iglesia han moldeado positivamente su vida. Es por ello que usted necesita saber más que la respuesta —necesita saber y compartir su propia historia.

Conozca su Historia

Entre a cualquier iglesia Evangélica hoy y encontrará inevitablemente un fuerte énfasis en los testimonios. Por ejemplo, muchas iglesias Baptistas esperan que cada miembro explique cómo y cuándo fueron «salvados» antes de ser formalmente bienvenidos en la comunidad.

La historia a menudo involucra tres partes. Primero la época de oscuridad y hastío antes de la conversión. Segundo, el momento de la conversión, que típicamente implicó rezar la «oración del pecador» y entregar sus vidas a Cristo. Tercero, el gozo y la realización encontrados en una nueva amistad con Dios. Para los Protestantes, aprenderse y compartir el testimonio propio es un rito de entrada, porque es una herramienta increíblemente poderosa. Los Evangélicos saben que los no Cristianos son más atraídos por las historias que por las charlas y son habitualmente más atraídos por lo que se comparte personalmente que por argumentos abstractos.

Desafortunadamente, los Católicos no colocan este mismo énfasis sobre los testimonios. A menudo caemos presa de la creencia de que la religión es personal y privada —nadie quiere escuchar *nuestra* historia o lo que pensamos *nosotros*. La propia fe es una decisión personal predicada sobre sus propios gustos, pensamientos y preferencias.

En verdad, sin embargo su historia, su relato de cómo Dios ha obrado en su vida, es una herramienta extremadamente potente para traer a su hijo de vuelta a la Iglesia. ¿Por qué? Porque, aunque todas las historias son poderosas, en la mente de su hijo, *su historia* es especialmente significativa.

Ahora bien, tal vez usted encuentre difícil articular cómo Dios ha obrado en su vida, o tal vez su influencia ha sido un poco imprecisa. Eso está bien. Lo importante es comenzar a reflexionar intencionalmente sobre estos temas. Cuanto más busque estos momentos, más evidentes se harán.

Pero eventualmente querrá saber cómo relatar en dos o tres minutos su historia de conversión —de cómo conoció a Jesús y llegó a amarlo y seguirlo.

Cuando esté compilando y ensayando su testimonio, unas pocas pautas lo ayudarán. Shaun McAfee, un converso del Protestantismo al Catolicismo, ofrece un marco en su libro *Filling Our Father's House: What Converts Can Teach Us about Evangelization* [Llenando la Casa de Nuestro Padre: Lo que los Conversos Pueden Enseñarnos sobre la Evangelización] *(Sophia Institute Press, 2015)*. Propone un esquema de cuatro partes: «Su esquema incluirá cuatro elementos: su objetivo, los detalles de por qué usted es Católico, su vida luego de ser Católico y los grandes beneficios de su decisión, y su propuesta para los oyentes». El resto de su libro explica esas partes en detalle.

Podría estarse preguntando, sin embargo, ¿qué sucede si no tengo una historia interesante? ¿Qué sucede si nunca tuve un punto oscuro en mi vida o un momento transformativo de «encontrarme con Jesús»? McAfee enfatiza que su testimonio no tiene que estar basado en una experiencia difícil ni impactante:

> Toda la gente de Dios tiene una única historia para contar. Por ejemplo, si usted es un Católico de cuna y piensa que ha tenido un recorrido espiritual sin muchos sobresaltos, podría aún tener una fe vigorosa y tener razones para conservar su fe. Cuente por qué sostiene esa esperanza que está en usted, por qué obedece a las enseñanzas de la Iglesia, y qué lo ha ayudado a crecer y mantener su fe por tanto tiempo. Incluso si usted ha sido Católico durante toda su vida, hay grandes posibilidades de que haya habido un tiempo cuando decidió convertirse en un Católico más serio y devoto. ¡Cuente *esa* historia!

Si quiere más ejemplos para usar como guía mientras compila su propia historia, examine las historias de WhyImCatholic.com. Allí encontrará historias de conversos al Catolicismo de toda clase de contexto —Protestante, Hindú, Judío, ateo y algunos que se describen como paganos. Las historias son cortas pero conmovedoras, y describen cómo las personas fueron arrastradas o atraídas de regreso a la Iglesia Católica y cómo cambiaron dramáticamente sus vidas para mejor, como resultado de ello.

Encuentre Un Socio

En esta etapa de su plan de juego, mientras se capacita para el resto de la misión, es una buena idea agregar a alguien más a su empresa. Podría ser un amigo, un cónyuge, un sacerdote o un mentor espiritual, pero usted busca a alguien, no tanto para que secunde directamente sus esfuerzos para traer a su hijo de vuelta a la Iglesia, sino más bien para que sirva como una sucursal de *usted*.

Usted quiere un socio. Un socio ayudará de ciertas formas. Primero, él garantizará que usted no esté solo. Usted necesita alguien que lo anime y lo ratifique, especialmente cuando las cosas se estanquen y parezca que no está teniendo tanto progreso. La travesía será más suave y será más fácil perseverar con alguien que lo esté alentando a su lado.

Segundo, un socio puede aumentar sus esfuerzos. Él puede rezar y ayunar *con* usted. Jesús confirma que donde «hay dos o tres reunidos en mi nombre, allí estoy yo en medio de ellos» (Mt 18, 20). Nuestra efectividad espiritual se vuelve incluso más fuerte cuando se apuntan amigos.

Tercero, su socio puede ofrecer un punto de vista objetivo sobre su situación. Usted podría necesitar a alguien que le tire ideas y evalúe si usted está presionando mucho —o no se mueve con la firmeza suficiente. Un punto de vista externo de la situación es siempre de ayuda.

* * *

Para repasar, hemos aprendido en este capítulo que incluso antes de comenzar a dialogar con su hijo, primero necesita capacitarse. Necesita tener una sólida familiaridad con la Biblia y el *Catecismo de la Iglesia Católica*. Debería asimilar libros Católicos y sitios web provechosos, que le darán las respuestas y confianza que necesita. Todo eso está diseñado para ayudarlo a contestar la pregunta «¿Por qué soy Católico?», aunque la mejor respuesta provendrá de su propio testimonio. Cuando aprenda y practique su historia y sea capaz de situarla dentro de la gran historia de Dios, tendrá en su arsenal el arma más poderosa. Estará entonces bien capacitado.

En este punto, su próximo paso es comenzar a plantar semillas de fe y confianza en la vida de su hijo.

CAPÍTULO 7
Plante las semillas

Fue en la universidad que la fe de Emily comenzó a desmoronarse. «Fui bautizada en la fe Católica, y siempre me llamé a mí misma Católica, pero en el primer año de la universidad mi fe se había desfigurado completamente». Se volvió «sexualmente activa y espiritualmente pasiva . . . constantemente comenzando el fin de semana sintiendo como que *debería* ir a la iglesia y constantemente eligiendo dormir y un desayuno tarde sin prisa cuando llegaba la mañana del domingo».

Las cosas no hubieran cambiado si no fuera por su hermano. Un Católico devoto, decidió que no quería perder a su hermana en un secularismo despreocupado. Así que comenzó a plantar semillas de fe en su vida. Sabía que, si presionaba mucho, ella se resistiría. Pero se dispuso a traerla de regreso a la Iglesia lenta y amablemente.

«Mi hermano plantó en mí pequeñas semillas de verdad por un tiempo antes que estuviera dispuesta a escuchar las palabras», recordaba ella. «Luego de varias conversaciones, cuando finalmente me abrí, me dijo que tenía que cambiar y volver a la Iglesia . . . no fue cosa de un solo paso; fue una conversación continua que duró varios años. Pero nunca sabes cuando algo que dices se le quedará a la otra persona atorado en la garganta y la conducirá a descubrir más por sus propios medios. Alrededor de once meses después, tomé la decisión de poner todo en las manos de Cristo y aceptar lo que fuera que me pusiera en el camino».

La reversión de Emily brinda una lección importante: incluso antes de pasar a conversaciones importantes sobre Dios, primero debe plantar semillas en la vida de su hijo, semillas que eventualmente crecerán en el fruto que usted espera ver.

Brinde Amor Incondicional

Una vez estuve hablando con un padre de varios hijos extraviados, y él me preguntó «¿Qué hago si nuestra relación se interrumpe completamente? Con algunos de mis hijos no he hablado en varios meses. O bien interrumpieron ellos la comunicación porque no aprobaba sus estilos de vida, o la interrumpí yo porque nos faltaban al respeto a mi esposa y a mí, y estaban exprimiéndonos todo el dinero posible. ¿Cómo los ayudo a volver a la Iglesia si nuestra relación está totalmente rota?».

Le dije «necesita restablecer un vínculo de amor. Necesita comprometerse, en el fondo de su corazón, a perdonarlos y amarlos incondicionalmente, sin importar lo que haya ocurrido en el pasado. Debería disculparse por su papel en el daño ocasionado y pedirles perdón. Todo esto es duro, pero si no lo hace estará poniendo trabas a su esfuerzo por ayudar a sus hijos a regresar a la Iglesia. Simplemente no lo escucharán».

Si su hijo es como la mayoría, la primera semilla que necesita, mucho antes que se abra a cualquier cosa que usted le diga sobre Dios, es el amor incondicional. Necesita saber que usted lo ama y lo perdona por cualquier error, sin condiciones. Esto nos regresa al primer umbral espiritual que cubrimos en el capítulo 4 «Confianza Inicial». Su hijo necesita confiar en que usted lo ama y se interesa por él, y solo quiere lo mejor para él. ¿Pero cómo le hace entender ese mensaje? Aquí van algunos consejos comprobados.

Haga que su amor sea inconfundible

«El gran peligro para cualquier padre» dice Rob Parsons en *Bringing Home the Prodigals* [Trayendo de Regreso a Casa los Pródigos] «es que el deseo de hacerle saber a un hijo cuán enfáticamente lo desaprobamos sea mayor que el impulso que lo haga saber que, sin importar lo que haya hecho, él todavía es amado».

El amor incondicional es una de las fuerzas más poderosas de la faz de la tierra. Pero puede ser muy difícil de expresar. Y si su hijo no *sabe* que usted lo ama incondicionalmente, no tendrá mucho efecto.

No es suficiente simplemente decir «Te amo». Aunque su hijo podría valorar eso, especialmente si usted no se lo ha dicho mucho durante su niñez, algunas veces falla porque no tiene mucho peso. Necesita *mostrarle* que lo ama incondicionalmente. Es necesario que eso sea inconfundible para que así no pueda interpretar sus acciones de otra manera. Esto es lo que típicamente necesita antes de que esté lo suficientemente vulnerable como para tener una conversación seria, espiritual con usted.

Así que decídase ahora mismo a que va a amar a su hijo deliberada y abiertamente. Podría comenzar con un simple email, una carta o una llamada telefónica que diga «Mira, yo sé que estamos en desacuerdo en algunas cosas como la religión, pero quiero que sepas que no importa qué creas o elijas, siempre te amaré. Eso no cambiará nunca, no importa lo que hagas o dejes de hacer, o lo que creas».

Expresar este amor sin restricciones no valida las decisiones equivocadas de su hijo ni baja la vara moral. No significa decir «No quiero que cambies» o «No me interesa si regresas a la Iglesia». El amor es, tal como lo definió Santo Tomás de Aquino, *desear* el bien del otro —querer lo que es mejor para su hijo. Su hijo necesita saber que, aun si usted desaprueba sus elecciones religiosas y morales, usted todavía quiere lo mejor para él. Usted *desea* su bien, incluso en las situaciones en las que usted no está totalmente de acuerdo.

Si necesita ayuda en esta área, le recomiendo el libro del Pr. Lawrence Lavasik *The Hidden Power of Kindness* [El Poder Oculto de la Bondad] (Sophia Institute Press, 1999). Contiene indicaciones simples y paso a paso de cómo superar todas las faltas de amabilidad y la mezquindad e irradiar en cambio amor.

Pida y Brinde Perdón

Todo hijo anhela el perdón. El gran novelista Ernest Hemingway escribió un cuento corto situado en España, titulado «La Capital del Mundo». El protagonista, Paco, tiene una pelea con su padre y huye a Madrid. El padre se desespera por encontrar a su hijo y traerlo de regreso a su hogar. Lo busca infructuosamente por todo Madrid. Finalmente, sin más opciones, se decide a colocar un breve aviso en el periódico local, que dice «Paco, encuéntrame en el Hotel Montana el jueves al mediodía. Todo está perdonado. Papá».

El problema es que Paco es un nombre común en España. Cuando el padre de Paco llega al hotel el jueves al mediodía, no puede creer lo que ve. Un escuadrón de policía ha sido destacado allí para controlar una muchedumbre de ochocientos jóvenes, todos llamados Paco, todos ellos buscando reconciliarse con su padre. Todos ellos quieren perdón.

Su hijo necesita perdón también. ¿Será difícil perdonarlo? Seguramente que sí. Usted conoce las heridas profundas, las esperanzas frustradas y las promesas rotas que su hijo ha hecho a través de los años. Probablemente lo haya decepcionado muchas veces.

Perdónelo de todas maneras. Cuanto más resentimiento albergue, más improbable será su regreso.

Quiero destacar que no es necesario que lo perdone *verbalmente*. Puede resultar contraproducente perdonar a alguien cuando no piensa que hizo nada mal. Pero asegúrese de haberlo perdonado en su propio corazón.

También debería asumir la responsabilidad por algo que *usted haya* hecho que lo lastimara. No le ofrezca sólo una disculpa general. Sea específico y detalle sus ofensas. Por ejemplo, usted podría disculparse por tener palabras duras acerca de su estilo de vida. Podría decirle que se disculpa por los dardos agresivos que le ha lanzado a través de los años. Podría pedirle perdón por presionarlo para que asista a Misa en vez de intentar comprender por qué ha abandonado la Iglesia. No exija ni espere que él acepte sus disculpas inmediatamente o que sea recíproco con disculpas de parte de él. Simplemente pida perdón.

Para muchos padres, este es uno de los pasos más difíciles del plan de juego. No fingiré que es fácil. Pero cuando los padres lo logran, de lo único que se arrepienten es de no haber sanado la relación más temprano. La reconciliación quita un enorme peso de sus espaldas, uno tan grande que no pueden creer haberlo sufrido por tanto tiempo.

Interésese por sus Pasatiempos

Si usted es como la mayoría de los padres, probablemente no lo entusiasme la música, los pasatiempos y las actividades que su hijo prefiere. Sin embargo, si quiere plantar en su hijo las semillas de la reversión, esfuércese por encontrar valor en sus intereses y, hasta el punto que le sea posible, estimúlelo en ellos. Cuando su hijo era pequeño, usted asistía a sus juegos deportivos, exhibiciones escolares y otros eventos. Su presencia comunicaba a su hijo «Me interesas. Te apoyo. Estoy interesado en lo que a ti te interesa». ¿Qué puede hacer hoy para demostrar ese mismo estímulo?

Un amigo mío, Michael (no es su nombre real), se estaba desalentando al ver que su hijo adolescente se alejaba lentamente de Dios. Aunque Michael era un super exitoso autor y orador Católico, que vendía miles de libros y era el orador principal en enormes conferencias, estaba perdiendo a su hijo.

Parecía que no tenían nada en común y estaban en permanente desacuerdo. Eventualmente, Michael llegó a un punto de quiebre. Sabía que podía perseguir su hijo o arriesgarse a perderlo para siempre. Así que tomó la decisión de conocer más sobre los intereses de su hijo. A través de muchas conversaciones forzadas, descubrió que su hijo era fanático de una pequeña banda de Metalcore —que no era el tipo de música favorita de Michael— y se enteró también que la banda estaba de gira y estaría dando un concierto en su ciudad en pocas semanas. Michael compró entradas. Al día siguiente, cuando le dio las entradas a su hijo, él estaba estupefacto y lleno de alegría. Luego Michael le explicó que una entrada era para él pero que la otra no era para un amigo o una pareja. Era para Michael. Si su hijo quería ir, tenían que ir juntos. Aunque con reticencia, su hijo estuvo de acuerdo.

Antes que llegara el día el evento, Michael investigó a la banda en internet. Compró un par de sus CD para familiarizarse con su música. Fue difícil. ¿Pueden imaginarse a un padre de mediana edad escuchando Metalcore durante el día? Pero valió la pena. Su hijo estaba incrédulo cuando Michael hablaba con agudeza acerca de su banda favorita, mencionando canciones y letras específicas. Cuando llegó el gran día, Michael recordaba «Para ser honesto, no tenía muchas ganas de ir al concierto. No podía soportar el Metalcore —las letras chillonas, gritando. Pero amo a mi hijo y eso era lo que le gustaba. Lo tenía que hacer por él. Quería reconquistar su corazón y sabía que esta era una forma de lograrlo».

Luego del concierto, los dos fueron por una cena tarde, y su hijo se abrió sobre varios problemas y temas con los que había estado luchando, pero que nunca se había sentido cómodo de compartir con su padre. Esa noche recuperaron su relación y ayudó a su hijo a comenzar una lenta travesía de regreso a Dios y a la Iglesia. Su hijo es ahora un Católico totalmente comprometido, estudiando en una universidad Católica y la relación con su padre nunca ha sido mejor.

Ahora, ¿es esta una historia típica? ¿Reversará su *hijo* su alejamiento simplemente debido a que usted asista a un evento con él? Tal vez no. Pero puedo asegurarle que cualquier señal que le muestre que usted está interesado genuinamente en lo que lo apasiona, simplemente porque está interesado en *él*, animará su relación, construirá mayor confianza e incrementará la posibilidad de que se abra a conversar sobre su fe.

Así que encuentre una actividad que le guste a su hijo y que puedan compartir juntos. Tal vez sea el tenis, la pesca o el basquetbol. Tal vez sea ir a tiendas de libros, a ver películas o a conciertos. ¿Hay algo que hace tiempo y allá lejos, mucho antes que su hijo abandonara la Iglesia, usted y él disfrutaban juntos? ¿Hay algo que su hijo disfruta actualmente en lo que usted se le podría unir? Encuentre algo, cualquier cosa, que pueda hacer con él para fortalecer los lazos de amor.

Cultive una Casa Hospitalaria

Un hombre sabio dijo una vez «cuando la casa del Padre esté llena del amor del Padre, los hijos pródigos volverán a casa». La afirmación tiene por supuesto un doble sentido. Los pródigos necesitan experimentar el amor de Dios en la casa espiritual del Padre —la Iglesia— pero ellos necesitan especialmente amor en la casa de su padre terrenal —su hogar familiar.

Rob Parsons cuenta sobre un joven que se alejó de su fe y de su familia. Sus padres no podían recordar la última vez que había venido a su casa. Pero un día, después de muchos años de vida egoísta y de fiesta, eventualmente decidió regresar. El acceso que conducía a la casa de sus padres tenía un poco más de una milla. Como el hijo pródigo en el relato de Jesús, él lo recorría trabajosamente con agitación, ensayando lo que le diría a su padre. Cuando pasó la última curva del camino, detectó una luz que se prendía dentro de la casa. De pronto lo superó la emoción. Pensó en todos los buenos recuerdos que tenía en esta casa —las fiestas de cumpleaños, las celebraciones de Navidad, el amor que sus padres habían derramado sobre él todos esos años. Su ánimo comenzó a levantarse y finalmente llegó al porche. Golpeó a la puerta. Su padre abrió la puerta y lo miró fijamente.

«Papi, estoy en casa» dijo él.

Pero su padre le replicó, «No tengo ningún hijo» y le cerró la puerta en su cara. Nunca volvieron a verse de nuevo.

¿Sería del todo sorprendente saber que el joven no regresó nunca a su fe? Luego de reconsiderar su estilo de vida, y luego de armarse del coraje necesario para regresar, lo último que necesitaba era una reprimenda o un rechazo. Necesitaba amor incondicional. Necesitaba ser recibido como el hijo pródigo de la parábola de Jesús. Necesitaba que su padre lo divisara en el camino, corriera hacia él, lo abrazara y gritara «¡Celebremos con una fiesta, porque este hijo mío estaba muerto, y ha vuelto a la vida; estaba perdido y ha sido encontrado!».

Abraham Piper señala que «Debido a que su preocupación más profunda es el corazón de su hijo, no sus acciones, no cree tantas exigencias para que regrese a casa. Si tiene un vago indicio de querer estar con usted, no lo haga más difícil para él. Dios podría utilizar su amor para llamarlo de vuelta a Cristo. Obviamente, existen instancias en las que los padres deben dar un ultimátum «No vengas a esta casa, si estás . . .». Pero esto será raro. No disminuya la probabilidad de una oportunidad de estar con su hijo rechazándolo con reglas».

Piper ofrece algunos ejemplos gráficos:

Si su hija huele a marihuana o como un cenicero, rocíe su camisa con desodorante ambiental y cambie las sábanas cuando se vaya, pero permítale regresar a casa. Si descubre que está embarazada, entonces cómprele ácido fólico, llévela a las ecografías de control, protéjala de Planned Parenthood, y permítale regresar a casa por todos los medios. Si su hijo está en bancarrota porque se gastó todo el dinero que usted le da en mujeres o en bebidas caras, entonces perdone sus deudas tal como usted ha sido perdonado, no le dé más dinero —y permítale regresar a casa. Si no ha estado en casa por una semana y media porque se estuvo quedando en el departamento de la novia —o novio— ínstelo a que no lo haga más, y permítale regresar a casa.

Todas estas estrategias, desde expresar las disculpas, exteriorizar las expresiones de amor, unírsele en sus pasatiempos, hasta recibirlo en su casa, son planeadas con una única misión: mostrarle a su hijo que lo ama sin condiciones.

Plante en su Vida «Regalos Semilla»

Mi amigo Josh creció en un hogar Católico, pero como muchos estudiantes jóvenes, salió de la universidad y dejó atrás su fe. Pero su madre nunca perdió la esperanza. Rezó por él e intentó conversar sobre la Iglesia. Cuando nada de eso funcionó, ella necesitaba alguna otra estrategia. ¿Su solución? Deslizar buenos recursos Católicos en su vida.

Comenzó a dejarle CD disimuladamente en su camioneta, y a dejarle folletos Católicos sobre su escritorio. Josh comenzó a sentirse un poco frustrado. De hecho, recuerda con claridad cuando arrojó al menos uno de los CD por la ventana de la camioneta. Pero a través del tiempo, Josh se volvió más abierto y curioso. Escuchó uno o dos de los CD, y uno de los folletos llamó particularmente su atención. Era sobre la Eucaristía. A pesar de años de clase de religión, Josh nunca había desarrollado una comprensión clara sobre lo que era la Eucaristía, o por qué importaba. En realidad, no era consciente de que era el verdadero Cuerpo y Sangre de Jesús.

Pero luego de estudiar el folleto, quedó convencido, y ese convencimiento lo guio de regreso a la Iglesia. Más adelante se convirtió en un ministro de la juventud de la Parroquia, luego un emprendedor Católico, y ahora opera una de las más grandes compañías del mundo de un sitio web Católico —todo porque su madre plantó un par de «regalos semilla» en su vida.

Hay muchas más historias sobre gente que puede señalar a un DVD, a un libro o CD que lo condujo a la fe. Una madre dice, «a mi hijo le dieron una copia del libro de Matthew Kelly *Rediscover Catholicism* [Redescubra el Catolicismo] a la salida de la iglesia la Navidad pasada. Dejó de ir a la iglesia regularmente diez años atrás. Habíamos salido de vacaciones, y me quedé maravillada de verlo leyéndolo al día siguiente. Me sorprendió aún más la semana siguiente cuando sugirió que fuéramos todos a la iglesia y luego a desayunar tarde . . . No sabes cuán feliz hace a una madre ver a su hijo regresar a la iglesia».

Chela, la madre de una adolescente agnóstica compartió conmigo «Una noche, mi hija nos pilló a mi marido y a mí, viendo la serie CATOLICISMO del Obispo Robert Barron y por alguna razón se tiró en el sofá y comenzó a ver. No dio ninguna indicación de que le hubiera *gustado* lo que estaba viendo, pero confío en que plantamos algunas semillas». Otra madre, Kelly, le escribió al Obispo Barron para decirle, «Usted está haciendo la diferencia con la gente joven. "Atrapé" a mi hija de dieciséis años viendo uno de sus videos la semana pasada. Piensa que usted es un sacerdote muy genial».

Llamo a estos DVD, libros y CD «regalos semilla» porque son semillas de verdad y fe que usted planta en la vida de su hijo. Son pequeños regalos ofrecidos con amor incondicional y están lejos de los agobiantes «mails políticos y religiosos desmesurados» de los que hablamos anteriormente. La parte grandiosa es que realizan casi todo el trabajo por usted. Si se siente incompetente para responder todas las preguntas y objeciones de su hijo, alcanzarle un DVD, libro o CD puede ser mucho menos intimidatorio que tener que sentarse y explicarle cosas por usted mismo.

Una de mis historias favoritas sobre «regalos semilla» viene de una mujer llamada Leila. La suegra de Leila, Carol, estaba en la ciudad visitando la familia de Leila. Decir que las dos mujeres eran diferentes es quedarse catastróficamente corto. Carol era una suegra secular, Judía, a favor de la libre elección de la mujer y liberal; Leila era una madre ama de casa, conservadora y devota Católica. Carol no podría estar mas lejos de la Iglesia Católica, un hecho que generó tensión desde el momento en el que el marido de Leila (el hijo de Carol) se decidió a convertirse al Catolicismo. Carol todavía no lo entendía.

Pero una noche luego de la cena, mientras Carol se levantaba de la mesa, y cuando Leila pensaba dirigirse a la planta alta para pasar un tiempo en la computadora, Carol señaló una caja con un set de DVD al lado del televisor en el cuarto próximo. Preguntó «¿podemos ver esto?».

Leila quedó pasmada. Antes que llegara Carol, Leila había deliberado conscientemente si cambiar de lugar el set de DVD, sacándolo de la vista, porque no quería ser demasiado «directa» con todas las cosas Católicas que había en su casa. Pero por alguna razón, lo dejó donde estaba. Era la serie en DVD de CATOLICISMO del Obispo Barron.

Intentando mantener su conmoción bajo control, contestó «¡Seguro! ¿Quieres verla ahora?». Carol asintió y se sentaron juntas en el sofá. Leila recordaba «Estaba casi arrepentida cuando conversaba con ella mientras comenzaba, sin creer completamente que ella hubiera querido verlo, y rezando para que ella se mantuviera despierta».

Como era de esperar, alrededor de 10 minutos de comenzado el primer episodio de la serie, se quedó profundamente dormida. Leila estaba preocupada de haber perdido su oportunidad, pero decidió mirar el resto del episodio sola, por si acaso Carol se despertaba. Desafortunadamente, Carol se durmió durante todo el episodio. Pero cuando Leila se movió para apagar el televisor, Carol de repente se despertó, la miró y le dijo «¡Eso fue realmente interesante! ¿Podemos ver más?».

Leila respondió rápido «¡Seguro!» y pasaron al episodio dos. Durante la semana siguiente, vieron juntas todos los diez episodios de la serie CATOLICISMO —casi diez horas de filmación. Antes de cada sesión, Leila estaba segura de que Carol se olvidaría de su plan de ver el siguiente DVD o decidiría que no estaba interesada en continuar. Pero nunca se olvidó, y siempre estuvo entusiasmada. Carol no se durmió más durante el resto de la serie.

Cuando llegaron al episodio final, sobre los Novísimos (la muerte, el juicio particular, el cielo y el infierno), Carol comenzó a hacer preguntas. Tuvieron una excelente conversación teológica. El marido y la hija de Leila se habían unido a las dos señoras, mirando los episodios finales aquella noche, y estaban igualmente conmocionados con esta situación extraña y maravillosa. Aun así, intentaron permanecer indiferentes, sin expresar sorpresa o euforia.

Cuando finalmente se terminó la serie, el marido de Leila se fue a dormir mientras las mujeres se quedaron merodeando un poquito. Carol parecía querer seguir hablando, ya que era la última noche de visita. Mientras continuaban conversando de pie en el hall, finalmente dijo lo que Leila había estado esperando: «Veo el atractivo del Catolicismo . . .». Leila quedó estupefacta y un poco sin saber qué decir. ¿Cómo debería responder? Leila no quería rechazarla, pero tampoco quería perder la oportunidad. Así que rezó una oración rápida al Espíritu Santo, pidiéndole que le diera las palabras correctas.

«Oh sí» murmuró alto, «¡ahora puedes ver la belleza de la fe por la que su hijo y yo estamos atraídos! Sé que fue difícil para usted comprender en aquel momento cuando él se hizo Católico. Y nunca sintió que debiera abandonar sus raíces judías, sino que simplemente estaba completando su judaísmo. Descubrió que Jesús es el Mesías, y que la Iglesia que fundó es la nueva Jerusalén».

Leila recordó más tarde que esas pocas frases eran lo máximo que había dicho a Carol sobre la conversión de su hijo durante los quince años desde que había ocurrido.

Carol pensó sobre la respuesta de Leila. Luego preguntó «¿Cuánto tiempo lleva?».

Leila y su hija se miraron entre sí. ¿Qué quiso decir Carol? ¿Estaba preguntando cuánto tiempo tomaba convertirse en Católico? Leila asumió eso y explicó que tomaba varios meses atravesar todo el proceso y que ella solía dar clases a nuevos conversos unos años atrás, en caso de que ella tuviera alguna pregunta. Leila mencionó también que era posible tomar lecciones privadas si no le fuera posible acudir físicamente a las clases regulares.

Carol no preguntó nada más aquella noche. Luego que Carol se fuera a dormir, Leila y su hija se maravillaron juntas. ¿En verdad había dicho eso? ¿En verdad había pedido eso? ¿Era esto de verdad? Leila estaba agradecida de que su hija hubiera estado allí para ser testigo de todo y confirmar las cosas que había dicho Carol. «Sabía exactamente lo que había ocurrido, por supuesto», recordaba Leila. «Carol había visto la serie con un corazón abierto, buscando a Dios sinceramente. Dios puede obrar en un corazón así. Diez horas de Verdad, Bondad y Belleza transmitidos a través de sus ojos y oídos, y su alma respondió en el modo exacto en el que un alma está *hecha* para responder a la Verdad, el Bondad y la Belleza: fue atraída, entusiasmada, hechizada. Uno de mis dichos favoritos, "La verdad viene con gracias adjuntas", se desplegó justo frente a mis ojos aquella semana. Tuve el privilegio de *verlo* ocurrir».

Carol voló de regreso a su casa aquella mañana. Las cosas se desarrollaron lentamente durante las siguientes semanas. Leila y su esposo rezaron sobre lo que deberían hacer a continuación, pero fueron muy delicados para no presionarla o manipularla. Continuaron cuestionándose acerca de toda la situación, preguntándose si Carol proseguiría o abandonaría su búsqueda. Decidieron abordar una estrategia de «esperar y ver».

La decisión dio sus frutos. Carol dio el siguiente paso, llamando al marido de Leila varias semanas después y lo conmocionó cuando le dijo «Realmente quisiera ser bautizada». Eventualmente, hicieron los arreglos para el bautismo de Carol, donde también fue confirmada y recibió la Primera Comunión a los sesenta y siete años. Fue la primera de solo tres Misas a las que pudo asistir como Católica. Justo unos pocos meses después de haber ingresado a la Iglesia Católica, Carol se enfermó y falleció.

¿Cuál es el sentido de compartir esta larga y hermosa historia de conversión? El sentido es que se desencadenó por un simple acto: dejar un set de DVD junto al televisor. Ese «regalo semilla», aunque aparentemente pequeño e insignificante, cambió el curso de la eternidad de Carol.

Imagine su propia vida ahora. ¿Cómo puede escurrir un «regalo semilla» en la vida de su hijo? Tal vez, como Leila, dejará un set de DVD de *CATOLICISMO* junto al televisor, esperando que su hijo lo vea y se interese (o tal vez usted sugiera abiertamente verlo la próxima vez que su hijo ande por allí o simplemente dejarlo reproduciéndose en el televisor como fondo). Tal vez deje buenos libros Católicos dispersos en diferentes estantes. Tal vez deje una imagen en la pared o un crucifijo en cada dormitorio. Tal vez compre algunos buenos libros Católicos y CD y se los pase a su hijo —en el correo, en su regalo de Navidad o sin ninguna razón en especial. Estos «regalos semilla» podrían parecer inocentes, pero como muestra la historia de Carol, usted nunca sabe lo que servirá como un trampolín espiritual para lanzar a su hijo de regreso hacia la Iglesia.

Comparta Artículos y Videos Útiles

Una encuesta reciente le pidió a cientos de jóvenes ateos que describieran su recorrido hasta el escepticismo. Desde la perspectiva Cristiana, los resultados fueron inquietantes. La mayoría de los ateos encuestados habían sido criados en una iglesia Cristiana y la mayoría dejó su iglesia en algún momento durante la preparatoria. Muchos abandonaron porque recibieron respuestas superficiales a las grandes preguntas de la vida, o sus dudas fueron minimizadas o desestimadas. Tal vez el descubrimiento más sorprendente fue este: internet influyó considerablemente en muchas de las conversiones al ateísmo.

El director del estudio explicaba, «Cuando a nuestros participantes se les preguntó que citaran influencias clave en su conversión al ateísmo —gente, libros, seminarios, etc.— esperábamos oír referencias frecuentes a los «Nuevos Ateístas». No fue así. Ni una vez. En cambio, oímos vagas referencias a videos que habían visto en YouTube o en foros de sitios web».

Sin embargo, aquí viene la buena noticia. Tal como los artículos, videos y foros de conversación online, pueden guiar a los jóvenes a *alejarse* de la fe, pueden también empujarlos hacia la otra dirección.

Unos pocos años atrás, cuando el Obispo Barron era todavía el Padre Barron, recibió un mail de Dan, un escéptico de unos veinte años. «Querido Padre Barron», escribió el escéptico, «cuando crecí, mis padres en verdad no creían en Dios. De hecho, ellos estaban muy en contra de la religión —especialmente el Catolicismo. Estaban indignados con cada cosa que veían o escuchaban sobre la Iglesia Católica. Lo peor de todo eran los sacerdotes Católicos. Yo pensaba que los sacerdotes no eran otra cosa que despreciables abusadores de niños.

«Pero, aunque odiaba a los sacerdotes», él continuó, «siempre adoré a Bob Dylan. Un día, no hace mucho tiempo, estaba navegando en YouTube en busca de videos musicales de Bob Dylan, cuando tropecé con su video de comentarios sobre Bob Dylan». (El Obispo Barron es un gran fanático de Dylan y ha grabado varios videos de YouTube sobre los temas bíblicos en las letras de Dylan).

Dan continuó, «Cuando vi que usted era un sacerdote Católico, sin embargo, quise salir del video inmediatamente. Pensé, "¿Qué tendría un sacerdote Católico para decirme sobre Bob Dylan?". Aun así, algo me impulsó a verlo.

«Resulta que disfruté el video y pensé que sus ideas eran interesantes. Luego, como hace YouTube, el sitio me sugirió otros videos que podrían gustarme basado en el que había finalizado. Eso me condujo a sus otros videos sobre Bob Dylan; luego a sus comentarios sobre películas; y eventualmente encontré el camino hacia su sitio web, WordOnFire.org.

«Desde aquel momento, comencé a navegar por sus artículos y a seguirlo, y he estado silenciosamente expectante por algunos meses. Pero sentí que era momento de contactarlo y hacerle saber que, a través de su trabajo provechoso, usted no solo me convenció de que Dios existe, sino que ayer me inscribí en el programa R.C.I.A. [Programa de Iniciación Católica para Adultos] en la parroquia más cercana. Me he decidido convertir en Católico».

Ahora bien, el Obispo Barron será el primero en decirle: esta historia *no* es típica. No es de todos los días que él reciba un email que diga, «Vi un video de YouTube. ¿Dónde está la pila bautismal?». Pero ejemplifica el potencial extraordinario de estas herramientas digitales para conectarse con gente que está lejos de la Iglesia y acercarlos lentamente, tal vez inconscientemente. Si un simple video de YouTube puede cambiar a un joven ateo como Dan, ¿qué piensa que podría hacer por su hijo?

El Centro de Investigación Pew halló que el 92% de los adolescentes se conectan a internet todos los días y un cuarto dice que están conectados «casi constantemente». El adolescente norteamericano promedio ocupa más de siete horas por día frente a las pantallas. Su hijo probablemente se sienta más como en casa en el mundo de Instagram, Facebook, Twitter y mensajes de texto que en cualquier otro lado.

Si quiere conectarse con su hijo y atraerlo de regreso a la fe, utilice esto a su favor. Vaya adonde está su hijo. Considere compartir un artículo inspirador sobre la fe a la cuenta de Facebook de su hijo, o enviarle un mensaje sobre cómo las organizaciones de caridad Católicas han atendido la población local de indigentes. Cualquier cosa que eleve la impresión de su hijo sobre la Iglesia, o mejore su punto de vista sobre Dios, será útil. Podría ayudarlo a cruzar el umbral de la «confianza inicial» que hemos mencionado unas pocas veces en este capítulo.

Si su hijo tiene una objeción específica o un obstáculo con relación al Catolicismo, considere entonces buscar y compartir un buen recurso online con él. Podría ser un artículo de Catholic.com, un video de WordOnFire.org o una publicación útil de algún blog Católico.

* * *

Es poco probable que alguna de estas estrategias —compartir amor incondicional, plantar regalos semilla, pasarle recursos útiles— provoquen por sí mismos grandes cambios en la vida de su hijo. De hecho, podrían no generar ningún tipo de reacción exterior. Pero lo que sí harán será plantar la semilla inicial de la fe, la confianza y el amor que necesita su hijo para abrirse a los siguientes pasos en este plan de juego. Una vez que las semillas están en su lugar, entonces usted está listo para pasar al siguiente paso en el plan de juego, donde finalmente averiguará por qué, en concreto, su hijo se ha alejado de la Iglesia.

CAPÍTULO 8
Comience la Conversación

Una nueva encuesta a adolescentes Católicos reveló que la gran mayoría de los padres raramente o nunca hablan a sus hijos sobre religión. Solo un 8% de los encuestados dijo que sus padres hablaban a diario sobre religión y solo un 20% dijo que lo hacían una vez a la semana.

Para la mayoría de los padres, es difícil comenzar conversaciones sobre religión. Patrick Madrid, uno de los apologistas Católicos más efectivos del mundo, admite, «Aunque puedo atraer hacia Cristo las almas de los desconocidos, algunas veces me siento incapaz incluso de que me escuchen aquellos que más amo. No soy el único». Ciertamente, Jesús mismo señaló «En verdad os digo que ningún profeta es bien recibido en su tierra» (Lc 4, 24). Aun Jesús mismo encontró dificultoso comunicarse con los más cercanos a él.

Muchos padres creen que es imposible hablar con sus hijos sobre Dios, religión o fe. Si bien es cierto que algunos hijos son más cerrados que otros, siempre es posible comenzar una buena conversación, sin importar cómo es el hijo, *si* usted sabe lo que está haciendo.

Lo que necesita son estrategias simples, prácticas para iniciar la conversación y luego mantener en control —de una buena forma— incluso si su conocimiento es limitado. Esto es lo que aprenderá a lo largo de los siguientes dos capítulos.

El abordaje que utilizaremos no está basado en la confrontación sino en la curiosidad amistosa, una especie de diplomacia distendida. Estas tácticas no son trucos de manipulación. No están diseñados para avergonzar a su hijo o coaccionarlo hacia su punto de vista. En cambio, lo ayudarán a descubrir con elegancia sus principales objeciones, quejas y acusaciones contra el Catolicismo y luego a ocuparse de ellas.

Ahora bien, usted podría sentirse nervioso al embarcarse en esas conversaciones con su hijo. Eso es normal —le sucede a la mayoría de los padres, al menos al comienzo. Pero una vez que internalice los consejos que siguen, usted se sentirá extremadamente confiado y preparado.

Una palabra final de advertencia antes de empezar: usted solo debería comenzar esta suerte de conversaciones *luego* de que pase un tiempo considerable de ayuno y oración por su hijo y preparándose a usted mismo, y *luego* de que su hijo haya expresado cierta apertura o curiosidad para regresar a la Iglesia. A menudo toma varios meses a un joven alcanzar esa etapa. Así que no se apresure a estas conversaciones. Pero cuando sienta que su hijo está listo, los consejos siguientes ayudarán enormemente.

Así que sumerjámonos comenzando por una pregunta que probablemente usted se esté haciendo «¿Cómo es que al menos *abro* una conversación sobre Dios o la Iglesia?».

Cree Oportunidades para Charlar

Esta es la primera clave para generar buenas conversaciones sobre la fe: no comience con la fe. Una vez que su hijo ha atravesado el umbral de «confianza inicial» y se ha vuelto espiritualmente curioso y abierto, usted podría discernir que es tiempo de comenzar a conversar estas cosas con él.

Pero no comience inmediatamente con los temas religiosos. Este es un error común. Comience preguntando cosas comunes de su vida diaria. Muéstrele que usted se preocupa por él —por todo él, no solo por su dimensión religiosa o moral. Algunas veces es aquí donde finaliza la conversación. Podría ser que no tenga tiempo de llegar a ninguna cuestión religiosa, o que simplemente la atmósfera no sea la adecuada. Eso está bien. Su propósito en esta etapa inicial es solo generar diálogo sobre *cualquier cosa*.

Algunos ex-Católicos necesitan mucho tiempo de elaboración antes de conversar sobre temas serios. Ellos deben estar de algún modo abiertos a conversaciones sobre la fe, pero no las manejarán bien si usted simplemente cambia de tema desde una charla liviana sobre el tiempo a temas serios de Dios y la eternidad. Necesita primero probar la temperatura del agua antes de zambullirse.

Abraham Piper recomienda otro modo un poco más audaz de abrir una conversación significativa: «Solo pregunte por su alma. Usted no sabe cómo responderá. ¿Revoleará los ojos como si usted fuera un idiota? ¿Se enojará y se irá? ¿O habrá estado Dios trabajando en él desde la última vez que hablaron? No lo sabe hasta que se arriesgue a preguntar. Dios le dará las agallas».

En algún punto de la conversación, cuando sienta que es oportuno, arriésguese y haga la pregunta directa: «¿Puedo preguntarte algo? Me estaba preguntando si estarías dispuesto a hablar sobre cosas espirituales en algún momento. Sé que has tenido una relación ambivalente con la Iglesia, pero ¿estarías dispuesto a hablar de ello conmigo? Solo quiero escuchar qué es lo que está sucediendo en tu mente y en tu corazón».

Además de mostrar que usted no está simplemente intentando forzar su agenda sobre él, le muestra a su hijo que lo respeta a él y su sensibilidad. Expresada así, la pregunta le da espacio a su hijo para decir, «Estoy abierto, pero no justo ahora». Hay grandes posibilidades que esa sea una respuesta que usted tomaría con alegría, porque es aún un paso adelante hacia una conversación más significativa, más tarde.

Ahora bien, nuevamente, lo sé —probablemente usted no esté cómodo con preguntas como esa en este momento. Sé que son difíciles y atrevidas, y sé que usted esté probablemente escéptico acerca de cómo contestará su hijo. Todo eso está bien.

Pero una vez que usted ha empleado suficiente tiempo en las tareas precedentes —ha rezado, ayunado, hecho pequeños sacrificios, se ha capacitado, y plantado las semillas— su hijo estará probablemente listo. Antes que comience la conversación, ármese de valor en su resolución para luchar contra la incomodidad. Esa resistencia que siente no viene de Dios; viene de otros poderes propensos a *evitar* que hable con su hijo sobre temas religiosos. Esos poderes no quieren otra cosa que su silencio. Anímese y llévelo a cabo. Si le resulta más fácil, podría comenzar estas conversaciones mediante email antes que por teléfono o cara a cara. Eventualmente querrá avanzar hacia una conversación cara a cara, pero si el email le resulta más factible, entonces comience así.

También, si todavía está un poquito nervioso, considere esta pregunta: ¿Qué es lo peor que podría pasar? Tal vez su hijo lo ningunee. Podría tal vez suspirar o expresar frustración por un momento, o podría contestar negativamente a su pregunta. Pero aun si todo eso sucediera, no permita que lo afecte. No se rinda. Recuerde, está en esto a largo plazo —este no es un plan de «convertir rápido a su hijo». Si usted puede manejar el peor escenario, que básicamente involucra unos pocos momentos de incomodidad, entonces estas preguntas valen la pena el esfuerzo.

Cuando usted sienta que es tiempo de hacer las preguntas y mantener la conversación, apóyelas con confianza. No se preocupe si se produce una pausa incómoda luego de su consulta —la habrá; es lo esperado. No interrumpa ningún silencio que aparezca a continuación. Dele tiempo a su hijo para que piense y responda.

Y luego, ¿qué sucede cuando él contesta? Allí es donde usted comienza a escuchar.

Primero Escuche, Luego Escuche un Poco Más

Le preguntaron cierta vez al teólogo Francis Schaeffer qué haría si tuviera una hora con un no Cristiano. Contestó diciendo que lo escucharía durante cincuenta y cinco minutos. Luego, en esos últimos cinco minutos, tendría algo para decir.

Esa es una gran estrategia para las conversaciones con su hijo. Escuchar debería ser su primer, segundo y tercer movimiento. Deje en claro al comienzo de cada conversación que su primera misión es comprender a su hijo, que usted está sencillamente *interesado en él.* Al menos inicialmente, no debería disponerse a expresar su punto de vista o intentar cambiar su visión de las cosas. Solo necesita escuchar.

Escuchar a su hijo tiene al menos tres ventajas. Primero, inmediatamente da la impresión de ser afable. Esto puede aplacar a su hijo y facilitarle la tarea de persuadirlo más tarde.

Segundo, usted consigue escuchar los verdaderos sentimientos y dudas de su hijo, que podrían ser bien diferentes de lo que usted suponía.

Tercero, le da a su hijo la oportunidad de vocalizar y clarificar las razones por las cuales se ha alejado de la Iglesia. Podría ser la primera vez que piensa seriamente en esto, y podría sorprenderse a sí mismo por lo que dice.

Marcel LeJeune, fundador de Catholic Missionary Disciples [Discípulos Misioneros Católicos], ofrece una lista de preguntas útiles que usted podría realizar durante la etapa de escucha. Revíselas cuidadosamente y seleccione unas pocas que puede preguntar a su hijo. Son preguntas perfectas para desentrañar sus pensamientos y harán más fácil la escucha.

- Dime ¿qué papel jugó la fe mientras crecías, si es que jugó alguno?
- ¿Cómo describirías tu idea del Catolicismo (o del Cristianismo)?
- ¿A quién admiras? ¿Qué rasgos de personalidad te resultan más atractivos?
- ¿Cómo enfrentas las partes duras de la vida?
- ¿Qué es lo que te apasiona?
- ¿Qué es lo que le da sentido a tu vida?
- ¿Qué cosa te hace feliz?
- ¿Te gustaría que continuemos nuestra conversación?
- ¿Estarías interesado en aprender más sobre Dios, Jesús, la Biblia, la Iglesia Católica, etc.?
- ¿Rezas? Si lo haces, ¿te molestaría describirme cómo lo haces? Si no lo haces, ¿lo has hecho en el pasado?
- ¿Crees que es posible una relación con Dios?
- ¿Puedes describir lo que significa ser Católico, en base a tu experiencia?
- ¿Tienes una vida de oración personal? Si es así, ¿cómo oras?
- ¿Es Dios alguien con quien dirías que tienes una relación personal?

- ¿Has tenido algún momento en el que te sentiste particularmente cerca de Jesús? Si es así, ¿me lo puedes contar? Si no, ¿alguna vez lo deseaste?

Mientras escucha cuidadosamente las respuestas de su hijo, intente firmemente no pensar en lo que *usted* va a decir a continuación. Ese es un error que cometemos la mayoría de nosotros en la mayoría de las conversaciones. En cambio, piense en lo que *su hijo* está diciendo. Sopese cada una de sus palabras, y lea entre líneas para discernir qué es lo que *no* está diciendo también.

Una vez que haya terminado completamente, es momento para una tarea importante: repítale sus pensamientos en sus propias palabras.

Esto es crítico. Comience su respuesta con, «Es muy interesante. Así que, si entendí correctamente . . .», y luego relátele lo que él piensa. No es tiempo de juzgar ni hacer comentarios. Su objetivo es simplemente reflejarle, aproximadamente, lo que usted cree que sus comentarios describen. Muéstrele que lo captó, que lo escuchó, que tiene una buena comprensión de sus pensamientos y creencias.

Eso establecerá el marco para todo lo que continúa. A esta altura, habrá mantenido una o más conversaciones sobre la fe, y comenzado a entender qué piensa su hijo sobre este tema.

Las Cinco Preguntas Más Poderosas Que Puede Hacer

Hablar con su hijo sobre la fe no requiere tener siempre los argumentos o respuestas correctos. A menudo, sólo necesita tener las preguntas adecuadas. Las preguntas son mayormente neutrales, o al menos así le parecen a la mayoría de la gente y le aseguran no lucir como sermoneador, grosero o prepotente. Cuando hace una pregunta, usted no está en realidad estableciendo su propio punto de vista. Muchas veces, está ayudando a su hijo a ver que sus creencias no son apoyadas firmemente como él podría suponer, causando que él reevalúe por qué se alejó de la Iglesia.

El evangelizador Gregory Koukl llama a esto la «táctica de Columbo» en la cual usted «va a la ofensiva en una forma inofensiva utilizando preguntas seleccionadas cuidadosamente para avanzar productivamente la conversación». Koukl recomienda que usted no debería «nunca realizar una afirmación, al menos inicialmente, cuando una pregunta hará el trabajo».

Las preguntas son cautivantes e interactivas. Lo más importante, lo mantienen en el asiento del conductor de la conversación, mientras su hijo hace todo el trabajo. (De paso, esta táctica «Columbo» era uno de los métodos preferidos de Jesús. Note cómo comienza Jesús todas sus conversaciones con una pregunta, y cuando alguien le hace a *él* una pregunta, típicamente responde con una pregunta propia. Es una táctica poderosa).

Mi amigo Trent Horn, apologista del equipo de Catholic Anwers, brinda cinco preguntas concretas para utilizar en conversaciones:

1. ¿Qué crees sobre ____________?

Es fácil asumir lo que su hijo cree sobre Jesús, Dios, la Iglesia, la moral o la fe. Podría suponer, por ejemplo, que como su hijo ha estado en Misa muchas veces a lo largo de los años, él comprende completamente lo que los Católicos creen sobre la Eucaristía. Pero esto es bastante improbable. Si se ha alejado del Catolicismo, es probable que sus puntos de vista no se alineen con las enseñanzas de la Iglesia, así que es importante descifrar lo que cree exactamente. Esto pone sus cartas sobre la mesa. También lo hará reflexionar personalmente sobre esta cuestión. Tal vez nunca se haya preguntado a sí mismo lo que cree, entonces escuchar que usted plantee la pregunta le permitirá identificar y refinar lo que sostiene como cierto.

2. ¿Por qué piensas que eso es verdad?

Todos tenemos suposiciones indiscutibles, cosas que creemos que nunca han sido verdaderamente desafiadas. Pero para que una creencia sea justificada, deberíamos tener buenas razones o evidencia que la respalde. Hacer esta pregunta desafiará poco a poco la creencia de su hijo provocando que busque las razones reales por las que la sostiene. Algunas veces, cuando usted pregunta, «¿Por qué piensas que eso es verdad?», su hijo descubrirá que en realidad no tiene *ninguna* razón para sostener ese punto de vista. Simplemente recogió ese punto de vista en la escuela, o despreocupadamente de sus amigos o las redes sociales, y lo aceptó sin una consideración seria. Esa es una buena cosa para que él se dé cuenta, porque le hace mucho más fácil a usted la tarea de que cambie de parecer. Si estas creencias sobre Dios o la Iglesia no tienen sustento, y si usted es capaz de ayudarlo a que vea eso, usted está en una posición mucho mejor para mostrarle la verdad.

3. ¿Cómo llegaste a pensar eso?

Uno de los errores lógicos más comunes es algo llamado la «falacia genética». Esto se refiere a rechazar una creencia particular que alguien ha compartido simplemente por el lugar del cual obtuvo esa creencia. Por ejemplo, mi amigo Matt Fradd estaba hablando con su joven hijo y el chico dijo, «¿Sabías que puedes colocar un millón de Tierras dentro del sol?». Matt se sorprendió. «Eso no suena correcto», dijo él. «¿Dónde aprendiste eso?». Su hijo contestó, «De un dibujo animado». Matt permaneció incrédulo y estuvo inclinado a rechazar la afirmación, principalmente porque provenía de un dibujo animado. Pero ese podría haber sido un caso de manual de la falacia genética, rechazar una creencia simplemente debido al lugar en donde se originó —en ese caso, un dibujo animado. (Y en este caso, resultó que el dibujo animado estaba en lo cierto, y el dato era verdadero). Así es que, no deberíamos rechazar una creencia *exclusivamente* por el lugar del cual proviene.

Dicho esto, algunas veces el *lugar* del cual su hijo obtiene sus creencias es importante. Por ejemplo, suponga que su hijo dijo, «Cuando descubrí que la Iglesia persiguió científicos y mató a Galileo por sus descubrimientos, supe que debía creer en ciencia o en religión, y elegí la ciencia». Usted podría preguntar, «Bueno, ¿dónde has escuchado eso?». Y su hijo podría contestar, «De internet. Lo leí en un foro de discusión ateísta». Nuevamente, desestimar su creencia porque viene de un foro de discusión ateísta sería inapropiado —esa es la falacia genética. Tal vez el foro tenía razón. Pero en este caso, las alarmas deberían encenderse en su cabeza. Hay grandes posibilidades de que el foro ateísta sea altamente tendencioso y probablemente brindó una visión tergiversada del complicado episodio de Galileo. Eso debería hacerlo reexaminar la creencia de su hijo desde una perspectiva diferente e invitarlo a él a hacer lo mismo. Por ejemplo, usted podría, en cambio, señalarle un buen libro sobre el tema con una perspectiva Católica o neutral. (Más adelante, aprenderá cómo responder exactamente a esta objeción sobre Galileo).

4. ¿A qué te refieres con ____________?

Si le dijera que «mi esposa es una seminola», usted podría asumir, especialmente si usted no está familiarizado con los deportes, que ella es una nativa norteamericana, parte de la tribu de indios Seminolas. Pero a lo que me refiero con el término es que, al igual que yo, se graduó de la Florida State University [Universidad Estatal de Florida], cuya mascota es el Seminola. Si no aclaramos ese significado, sin embargo, casi cualquier conversación sobre mi esposa será improductiva —solo será un diálogo de sordos.

Definir los términos es un paso crítico en toda conversación seria. Uno de los términos más comúnmente malinterpretados es «Dios». Si su hijo tiene dificultades con Dios, o ya no cree en él, usted primero querrá preguntar, «Cuando dices que dudas de que Dios exista, ¿a qué te refieres con "Dios"? ¿Puedes describir el Dios en el que no crees?».

Hay muchas posibilidades de que el Dios que él encuentre problemático sea uno que usted también encontraría así. Ese Dios es probablemente como el que está detrás del «deísmo terapéutico moralista», que hemos explorado anteriormente. Habitualmente es una especie de policía moralista cósmico que vive literalmente en las nubes, vigilando amenazante al mundo y suprimiendo toda felicidad, libertad y realización. Pero esa no es la visión Católica de Dios. Los Católicos lo ven revelado en la persona de Jesucristo como un acto puro de amor que quiere que nosotros «tengamos vida y la tengamos en abundancia» (Jn 10, 10). Él existe en el cielo, pero el cielo no es un lugar físico dentro de nuestro universo. Hasta que usted y su hijo no tengan en claro quién es Dios, no podrán seguir conversando sobre su existencia o naturaleza. Lo mismo aplica para otros términos tales como fe, religión, iglesia, bien y creencia. Antes de conversar sobre esos tópicos con su hijo, usted debería preguntarle cómo entiende cada término.

5. ¿Qué le dirías a alguien que dice ____________?

Cuanto más se convierta su conversación en una confrontación personal —yo contra ti— menos éxito tendrá en que su hijo cambie de parecer. Es importante que él no sienta que usted lo está desafiando personalmente o atacándolo, así que no intente «ganar» la discusión. Una forma de hacerlo es posicionándose fuera del diálogo y planteando sus puntos a través de una hipotética tercera persona. Usted logrará esto precediendo sus respuestas al preguntar «¿Qué le dirías a alguien que dice . . .?». Esto hace que su hijo responda a la hipotética tercera persona en vez de a usted, difuminando la posibilidad de que él vea la conversación como una práctica de boxeo.

Por ejemplo, si su hijo dice, «Sencillamente no pienso que la Misa sea relevante para mi vida», usted podría contestar, «¿Qué le dirías a una persona que va a Misa todos los días y está convencida de que la Misa es profundamente relevante porque brinda algo que no puede encontrarse en ninguna otra parte del mundo: un encuentro directo con Dios?». Al utilizar una pregunta de un inquisidor hipotético, en vez de una aseveración directamente suya, su hijo tiene menos posibilidades de ponerse a la defensiva o de tomar la objeción como algo personal.

Gregory Koukl ofrece una aproximación similar. Recomienda decir, «Déjame sugerir una alternativa, y dime si piensas que esto es una mejora. Si no lo es, puedes decirme por qué tu opción es la mejor». Si quiere más consejos como este sobre cómo dominar el arte de las conversaciones difíciles, le recomiendo ampliamente el libro de Koukl *Tactics: A Game Plan for Discussing Your Christian Convictions* [Tácticas: Un Plan de Juego para Discutir Sus Convicciones Cristianas] (Zondervan, 2009).

Identifique los Grandes Obstáculos

Podríamos agregar muchas más preguntas a estas anteriores, pero esto será suficiente para iniciar un diálogo y mantenerlo en marcha. Una vez que haya comenzado a escuchar las respuestas de su hijo, el siguiente paso es diagnosticar qué le está impidiendo volver a la Iglesia. Un modo realmente efectivo que he encontrado es sólo preguntar directamente:

«¿Cuál es el mayor asunto que te mantiene alejado de la Iglesia?»
Es importante expresarlo de esta manera en vez de preguntar «¿Qué le sucedió a tu fe Católica?», o «¿Por qué ya no eres más Católico?», o «¿Por qué has dejado de ir a Misa?», porque, como aprendimos anteriormente, su hijo podría identificarse todavía como «Católico» aunque no esté asistiendo a Misa o no sostenga muchas creencias Católicas. Expresándolo de esta manera, usted invita a su hijo a referirse a uno de sus obstáculos más grandes, más problemáticos para regresar.

Otra manera de preguntar lo mismo, o tal vez de continuar sobre lo anterior, es:

«¿Cuál es la cosa que más te molesta de la Iglesia Católica?»
Esta pregunta es particularmente útil para quitar los mayores obstáculos *emocionales* que tiene su hijo con relación a la fe. Expresado de esta forma, en términos de «molestia», alcanza a la barrera que más le hierve la sangre o dispara su aversión. Podría no ser una objeción intelectual, pero si lo molesta, es importante y usted debe enfrentarla.

Asimile las Críticas

Finalmente, en esta etapa inicial de escucha, usted debería estar listo para recibir cualquier frustración que su hijo tenga con la Iglesia. Hay una gran probabilidad de que luego que le dé vía libre a su hijo para que hable honestamente, podría responder con indignación, sarcasmo o desprecio —todo sea por la fe que usted valora profundamente. Dé por sentado que sucederá.

Pero acepte el desahogo. Hágale saber que no se ofenderá, y que no lo interrumpirá, sin importar la crítica. Si ha sido herido por la Iglesia en el pasado, dele tiempo para que describa su dolor. Si no cree que la fe sea relevante para su vida, invítelo a explicarle por qué. Si él encuentra las enseñanzas de la Iglesia moralmente repulsivas, permítale expresar sus preocupaciones. A través tanto de su voz como de su lenguaje corporal, aclárele que solamente quiere saber qué es lo que él piensa. No esté a la defensiva ni se sienta amenazado —simplemente escuche lo que tenga para decir.

Asimilar sus críticas logrará unas pocas cosas. Primero, le dará claridad sobre los puntos de resistencia principales hacia la Iglesia. Diagnosticar esto le permitirá enfocar sus energías en aquellos temas antes que en otros que no son verdaderamente problemas para él.

Segundo, el desahogarse lo forzará a aclarar sus propias críticas. A menudo una crítica puede sonar razonable en nuestra cabeza —hasta que la dejamos salir al descubierto. Una vez que su hijo verbalice su crítica, podría percatarse de que no era tan convincente como pensaba inicialmente. Por lo tanto, dar lugar a sus críticas puede ser en sí mismo un modo sutil de desactivar su fuerza.

Finalmente, al escucharlo le transmitirá que se preocupa genuinamente por él y por sus asuntos. Esto ayudará a su hijo a ver que, en vez de adversarios de cada lado de un debate religioso, están parados del mismo lado en una búsqueda compartida de la verdad.

Especialmente en esta fase, el nombre del juego es paciencia. Usted necesita escuchar pacientemente las opiniones de su hijo, y asimilar pacientemente su dolor y su crítica. No es casualidad que San Pablo comience su famoso catálogo del amor en 1 Corintos 13 con «paciente» a la cabeza de la lista (1 Cor 13, 4-8) —el amor es paciente.

* * *

Luego de llevar a cabo la conversación y de escuchar las preocupaciones de su hijo, usted está listo entonces para comenzar activamente a avanzar con el diálogo. Eso es lo que aprenderemos en el capítulo siguiente.

CAPÍTULO 9
Avance en el diálogo

Gregory Kaukl tiene una buena regla: «Si alguien se enoja en la conversación, usted pierde». Cuando usted se enoja, da la impresión de ser un pendenciero cuyas ideas no son tan buenas como pensó que eran. Parecerá agresivo y poco convincente. Si se enoja, se pondrá a la defensiva, y las personas a la defensiva no están en una posición de considerar racionalmente ideas que contradicen las propias.

Hay pocas conversaciones entre padres e hijos que tiendan a elevar más el tono que aquellas que son acerca de religión. Si ha tratado de sacar el tema de Dios o la fe con su hijo, probablemente haya experimentado esto. El volumen sube. Las oraciones son interrumpidas y desbaratadas. Usted y su hijo saben cuáles botones pulsar para provocar una reacción acalorada. Eventualmente, nadie está hablando *con* el otro, sino *al* otro, y a menudo en tono alto.

Por suerte, una vez que ha abierto una conversación sobre la fe, hay varias formas de mantenerla funcionando en dirección positiva, generando más luz que calor. He aquí un puñado de consejos útiles:

Manténgase humilde: El predicador del siglo dieciséis, John Bradford, observaba a los criminales que eran llevados a su ejecución, diciendo, «Allí iría John Bradford, si no fuera por la gracia de Dios». Su punto era que, si no fuera por el cuidado de la providencia de Dios, él podría estar fácilmente en su posición. Intente tener la misma actitud cuando hable con su hijo. Considere que usted también ha tomado malas decisiones morales en su vida, y usted también ha dado la espalda a Dios, así sea de formas pequeñas o grandes. Como dijo el evangelizador D. T. Niles, «El Cristianismo es un mendigo diciéndole a otro mendigo dónde ha encontrado pan». Recuerde que, si no fuera por pura gracia de Dios, usted podría haberse alejado de la Iglesia también.

Utilice lenguaje corporal abierto: El psicólogo Albert Mehrabian descubrió que en las conversaciones, el 55% de la comunicación es lenguaje corporal, el 38% depende del tono de voz y el 7% afecta a las palabras realmente dichas. Cuando hable con su hijo, esté consciente de su expresión facial. Asegúrese que no está frunciendo el ceño o apretándose los labios. Esté al tanto de sus manos y cuerpo —inclínese hacia adelante para expresar interés y utilice gestos abriendo las manos para comunicar calidez y franqueza. Y utilice tonos calmos, lentos —no esté adusto, impulsivo o agresivo.

Exprese empatía: Cuando su hijo comparta sus opiniones, responda de maneras en que muestre que no está solo escuchando, sino que está también *sintiendo* algo de lo que él está sintiendo. Podría brindar respuestas del tipo «Eso tiene mucho sentido», o «Eso debe ser desconcertante», o «No puedo imaginar cuán frustrante debe haber sido para ti». Esto no es solo una reafirmación de sus palabras, sino que va un paso más allá y demuestra que usted capta el impacto que sus opiniones y sentimientos tienen en él.

Reafirme las opiniones de su hijo: Una de las frustraciones más grandes en cualquier conversación sucede cuando alguien malinterpreta su punto de vista. Por ejemplo, si su hijo dice, «La Misa es tan aburrida y no puedo sacar nada de ella», sería de poca ayuda contestar, «¿Así que tú quieres solo entretenerte en la iglesia? ¿Es eso? ¿Quieres luces y guitarras y música alta?». Por supuesto, eso no es lo que su hijo dijo, y responder eso únicamente le caerá mal. Antes de contestar algo que dijo su hijo, debería asegurarse primero que comprende completamente sus pensamientos. Reafirmarlos, tal vez con sus propias palabras, es provechoso. (Una sugerencia que tal vez recuerde del capítulo anterior, pero que merece reafirmarse aquí). Por ejemplo, una respuesta mejor para el escenario anterior sería, «De acuerdo, quiero asegurarme de que te entiendo, porque algunas veces escucho lo que quiero escuchar y no lo que realmente dices. Dime si lo estoy entendiendo bien: no vez ninguna razón para ir a Misa porque es aburrido, no estás aprendiendo nada, y no está teniendo ningún efecto notorio, positivo en tu vida. ¿Lo entendí bien o lo malinterpreté?». Note cómo expresamos la última pregunta, que pone el acento en *usted,* no en su hijo. Usted acepta la culpa por cualquier malentendido, incluso si no fue su error. Este vocabulario simple pero estratégico coloca a su hijo en una posición de «no derrota» y hace más probable que el diálogo avance.

Comparta sus sentimientos: Luego de escuchar a su hijo, intente prologar sus opiniones con un «Yo siento . . .». Al hacer eso usted logra que sea imposible dar la impresión de ser sermoneador o moralizante. Una sensación no es una orden, es solo una percepción. Existen menos probabilidades de que su hijo lo tome como un ataque. Podría decir «Siendo totalmente honesto, me siento devastado porque hayas dejado de ir a la iglesia. Me lastima no verte en Misa, sabiendo que te estás perdiendo muchos de los dones que Dios quiere darte. Estoy seguro de que tienes razones para haberte alejado, pero aun me da pena verlo». Esto suavizará la tensión mucho más que un exigente, «¡Regresa a Misa!». No se trata aquí de un chantaje emocional para que regrese a Misa, pero ayudará a su hijo a procesar cuán desoladoras han sido sus decisiones para usted.

No tema hacer una pausa: Si usted descubre que el diálogo está en un punto muerto, no tema decir, «Bueno, no estoy seguro de que estemos llegando a algún lado, pero realmente disfruto conversando estas cosas contigo. ¿Qué te parece si cortamos aquí y lo retomamos en otro momento?». Recuerde que esto es un proceso largo. Habitualmente lleva muchas conversaciones antes de notar algún fruto. Así que no tema interrumpir una conversación. De hecho, podría ayudar a que su hijo se sienta menos presionado y de esta forma, será más probable, en el largo plazo, que cambie de opinión sobre el Catolicismo.

Despeje Ideas Equivocadas

Mientras escribía este libro, envié emails a miles de mis seguidores online, preguntando si tenían hijos que habían abandonado la Iglesia, y si lo habían hecho, por qué lo habían hecho.

Un pobre padre me escribió diciendo «Una de mis hijas fue a la Universidad y recibió un panfleto que explicaba "10 Razones por las que la Iglesia

Católica está Equivocada". Lo leyó y dejó la Iglesia Católica para siempre. Eso fue todo».

Otra mujer, Kathy, había dejado la Iglesia cuando adolescente, pero más tarde regresó. Ahora, en sus veintitantos, decía, «Fui yo en verdad quien se alejó. Mi separación de la Iglesia fue a causa de no entender en realidad de lo que me estaba alejando. Nunca comprendí verdaderamente la Presencia Real en la Eucaristía. Nunca comprendí por qué la Iglesia enseñaba ciertas cosas. Aceptaba lo que los otros decían sobre la Iglesia, pero nunca la dejé hablar por sí misma. En el momento en que la dejé hablar, fui tan cautivada y nunca imaginaría ser otra cosa que Católica».

El mayor problema para muchos jóvenes que se alejan es malinterpretar la fe. El teólogo Anglicano N. T. Wright brinda una anécdota aleccionadora. Wright sirvió durante muchos años como capellán en la Universidad de Oxford. Parte de su rol involucraba acercarse a los estudiantes de primer año y darles la bienvenida individualmente a la universidad y establecer una conexión. Iba de cuarto en cuarto, y la mayoría estaba contento de conocerlo. Pero muchos le comentaban, siempre con un poco de vergüenza, «No me verá mucho por allí; usted sabe, no creo en dios».

Luego de escuchar este comentario varias veces, Wright desarrolló su propia respuesta: «Oh, eso es interesante; ¿cuál dios es ese en el que no crees?». Habitualmente esto sorprendía a los estudiantes. La mayoría de ellos murmuraría unas pocas frases acerca del dios en el que ellos decían no creer, a menudo un ser que vive arriba en el cielo, vigilando amenazante el mundo, que ocasionalmente se entrometía para hacer algún milagro o para enviar a la gente mala al infierno. Nuevamente, Wright desarrolló una respuesta común para lo que él llama la teología del «espía en el cielo»: «Bueno, no me sorprende que no creas en ese dios. Yo tampoco creo en ese dios».

En ese momento, los estudiantes universitarios lucirían sobresaltados. Se preguntarían, «¿Estoy en verdad hablando con un capellán que no cree en dios?». Luego, algunos podrían mostrar una leve mirada de reconocimiento: después de todo, se rumoreaba a veces ¡que la mitad de los capellanes de Oxford eran ateos! Pero Wright aclararía la confusión:

«No. No creo en ese dios. Yo creo en el Dios que veo revelado en Jesús de Nazaret».

En el mundo de hoy, no es raro encontrar importantes malentendidos sobre Dios, fe, Jesús y la Iglesia Católica. El arzobispo Fulton Sheen observó estupendamente: «No hay más de cien personas en todo Estados Unidos que odian a la Iglesia Católica. Sin embargo, hay millones que odian lo que equivocadamente creen es la Iglesia Católica —lo que es, por supuesto, una cosa muy diferente».

Cada vez que hablo con personas que han dejado la Iglesia y les pregunto por qué la han dejado, se hace evidente rápidamente que no rechazaron a la Iglesia Católica, sino una visión extraña, distorsionada de la Iglesia. Por ejemplo, estas son algunas de las objeciones más comunes que encontrará, y las he oído personalmente a todas anteriormente. Responderemos a muchas de ellas en la parte final del libro. Existen grandes posibilidades de que su hijo sostenga al menos una de ellas:

- «Ser Cristiano se trata simplemente de ser una buena persona. No necesito ir a Misa para eso».
- «¡Los Católicos son responsables por muchísima violencia y odio!».
- «La Iglesia Católica es muy anticiencia».
- «Los Católicos odian a las personas gais y niegan su humanidad».
- «La Iglesia cree que todos los que no son Católicos van al infierno».
- «El Catolicismo se trata todo de culpa y reglas hechas por el hombre. Los Católicos no se enfocan suficientemente en Jesús y en la Biblia».

Por supuesto, cada uno de estos escollos es una representación retorcida de lo que la Iglesia Católica *verdaderamente* enseña. Pero mientras usted se haya capacitado a sí mismo, tal como aprendimos a hacerlo en el último capítulo, no será tan dificl enderezar el historial, convirtiendo los bloques de obstáculos en bloques de una escalera.

Sin embargo, suponga que su hijo plantea una objeción que lo deja sin palabras. Usted está seguro de que está basada en una mala interpretación, pero no está seguro cómo articular el porqué. En ese caso, no dude en decir, «Hum. Eso es interesante. Nunca lo había escuchado. Déjame investigarlo un poco, y regresaré a ti». No trate solo de esquivarlo. Haga su tarea investigando la objeción —recuerde la útil caja de texto para búsqueda de Catholic.com que hemos cubierto anteriormente— y luego que tenga los hechos, compártalos amablemente con su hijo.

Confíe en que las respuestas para *todas* las críticas y percepciones erróneas están disponibles en *algún lugar*. La Iglesia Católica tiene la plenitud de la verdad y ha superado todos los desafíos a través de los últimos dos mil años. Así que incluso si usted no sabe cómo corregir un malentendido en el momento, fácilmente lo podrá descubrir.

Mantenga la Calma y Encuentre la Intención Positiva

Cuando el Papa Benedicto XVI planeó una visita al Reino Unido en 2010, las protestas comenzaron varios meses por adelantado. Los críticos condenaron al Papa por la crisis de los abusos sexuales y la posición de la Iglesia sobre control de la natalidad y el matrimonio de personas del mismo sexo. Los ateístas líderes, como Richard Dawkins, llamaron incluso a que la policía británica arrestara al Papa por crímenes contra la humanidad.

Con la visita papal aproximándose, un pequeño puñado de Católicos locales, corrientes, se decidió a actuar. Querían cambiar la narrativa sobre la Iglesia Católica *antes* que arribara el Papa, para que, cuando fuera, la gente estuviera mucho más receptiva a su mensaje. El grupo comenzó a reunirse con expertos en comunicación, teólogos, líderes de los medios, y eventualmente lanzaron un ministerio llamado Catholic Voices [Voces Católicas]. ¿Su misión? Entender las críticas en contra de la Iglesia y luego reencausar con calma cada problema, planteando las enseñanzas de la Iglesia de un modo positivo, atrayente.

Sus esfuerzos probaron ser enormemente exitosos. Los miembros del equipo de Catholic Voices participaron en decenas de debates y programas de noticias en radio y televisión, apareciendo en todos los grandes canales británicos. Ayudaron a cambiar tanto la cobertura del viaje papal, como la percepción de la Iglesia en los medios.

Una clave de su éxito fue su compromiso de permanecer calmados. La mayoría de nosotros, cuando explicamos o defendemos nuestras creencias más profundas, tendemos a estallar o a levantar nuestra voz. Esa es la respuesta humana normal cuando nos sentimos amenazados. Pero por supuesto, esto no hace que nuestras creencias sean más persuasivas —sino que usualmente ocurre lo contrario.

Permanecer calmos mientras se conversa sobre la fe con su hijo es clave para avanzar la conversación. ¿Pero cómo lo hacemos? Una estrategia utilizada por Catholic Voices es la de siempre ver la intención positiva detrás de toda crítica que su hijo lanza contra Dios o la Iglesia. «Antes que colocarnos a la defensiva por la acusación, buscamos el valor moral positivo que hay detrás», explican dos líderes de Catholic Voices. «Tratamos de comenzar nuestra respuesta *acordando con ese valor*, antes que buscar defendernos de un ataque injusto . . . Esto hace posible la comunicación, ser escuchados, y tener un diálogo apropiado».

Entonces, si su hijo es crítico con la Iglesia, no pase inmediatamente a la defensiva. Focalícese, en cambio, en el valor al cual recurre la crítica. Por ejemplo, si su hijo se refiere furiosamente a la crisis de los abusos sexuales, puede reconocerle a él que, como padre, usted también está disgustado y descorazonado por los abusos. Usted puede afirmar que el abuso es malo siempre y en todos lados, porque es un asalto a la dignidad humana, con lo que su hijo debería coincidir.

Cuando usted identifica este valor compartido —en este ejemplo, la inviolable dignidad de cada persona humana— usted puede suavizar la tensión de la conversación y comenzar a tener verdadero progreso. Usted y su hijo pueden entonces comenzar desde una base compartida, su respaldo mutuo a la dignidad humana.

He aquí algunas otras «Intenciones positivas» que podemos afirmar:

- Cuando alguien desacuerda con la posición de la Iglesia sobre anticoncepción o aborto, a menudo apelan a la libertad o la autonomía. Estas son cosas buenas, entendidas apropiadamente.
- Quienes sostienen el matrimonio de personas del mismo sexo, apelan típicamente al amor y a la igualdad.
- Si su hijo insinúa que prefiere la ciencia a la fe, está apelando al valor de la búsqueda de la verdad abierta y honesta, y la exploración objetiva, racional de los hechos. Los Católicos coinciden sobre eso totalmente.

Todos estos valores están enraizados profundamente en el Cristianismo. De hecho, a lo largo de la historia Occidental, la Iglesia Católica ha sido la más fuerte defensora de la libertad, la igualdad, el amor y la búsqueda abierta de la verdad. Al identificar estos valores que usted comparte con su hijo, puede encontrar una base común para avanzar en la conversación en vez de quedarse estancado en el conflicto.

Busque las Semillas de la Palabra

Otra estrategia para avanzar en el diálogo es identificar las «semillas de la Palabra». Vemos esto modelado en el capítulo diecisiete de los Hechos de los Apóstoles, donde San Pablo visita el Areópago. Era una gran colina en la antigua Grecia donde los más grandes pensadores del momento se sentaban y «no se dedicaban a otra cosa que a decir o escuchar algo nuevo» (He 17, 21).

Los filósofos invitaron a Pablo a compartir su extraño mensaje nuevo sobre este hombre llamado Jesús de Nazaret, quien Pablo afirmó que había resucitado de la muerte. Con gran entusiasmo, Pablo aceptó su invitación. Pero sabía también que, para convencer a estos inteligentes escépticos, tendría que hablar de un modo que ellos entendieran. Tenía que expresar su mensaje utilizando referencias, símbolos y alusiones de su propia cultura.

Así que mientras componía su caso por Jesús, citó a Arato de Solos, un famoso poeta griego. Hizo referencia a una máxima de Epiménides de

Cnosos, otro pensador griego. Incluso utilizó a la piedad griega como un puente al verdadero Dios, diciendo: «Atenienses, en todo veo que sois más religiosos que nadie, porque al pasar y contemplar vuestros monumentos sagrados he encontrado también un altar en el que estaba escrito: "Al Dios desconocido". Pues bien, yo vengo a anunciaros lo que veneráis sin conocer» (He 17, 22-23). Cuando sus oyentes conectaron su propia poesía, ideas y piedad griegas con el mensaje de Pablo, se hicieron mucho más receptivos a sus afirmaciones. Encontraron sentido a lo que él estaba explicando.

Los primeros Padres de la Iglesia describieron este abordaje como la identificación de *semina verbi* —«semillas de la Palabra». Los Padres aconsejaban que antes de sembrar la Palabra de Dios, deberíamos siempre buscar semillas de esa Palabra ya presentes entre la gente que esperamos evangelizar. La esperanza es que, una vez que esas semillas sean puestas al descubierto, la Palabra de Dios no parecerá tan extraña ni foránea.

¿Cómo luce esto en la actualidad? ¿Y cómo puede utilizarlo usted como padre? Bueno, pregúntese a sí mismo: ¿Qué clase de música escucha mi hijo? ¿Qué programas de TV mira? ¿Qué pasatiempos o pasiones le interesan? Considere las formas en que puede imitar a Pablo utilizando estas cosas como puentes al verdadero Dios.

Por ejemplo, la banda de rock irlandesa U2 es una de las bandas más populares de todos los tiempos, y una de sus canciones, «Todavía no encontré lo que estoy buscando», expone el mismo anhelo e insatisfacción que encontramos en los Salmos o en los escritos de San Agustín. U2 canta, «He corrido, he trepado, he escalado estas paredes de la ciudad . . . Pero todavía no encontré lo que estoy buscando». Similarmente, el salmista anhela «Como ansía la cierva las corrientes de agua, así te ansía mi alma, Dios mío» (Sl 42, 2), y San Agustín escribe, «Nos has hecho para ti, Señor, y nuestro corazón está inquieto hasta que descanse en ti». En cada caso, vemos un anhelo similar por algo que parece estar fuera del alcance —algo que ansiamos *incluso luego* de obtener todo lo que el mundo ofrece— todo el dinero, el poder, el placer o el honor que podamos tomar. Todavía queremos más.

El Obispo Barron es un maestro en esta estrategia y ha escrito un libro entero titulado *Seeds of the Word: Finding God in the Culture* [Semillas del Mundo: Encontrando a Dios en la Cultura] (Word on Fire, 2015), que está colmado de ensayos que identifican la *semina verbi* en las películas populares, los libros, programas de TV y eventos actuales. Usted podría tener en cuenta utilizar uno de estos ensayos como plataforma de lanzamiento con su hijo.

Presente las Preguntas «Piedra en el Zapato»

¿Alguna vez ha estado caminando, y ha notado luego, que sin saber cómo, un pequeño guijarro se ha metido dentro de su zapato? Al principio, podría solo percatarse de su presencia. Podría no lastimarlo. Podría ser más incómodo que doloroso. Pero cuanto más tiempo permanezca en su zapato, más raspa el guijarro y actúa en contra de su pie. Si lo deja allí el tiempo suficiente, pronto tendrá una ampolla considerable o un corte.

Las preguntas «piedra en el zapato» actúan de un modo similar. Lo que los guijarros les hacen a los pies, estas preguntas hacen a la mente de su hijo. No lastimarán a su hijo, por supuesto, pero se clavarán en su cabeza. Rasparán, se clavarán y trabajarán en su mente, fastidiándolo hasta que resuelva la cuestión. Cada «piedra en el zapato» está llamada a inducir a su hijo a reexaminar un supuesto que tenga sobre Dios o la Iglesia o tal vez mirarlo desde un ángulo diferente.

Por ejemplo, si su hijo ha abandonado la Iglesia y se ha vuelto ateo, podría proclamar con osadía, «Sencillamente no hay evidencia sobre Dios». Una buena pregunta «piedra en el zapato» para él, podría ser «¿Cuál crees que es el argumento más sólido a favor de Dios, y qué hay de malo en él?». Eso le podría dar qué pensar a su hijo porque lo pondría en un lugar difícil: si da un argumento pobre como respuesta, uno que puede ser descartado fácilmente, entonces él se mostrará como que no está familiarizado con los *mejores* argumentos a favor de Dios. Pero si da verdaderamente un *buen* argumento, uno al que tal vez podría no saber cómo contestar, se encontrará igualmente en una posición incómoda. De nuevo, quiero enfatizar que no debería apuntar a «atrapar» a su hijo con una pregunta «piedra en el zapato» —su objetivo no es manipularlo ni hacerlo quedar como un tonto. La pregunta está simplemente diseñada para molestarlo y provocar que reconsidere si verdaderamente tiene un buen entendimiento del problema.

¿Qué tal otras buenas preguntas «piedra en el zapato»? Otra de mis favoritas es esta: «¿Cuál piensas es la mejor razón para ser Católico y por qué no concuerdas con ella?».

O si su hijo se ha inclinado hacia una iglesia Evangélica o sin denominación, seguramente le asigna un alto valor a la Biblia, probablemente más del que le dio siendo Católico. En ese caso, una buena pregunta «piedra en el zapato» sería, «¿Cómo sabemos cuáles libros pertenecen a la Biblia y cuáles no? ¿Cómo podemos estar seguros?». Según mi experiencia, pocos Cristianos Protestantes han considerado esta pregunta alguna vez. Saben que la Biblia es la Palabra de Dios, pero nunca se preguntaron cómo llegó a serlo. No están al tanto de que el canon bíblico, o la lista de libros que componen la Biblia, no fue aprobado hasta finales del siglo cuarto, en una reunión de obispos Católicos, y solo luego que fuera ratificado por el Papa. Habitualmente no están al tanto tampoco de que algunos líderes protestantes, como Martín Lutero, quisieron sacar varios libros de la Biblia. (Lutero quería descartar Hebreos, Santiago, Judas y el Apocalipsis, entre otros). ¿Sobre qué base podemos afirmar que Lutero estaba equivocado? En realidad, el único modo en que los Cristianos pueden estar seguros de qué libros componen la Biblia es confiando en la autoridad de la Iglesia Católica para decidir sobre el canon. Irónicamente entonces, incluso un Protestante, tal como un Evangélico o Cristiano sin denominación, debe confiar en la Iglesia Católica. Por supuesto, usted no tiene que exponer el argumento completo a su hijo. Simplemente haciendo la pregunta «piedra en el zapato» anterior comenzará a darle vueltas en su cabeza y tendrá que repensar posiciones que es posible nunca haya analizado completamente.

Hable Positivamente y con Alegría

Para parafrasear a Santa Teresa de Ávila, «Un santo triste es un triste santo». Se ha sostenido también que «la alegría es el signo infalible de la presencia de Dios». Cuando hablamos con nuestro hijo acerca de Dios, de la fe o de la Iglesia, algunas veces nuestra actitud dice mucho más que nuestras palabras. Usted podría tener argumentos increíblemente fuertes o la historia de conversión más sorprendente, pero si usted se presenta como melancólico o adusto, su hijo no querrá tener nada que ver con lo que usted le está ofreciendo.

¡Necesita hablarle con alegría! Como dice el Papa Francisco, «El mensaje Cristiano se llama "Evangelio"; esto es, "buena nueva", un anuncio de alegría para toda la gente; la Iglesia no es un refugio para gente triste, ¡la Iglesia es un hogar alegre!».

La alegría es especialmente cautivante ya que se ve muy poco en la actualidad. Mire a su alrededor los síntomas de nuestra cultura triste: preocupación, enojo, ira, sarcasmo, cinismo, burla, estar ofendido. Así que cuando la gente encuentra alegría verdadera —no felicidad superficial, sino gozo verdadero, profundo en el corazón— es muy atractiva. La gente quiere naturalmente saber de dónde proviene esa alegría y cómo puede tenerla.

Mike, un amigo mío de la universidad, ejemplificaba esto. Él es la persona más alegre que jamás he conocido. Siempre sonreía, sin importar si recibía una nota mala o buena en un examen; sin importar si el tiempo era terrible o un evento esperado era suspendido. Y no era una sonrisa simulada, o tonta. Era una extensión natural de una paz interior profunda. Recuerdo varias veces, cuando nos juntábamos con amigos no Cristianos, le preguntaban repentinamente, «Mike, ¿Por qué estás siempre tan ridículamente alegre? ¿Por qué eres así?». Y sin perder un segundo, Mike siempre replicaba, «Es porque conozco a Jesucristo, y él me llena de su alegría». De nuevo, no era cursi —él lo decía en serio. Y Mike guio a más de una persona de nuestro círculo a la fe.

Evangelizamos mejor atrayendo a otros a Jesús, y hacemos eso al irradiar su alegría en nuestras vidas. He aquí unas pocas formas prácticas de hacer eso con su hijo:

Sonría siempre: A la Madre Teresa le gustaba decir «la paz comienza con una sonrisa», y lo mismo sucede con la comunicación alegre. La próxima vez que hable con su hijo, intente sonreír deliberadamente. No tiene que ser necesariamente exagerada ni simulada —si sonríe muy grande, o muy seguido, lucirá extraño. Sino que mantenga una sonrisa sutil, especialmente mientras hablen de su fe, y suavizará el tono de su conversación.

Enfatice los «Sí» de la Iglesia: El Obispo Barron me enseñó cierta vez un principio muy útil: «Cada vez que la Iglesia dice "No" a algo, en realidad le está diciendo "Sí" a otra cosa». En otras palabras, cuando la Iglesia dice «No» al sexo prematrimonial, en verdad está diciendo «¡Sí!», al apropiado hogar del sexo dentro del matrimonio. Cuando la Iglesia dice «No» al aborto, está diciendo «¡Sí!», a la dignidad del niño por nacer. Su hijo probablemente vea a la Iglesia como una oleada interminable de «Nos», pero la próxima vez que su hijo saque el tema de una prohibición, pregúntese así mismo en silencio, «¿A qué le está diciendo "¡Sí!" la Iglesia en este caso? Y ¿cómo puedo comunicar ese "¡Sí!" alegremente?» Entonces reencause la prohibición y comparta la afirmación con su hijo.

Comparta historias alegres: Demuéstrele a su hijo la alegría y la paz que le traen su fe. Comparta una experiencia de cuando se sintió perdido o deprimido, o herido o avergonzado, hasta que Cristo lo liberó a través de su misericordia y amor. La mejor parte de las historias de este tipo, en contraposición a los argumentos, es que son irrebatibles. Nadie puede discutir que su fe no le trae alegría —la evidencia es personal e irrefutable.

Permítale a su pasión brillar: El filósofo escocés y ateo David Hume estaba cierta vez en una multitud, oyendo al famoso predicador George Whitefield. Alguien reconoció a Hume y dijo, «Pensé que usted no creía en el Evangelio». Hume respondió, «No, no creo». Luego, con una inclinación de cabeza hacia Whitefield, Hume agregó, «Pero él sí». Así como las moscas son atraídas por la luz brillante, su hijo será atraído hacia su mensaje si arde con convicción y pasión. Si usted es apasionado en lo que respecta a su fe, ¡expréselo! Será atrayente a los demás. (Solo sea cuidadoso de que su pasión no se vuelva muy agresiva o autoritaria. Existe algo como el ser *demasiado* fervoroso en su fe).

«La Gloria de Dios es un hombre plenamente vivo», escribió San Ireneo, quien tomó esa idea del mismo Cristo: «He venido para que ustedes tengan vida, y la tengan en abundancia» (Jn 10, 10). Cuando dialogue con su hijo, continúe recordándose a usted mismo que el Catolicismo es una fe alegre y que está invitando a su hijo a regresar no a una prisión religiosa sino a un camino de florecimiento humano.

* * *

A esta altura en el plan de juego, ha orado y ayunado por su hijo, se ha capacitado, plantado semillas y ha iniciado buenas conversaciones. Ahora es el momento de conducir a su hijo desde la curiosidad y la apertura a una fase más intencional de exploración. Eso sucede cuando lo reconectamos con una parroquia local y otros pueden ayudarlo.

CAPÍTULO 10
Invítelo y Conéctelo

Como muchos jóvenes, partí a la universidad sin saber si podría seguir yendo a la iglesia. Crecí asistiendo cada domingo y estaba involucrado en un grupo juvenil, pero nunca me arraigué. Anhelaba la universidad y la libertad que ofrecía. Lejos de casa, nadie podría presionarme para despertarme temprano los domingos de mañana. Me podría quedar durmiendo hasta tarde, hacer mis propias cosas y tener más tiempo libre durante la semana.

Sin embargo, sabía que mi familia no estaría contenta —especialmente mi madre. Tenía miedo de decirle que había dejado de ir a la iglesia. Así que solo por esa razón, decidí que al menos asistiría a la iglesia una vez a la semana. Solo eso. No me involucraría; no me uniría a las actividades; no mostraría interés. Pero al menos aparecería los domingos de mañana y aportaría mi tiempo.

Aquel primer domingo, recién salido de la cama —así es como era de perezoso— decidí que asistiría a la iglesia más cercana a mi dormitorio. Terminó siendo una iglesia Metodista. En ese tiempo, no sabía ninguna diferencia entre las denominaciones Cristianas. Solo sabía que tenía una cruz en el frente, lo que significaba que era Cristiana, así que entré. Durante las siguientes semanas, repetí el patrón —despertarme el domingo, aportar mi hora, y luego regresar a mi dormitorio. En algunas oportunidades, la gente de la iglesia intentó involucrarse luego del servicio, preguntando mi nombre, qué carrera estaba siguiendo, o invitándome a acudir a un estudio Bíblico. Pero utilicé cada excusa que pude conseguir para escaparme.

Eventualmente, sin embargo, se me terminaron las excusas. Un día, un joven me preguntó si quería unirme a él y a otros muchachos para almorzar después del servicio. Me imaginé que no sería muy peligroso, y no se me ocurrió ninguna buena excusa, así que titubeé, «Oh, sí, supongo. Seguro». Me les uní, y la pasé sorprendentemente bien. Recuerdo que pensé, «Estos muchachos no son tan malos. No son raros ni excesivamente fervorosos. En realidad son geniales. No me molesta pasar el tiempo con ellos». La siguiente semana me invitaron de nuevo y me les uní. Muy pronto, me les estaba uniendo para almorzar todas las semanas, y luego para jugar básquetbol o fútbol americano, y luego comenzamos a compartir comidas entre las clases. No pasó mucho tiempo hasta que me invitaron a su pequeño grupo de estudio Bíblico. Aparecieron allí los mismos muchachos con los que me había estado juntando, así que supuse que no sería demasiado aburrido.

Ese pequeño grupo cambió mi vida. A lo largo de las siguientes semanas, mis amigos me enseñaron cómo leer y estudiar la Biblia —no solo como un texto literario, sino como la Palabra de Dios viva. Me mostraron cómo orar, cómo avanzar más allá de solo pedirle a Dios cosas y comenzar a cultivar una verdadera relación con él. Me enseñaron cómo adorar, cómo alabar al Señor y agradecerle por todos sus buenos dones. Cerca del fin del año, no solo me había comprometido a seguir a Jesús con toda mi vida, sino que ¡incluso me ofrecí voluntariamente para liderar nuevos grupos pequeños el año siguiente!

Terminé convirtiéndome en Católico durante mi último año, luego de tres años maravillosos en ese ministerio Metodista, pero esas experiencias fueron un escalón vital en mi travesía con Dios. Me hicieron progresar por los umbrales de conversión desde «confianza inicial» todo el camino hasta «discipulado intencional».

Sin embargo, esa transición entera dependió de una experiencia: una invitación a la comunidad.

Invítelo

Múltiples estudios han afirmado que una de las maneras más poderosas de asegurar que alguien se convierta en un discípulo Cristiano intencional, es atraerlo a una comunidad de otros discípulos. Una vez que su hijo ha expresado apertura y curiosidad hacia el retorno a la Iglesia, y luego de que haya tenido cierto diálogo productivo sobre sus impedimentos o puntos de resistencia, usted querrá a continuación invitarlo a eventos de comunidad que satisfagan sus nuevos anhelos. He aquí algunos ejemplos populares.

Retiros de fin de semana

Craig recuerda bien el fin de semana. «Fue en mayo de 2012, y el sacerdote anunció después de Misa que todos los hombres de la parroquia estaban invitados a inscribirse para un retiro de fin de semana llamado "Cristo Renueva Su Parroquia". Uno de los líderes subió hasta el micrófono y habló de cómo el retiro había cambiado su vida, y quedé muy intrigado. Pero nunca pensé que verdaderamente asistiría. Había estado yendo a Misa esporádicamente, básicamente solo cuando volvía a casa de la universidad. Pero cuando salí de la Misa, tenían instalada una mesa, haciendo promoción del retiro y un par de muchachos me detuvieron. Me preguntaron mi nombre y me estrecharon la mano. Antes que me diera cuenta, ¡me habían convencido para que me inscribiera! Mi única excusa fue que estaría lejos en la universidad, pero cuando me explicaron que el retiro se llevaría a cabo más tarde en aquel verano, no tuve más excusas. Así que me inscribí y eso fue todo.

»Cuando llegó el fin de semana, me dije a mí mismo que simplemente me sentaría al fondo y escucharía, pero no participaría verdaderamente. Es obvio que lo planearon en mi contra. Cuando ingresé, las mesas estaban todas organizadas en círculos con cuatro o cinco sillas en cada mesa. Habíamos sido organizados claramente en pequeños círculos para hablar. Escogí una mesa y me senté, y en unos pocos minutos se unió un puñado de otros hombres, presentándose a sí mismos. El fin de semana arrancó con algunas charlas apasionantes dadas por hombres que conversaban de cosas como la Biblia, el Espíritu Santo, y transformación personal. Se notaba que estos hombres ardían por su fe. Nunca había visto algo como eso. La mayoría de la gente que había visto en los bancos de la iglesia en Misa parecían abatidos, como si se movieran solo por inercia. Pero estos hombres parecían vivos y apasionados.

»Algunos de esos hombres compartieron historias increíbles sobre haber sido salvados de adicciones a las drogas o pornografía. Un hombre había visitado a una prostituta varias veces, pero luego se sintió tan vacío y perdido, que se arrodilló en una iglesia vacía a orar. Escuchó que Dios le decía que su vida estaba llena de oscuridad; que necesitaba dirigirse hacia la luz. Sintió que Dios decía su nombre y le ofrecía curarlo. El hombre dio un vuelco completo a su vida. Nunca más visitó a una prostituta y enmendó su vida.

»La mejor parte del fin de semana, sin embargo, fueron las relaciones que hice con los hombres de mi grupo pequeño. Por primera vez en mi vida, encontré a hombres que verdaderamente habían sido transformados por el poder de Cristo y estaban viviendo vidas nobles, santas. Quería eso. Cuanto más hablaba con ellos, más quería lo que tenían. Al final del retiro, estaba seguro de que quería cambiar, comenzar un nuevo camino y comenzar a vivir para Jesús. Un puñado de hombres oraron por mí y aunque no sucedió nada físico, sentí un profundo cambio dentro de mí. Luego, fue como si todo mi ser hubiera cambiado. Quería ser santo; quería vivir para Dios. Desde aquel momento en adelante no fui más mi propiedad —fui de él».

Millones de personas han experimentado lo que Craig, una experiencia de conversión dramática en un retiro parroquial. Estos eventos de renovación, como los Cursillos, Cristo Renueva Su Parroquia y Cristo Renueva Nuestra Comunidad son organizados típicamente una o dos veces al año y son típicamente para un género específico —un fin de semana para hombres y un fin de semana para mujeres. Separar los géneros permite que la conversación sea mucho más abierta.

Cada retiro comienza típicamente separando a la gente en pequeños grupos, ya sean elegidos de antemano o con base en donde la gente elige sentarse. Los participantes escuchan un puñado de charlas de testimonios. Algunos oradores comparten historias de conversión o de prueba. Otros reflexionan sobre los sacramentos o el poder de la comunidad. Cada uno destaca cómo ha cambiado su vida por un encuentro con Jesucristo. Después de cada charla, los grupos pequeños conversan sobre lo que recién han escuchado y, por el tiempo que cada uno desee, abren su corazón y comparten su propio recorrido espiritual. Finalmente, luego de un fin de semana de testimonios, de compartir, de vínculo afectivo y oración, el retiro concluye habitualmente con una oportunidad para confesarse. Los sacerdotes que han ayudado con estos retiros me dicen que una gran cantidad de personas se presentan luego de no haberse confesado por décadas. El regreso al sacramento es un momento que cambia la vida, algo que los libera y los coloca en un camino nuevo.

Puede ser una experiencia poderosa si usted es capaz de conseguir que su hijo asista a un retiro como este. ¿Por qué? Primero, su hijo encontrará personas que han sido cambiadas por Jesucristo. No solo enseñan sobre la fe Católica; también demuestran sus efectos. El Papa Pablo VI escribió, «el hombre contemporáneo escucha más a gusto a los testigos que a los maestros o si escucha a los maestros es porque son testigos». Segundo, como dijo Craig, su hijo se encontrará con otras personas en la parroquia que no solo lo acompañarán a una relación más profunda con Dios, sino que lo sostendrán y harán crecer esa relación luego del retiro. Esto ayudará a desarrollar las semillas que usted ha plantado, en una fe grande y duradera.

Esta semana, verifique si su parroquia ofrece un retiro de renovación, como el que se describió anteriormente, y haga lo que pueda para animar a su hijo a inscribirse.

Programas de Estudio Parroquiales

Muchas parroquias ofrecen pequeños grupos en curso para aprender y crecer en la fe. Entre los mejores están Alpha for Catholics [Alfa para Católicos] y Discovering Christ [Descubriendo a Cristo]. Alpha se originó en Inglaterra como un programa diseñado para atraer a los hombres y mujeres seculares que estuvieran buscando respuesta a las grandes preguntas de la vida. Arrancó, y a poco de su lanzamiento, millones de no Cristianos encontraron su camino a Jesús a través del programa. Un tiempo después, Alpha creó una versión específica para Católicos llamada Alpha for Catholics.

Discovering Christ es un programa evangelizador similar desarrollado por ChristLife, un ministerio con sede en la Arquidiócesis de Baltimore.

Muchas parroquias usan Alpha for Catholics o Discovering Christ como una suerte de punto de entrada de «preevangelización», una manera para que los buscadores en los primeros umbrales de conversión comiencen su búsqueda y se contacten con la parroquia, incluso antes de que estén listos para pedir la iniciación en la Iglesia.

Algunas parroquias también organizan semanal o mensualmente programas para aprender más sobre la fe Católica. Algunas utilizan programas de estudio como el de la serie CATOLICISMO del Obispo Barron. Otros eligen un libro espiritual y lo leen todos juntos. Algunos grupos se comprometen a estudiar un libro particular de la Biblia, las lecturas litúrgicas del domingo próximo o un cierto tema teológico.

Ahora bien, como un aviso claro, su hijo podría estar receloso de unirse a un grupo de estudio como este hasta que ya haya cruzado alguno de los umbrales de conversión que cubrimos anteriormente. Él tendrá que moverse típicamente a una fase de búsqueda espiritual activa antes que esté dispuesto a unirse a un grupo así. Pero vale la pena extenderle la oferta. Unirse a una comunidad de otros discípulos serios operará en él y lo ayudará a lo largo de la travesía mejor que casi cualquier otra experiencia.

Eventos parroquiales

Muchas parroquias organizan grandes eventos que están abiertos a toda la comunidad y son más o menos benévolos en lo que se refiere a presión religiosa. Por ejemplo, cada otoño, el país se llena de festivales parroquiales que normalmente organizan ferias, juegos, stands de comida, atracciones. Invitar a su hijo a uno de esos eventos puede ser un modo fácil de reconstruir su confianza y familiaridad con la parroquia. Después de todo, usted no está empujándolo a Misa o invitándolo a un oficio de oración. Simplemente le está preguntando si le gustaría ir con usted para divertirse un poco en el festival otoñal. Para algunos jóvenes que tienen recuerdos nostálgicos de asistir a ese festival durante su niñez, visitar un evento de este tipo puede convertirse en el primer paso de regreso a la Iglesia. Recuerde, su objetivo es solo ayudarlo a avanzar un poco más en el camino al discipulado, y tal vez el próximo paso sea justamente desarrollar sentimientos positivos y confianza hacia la gente religiosa.

La comunidad parroquial

Vimos en el primer capítulo cómo la «falta de comunidad» juega un papel en mucha gente que se aleja de la Iglesia. De hecho, CARA, el grupo de investigación Católico líder, encontró que «si hay algo que los estudios de Católicos que asisten a Misa pueden enseñar a la Iglesia, es que la comunidad parroquial es el elemento más importante de la vida de la parroquia. Si los feligreses no se sienten bienvenidos, puede anticipar que tendrá menos feligreses pronto. Cualquier cosa que no sea acogedora o sea moralizante es muy probable que aleje a la gente de su parroquia y de la fe». Busque oportunidades en su parroquia para invitar a su hijo a la comunidad parroquial, incluso más allá de retiros y grupos de estudio. Tal vez su hijo tenga habilidades con la computadora y la oficina de la iglesia necesite actualizar su sitio web. O tal vez lo pueda invitar al pícnic anual de la parroquia en el 4 de julio para que ayude a cocinar alimentos. Cualquiera sea el caso, permítale experimentar la comunidad que brinda su parroquia.

Conéctelo

Hay muchas oportunidades para invitar a su hijo a un evento en su parroquia —sea un retiro, un programa de estudio o una celebración parroquial. Pero, algunas veces conectarlo con la *gente* adecuada puede ser igualmente provechoso. Aquí van algunas ideas para considerar.

Ministerios en los Campus

Yo no sería Católico si no fuera por el ministerio Católico del campus de la Universidad Estatal de Florida (FSU). El ministerio en FSU era conducido por una comunidad religiosa, la Hermandad de la Esperanza, especializada en el ministerio de los campus universitarios. Los hermanos sirven en campus a lo largo de la Costa Este, donde ayudan a cientos de jóvenes a descubrir la belleza y resplandor del Catolicismo. Cuando era un joven de último año, en apuros por aprender más, me contactaron con uno de los hermanos de la FSU que me puso bajo su ala y se reunía a solas conmigo para contestar preguntas y aliviar mis preocupaciones. Su guía personal, paciente, me condujo eventualmente hacia la Iglesia.

Si su hijo está en la universidad o preparándose para ella, haga una búsqueda rápida en Google para saber en detalle si la escuela tiene un ministerio Católico en el campus. Casi todas las universidades grandes lo tienen, pero incluso están aflorando en escuelas más pequeñas. Esos ministerios a menudo se identifican como CCM (Catholic Campus Ministry) [Ministerio Católico en el Camus] o Newman Center [Centro Newman] (nombrados en honor a San John Henry Newman).

Además, debería averiguar si la universidad tiene algunos misioneros estudiantes. FOCUS, que como mencionamos anteriormente representa Fellowship of Catholic University Students [Hermandad de Estudiantes Católicos Universitarios], es uno de esos grupos. Ellos envían equipos de misioneros jóvenes, capacitados, a los campus de las universidades para llegar a los estudiantes con el Evangelio. En asociación con la parroquia local o los Newman Center, los misioneros de FOCUS organizan eventos que alcanzan a grandes grupos, estudios de Biblia semanales, y brindan tutorías individuales con estudiantes líderes. St. Paul's Outreach (SPO) [Misión de San Pablo] es otro gran apostolado que atiende los estudiantes universitarios y está presente en muchos campus. La mejor parte de FOCUS y SPO es que sus misioneros son jóvenes y dinámicos. Típicamente tienen un año o dos de egresados, lo que hace que sea más probable que su hijo se relacione con ellos si está en la universidad.

Hay varias maneras de conectar a su hijo en edad universitaria con grupos como este. Usted puede contactar al ministro del campus, o a un misionero estudiante y preguntarle si *ellos* podrían realizar el primer contacto con su hijo. O tal vez usted busque el otro camino y le proponga a su hijo que se fije en un evento específico organizado por el ministerio del campus o se conecte con una persona específica que pueda contestar a sus preguntas religiosas. Utilizando el abordaje del «regalo semilla», usted podría deslizar un folleto del ministerio del campus en su habitación o en el correo, y esperar que reciba la indirecta. Algunas de estas estrategias operarán mejor que otras, dependiendo de su hijo, pero solo persevere. Si no responde a una propuesta, no se dé por vencido. Eso no significa que está completamente bloqueado a la idea. Solo reagrúpese, rearme la estrategia y encuentre otra manera de conectarlo con gente de fe.

Director Espiritual

Mientras la etiqueta «espiritual pero no religioso» se vuelve más popular, muchos jóvenes se sienten atraídos por la idea de estudiar bajo un gurú religioso. Libros como *Come, Reza, Ama* de Elizabeth Gilbert, delinean una búsqueda religiosa cruzando el mundo, a través de varios maestros espirituales, en la persecución de armonía interna. Pocos jóvenes consideran a los sacerdotes como gurús religiosos, pero la mayoría de los sacerdotes han pasado por años de entrenamiento en el arte de la guía espiritual. Son doctores del alma con mucha experiencia.

Si su hijo está abierto a la idea, usted podría preguntarle si le gustaría conectarse con un sacerdote sensato y perspicaz que podría ayudarlo a encaminar su vida y guiarlo en el camino del espíritu. Un buen director espiritual será capaz de contestar sus preguntas, atender sus dudas, y ayudarlo a discernir cómo Dios se está moviendo y hablando en su vida. Este puede ser un paso bastante significativo para una persona joven, especialmente si ha estado alejado de la Iglesia por un tiempo. Habitualmente aceptará solo si ya tiene una visión muy positiva de los sacerdotes. Pero si su hijo cabe en esa descripción, vale la pena extender la oferta. Podría hacerlo sentir mejor si el director espiritual *no* es un sacerdote con el que ya esté familiarizado. Justo como con la confesión, la gente joven valora su anonimato y podría sentirse más cómodo abriéndose a un sacerdote que no ve cada domingo.

Grupo para ex-Católicos

Muchas parroquias han respondido al aluvión de gente que deja la Iglesia, creando nuevos grupos para recibir a aquella misma gente que regresa. Algunos de los grupos más populares incluyen Catholics Come Home

[Católicos Vuelvan a Casa], Catholics Returning Home [Católicos Regresando a Casa], y Landings [Arribos].

«Hubiera sido difícil ceñirse a la Misa sin Landings», explica Laura Bendini. Laura había sido bautizada Católica y recibido su Primera Comunión, pero no había ido a la iglesia mucho desde entonces. En sus treinta y tantos se sintió llamada de regreso a la Iglesia. «Estuve poco allí y difícilmente hubiera vuelto si no fuera por la gente que se me estuvo acercando constantemente sin juzgarme moralmente». Landings le ofreció a ella un apoyo de la comunidad, un lugar donde ella pudiera expresar sus preocupaciones, hiciera preguntas, y aprendiera sobre la fe. Luego de pasar por Landings durante el otoño, se registró en RCIA y se convirtió eventualmente en un líder de equipo para la siguiente sesión de Landings.

La mayoría de los programas dirigidos a ex-Católicos están diseñados para reparar las dificultades emocionales sufridas durante los años, contestar simples dudas y preguntas, y proveer un espacio para que la gente resuelva los diferentes problemas que puedan tener con la Iglesia.

No Avance Tan Rápido

Hasta ahora hemos descubierto muchas maneras de invitar y conectar a su hijo con otros discípulos, pero una palabra de prudencia: no se apure con su hijo. Déjelo recorrer el camino de la conversión a su propio ritmo. Carol Barnier conoce esto por su propia experiencia como joven adulta que regresó. «Cuando estaba nuevamente lista para creer en Dios», escribe ella, «necesité proceder muy, muy lentamente. Sí, había llegado a un lugar en el cual ahora creía en Dios, pero eso no significaba que estaba lista para recuperar el Dios preenvasado de mis padres y colocarlo en mi propia canasta. En esencia, estaba de regreso en donde había estado durante la preparatoria, haciendo una prueba superficial, lista para testear las premisas y afirmaciones, y descubriendo qué resistía el escrutinio, qué había que desestimar, y qué había que remodelar para alinearlo con Dios mientras iba aprendiendo cómo era él».

Algunos padres están tan contentos cuando sus hijos expresan aun el más pequeño indicio de regresar, que saltan a la acción y les ofrecen mucho muy rápido. Pero su hijo necesita progresar a su propio paso. Empujarlo muy rápido puede tener malas consecuencias y deshacer todo el progreso que usted ha logrado hasta este punto. En cambio, continúe atendiendo a su hijo con gentileza, paciencia y estímulo. «Piense en su propia travesía hacia Cristo», escribe Gregory Koukl. «Hay muchas probabilidades de que usted no haya ido desde la paralización hasta el compromiso total. En cambio, Dios lidió con usted a lo largo de un período de tiempo. Hubo un período de reflexión hasta que puso en orden los detalles». Lo mismo sea probablemente cierto para su hijo.

* * *

A esta altura en el plan de juego, su hijo ha resuelto muchos de sus problemas más difíciles, y tal vez se haya conectado con alguna gente provechosa, de fe. Pero tan maravilloso como pueda ser, usted no puede detenerse allí. Resta un gran paso: tiene que cerrar el círculo.

CAPÍTULO 11
Cierre el Círculo

Habían pasado varios meses desde que Susan comenzó a evangelizar a su hija, Teresa. Había rezado por Teresa todos los días, incluyendo varias novenas. Había hecho pequeños sacrificios. Había estudiado y se había preparado para su conversión, escuchando mientras Teresa le explicaba por qué ya no era Católica. Lentamente, durante el transcurso de varios diálogos, Teresa bajó la guardia. Las viejas barreras cayeron, y Susana sintió como que estaba teniendo un progreso real. De hecho, parecía que Teresa estaba al borde de volver a la Iglesia.

Pero luego, por alguna razón, el ímpetu se detuvo. Por unas pocas semanas, pareció que nada estaba cambiando, ni para bien, ni para mal. Teresa simplemente se quedó indecisa. Ya no se resistía a Jesús y la Iglesia, pero tampoco estaba siguiéndolos.

¿Qué sucedió? Susan nunca cerró el círculo.

Persiga Amablemente un Compromiso

Como un buen vendedor de autos que sabe que debe atrapar al comprador para que firme un contrato, o un buen profesor de matemáticas que sabe que su instrucción no está terminada hasta que el estudiante pueda hacer todo el recorrido desde el problema a la solución, usted no puede dejar de ayudar a su hijo antes que haya hecho *todo el recorrido* de regreso. Incluso si llega al 95% del recorrido, hay una posibilidad que pueda echarse atrás y retroceder todo el progreso que usted ha hecho. Necesita conducirlo por *todo el recorrido* hasta una relación con Cristo en la Iglesia.

El prominente evangelista Marcel LeJeune menciona que, en su experiencia, «Los católicos se detienen muy pronto cuando evangelizan. De hecho, lo llamaría el defecto fatal». LeJeune sugiere que luego de tener varias conversaciones preliminares con su hijo sobre Dios, usted necesita cerrar el círculo haciéndole preguntas directas como, «¿Te gustaría tomar la decisión de entregar tu corazón a Dios ahora mismo?» o «¿Estarías dispuesto a invitar a Jesús a entrar en tu vida ahora mismo?».

Shaun McAfee, un converso reciente al Catolicismo, recomienda cerrar el círculo diciendo, «"Tú podrías no estar preparado, pero si crees que estás listo, ¿por qué no entregas tu vida a Dios ahora mismo? Di una oración conmigo para pedir a Jesús que guíe tu vida y sea tu Señor. ¿Qué tienes para perder?». Decir «podrías no estar preparado» genera una especie de desafío, y puede motivar a su hijo a tomar una decisión positiva, ¡aunque solo sea por probar que él no tiene miedo al desafío! Usted no tiene que ser contundente, y no quiere manipularlo o forzarlo. Pero dando a entender que es una decisión difícil y pesada (y lo es) puede levantar las trabas y sacar a su hijo de la apatía.

Luego de hacer preguntas como estas, deténgase y espere a que su hijo responda —incluso si la pregunta produce un silencio incómodo. No se sienta presionado a avanzar la conversación. No rompa el silencio con humor o cambiando de tema. Dé a su hijo el espacio para reflexionar y permita que el Espíritu Santo actúe en su corazón.

Ya lo sé. Probablemente esté pensando que *nunca* podría hacer preguntas como esta —son muy avasallantes o atrevidas. O tal vez usted piense que suenan muy «Protestantes». Usted puede haberse cruzado con un evangelizador callejero que utilizó las mismas tácticas para intentar conducirlo a rezar la «oración del pecador» para que usted sepa dónde irá después de morir.

Pero este no tiene por qué ser el caso. Primero, esta no es una técnica «Protestante». Es la misma estrategia que utilizó Jesús a lo largo de las Escrituras. Cada vez que Jesús encontró un potencial discípulo, su invitación fue cruda e inmediata. Considere sus primeras palabras a Pedro y Andrés: «Síganme y yo los haré pescadores de hombres» (Mt 4, 19). O mire a sus palabras directas a Leví, el recolector de impuesto: «Sígueme» (Lc 5, 27). Leví se levantó, dejó todo y lo siguió. Jesús no esperaba a que sus discípulos se encontraran con él y entonces, luego de un tiempo y con su propio acuerdo, decidieran que el siguiente paso natural sería seguirlo. Él sabía que necesitaban una invitación directa. Su hijo también la necesita. Dar rodeos al problema puede ser más cómodo, pero sin una invitación directa y urgente, usted no cerrará el círculo.

A usted podría preocuparle también que, si hace una pregunta como esta, su hijo responda negativamente. Pero tal como fue considerado previamente, piense en el peor de los casos. El peor resultado es que su hijo podría estallar, terminar la conversación y marcharse. Si eso ocurre, simplemente se reagrupa y comienza fresco la próxima vez. No es el fin del mundo. Usted ha sacrificado solo unos pocos segundos de incomodidad por potencialmente cerrar el círculo.

Supóngase en cambio que su hijo solo responde rotundamente «No» —no está listo para comprometer su vida a Dios o invitar a Jesús a su vida. Eso está bien también. No todos los que Jesús encontró en las Escrituras responden positivamente. Por ejemplo, el joven rico se resiste cuando Jesús sugiere que debe vender todas sus posesiones (ver Mt 19: 16-22). Pero Jesús no lo reprende ni regatea con él; respeta su libertad de decir «No». La Escritura calla sobre el futuro del joven, pero tal vez más adelante en su vida cambió de opinión. Un «No» hoy no significa un «No» para siempre.

Si su hijo responde «No», usted puede contestar amablemente diciendo, «Entiendo completamente. Es mucho lo que se pide y podrías no estar listo aún. Pero, ¿qué es lo que tú piensas te está reteniendo?». Esta pregunta reorientará la conversación hacia cualquier barrera que esté bloqueando el camino de regreso de su hijo. Podría decir simplemente, «No lo sé. No estoy listo para hacerlo ahora mismo». De nuevo, está bien. Al menos usted ha extendido la invitación, lo que hará mucho más fácil extenderla de nuevo, en el futuro, cuando él esté más preparado.

Marcel LeJeune agrega un consejito más. Aunque estas preguntas pueden ayudar a cerrar el círculo de la travesía de regreso de su hijo, no son el paso definitivo. «Los Católicos no creen que brindar esta elección a alguien (y su aceptación de Jesús) es el fin de su travesía de salvación. No somos gente que cree que una vez que eres salvado, estás salvado para siempre. Más bien, esta decisión es el primer paso (u otro paso) en su continua decisión por Dios».

Estas preguntas lo ayudarán a conducir a su hijo a comprometerse con Jesucristo, para tomar una decisión deliberada de convertirse en su seguidor. Pero esa decisión abre de par en par un nuevo mundo de alegrías y desafíos. Al cerrarse un círculo, comienza otro.

Cuatro Pasos Clave para Reconciliarse con la Iglesia

En cierto punto en la vida de cada potencial converso o de alguien que puede regresar a la Iglesia Católica, la persona se da cuenta de que no hay razones serias por las cuales él debería permanecer alejado de la Iglesia. Como mínimo, las cosas que lo están empujando hacia adelante son definitivamente más fuertes que las cosas que lo están alejando. Tal vez todas sus preguntas han sido finalmente contestadas (o al menos suficientemente resueltas) y aunque pudiera tener todavía dificultades, está convencido de que ahora es el momento de regresar.

Pero la persona que se convierte o regresa enfrenta siempre una pregunta natural: ¿Cómo lo hago en la práctica?

Un amigo sacerdote me contó cierta vez sobre su prima Lisa. Lisa había dejado la Iglesia a los dieciocho años y estaba ahora en sus cuarenta y tantos. Cuando mi amigo sacerdote le preguntó por qué ella nunca había regresado, ella hizo una pausa, reflexionó y luego dijo, «Bueno, supongo que me alejé cuando era joven, y aunque he pensado en regresar de vez en cuando, no estaba segura de cómo hacerlo». He aquí alguien que se ha perdido innecesariamente de los sacramentos por más de *dos décadas*, privada de todos los dones que Dios quiso darle a través de la Iglesia, simplemente porque no sabía el camino para volver a casa. Eso es desgarrador.

Incluso después de completar todos los pasos previos de este plan de juego, y de ayudar a su hijo a decidir regresar a la Iglesia, hay todavía una última cosa que usted necesita hacer. Necesita guiarlo todo el recorrido de regreso a una comunión plena con la Iglesia.

¿No está seguro de cómo hacer eso? Reconciliarse con la Iglesia involucra típicamente cuatro pasos clave:

Paso 1: Conectarse con un sacerdote local

De todos los pasos, este es el más importante. Un sacerdote será capaz de hablar con su hijo, evaluar la situación y determinar qué necesita suceder para formalmente reconciliarlo con la Iglesia. Es importante destacar que muchos jóvenes se ponen nerviosos al acercarse a un sacerdote, especialmente si han estado alejados por un tiempo, y podría ser más cómodo hablar con uno mediante correo electrónico o por teléfono. Eso está bien. Consiga la información de contacto tanto del sacerdote como de su hijo, intercámbiela con ellos y luego anímelos a cada uno a contactarse. Pero del modo que sea que lo haga, definitivamente querrá que su hijo se conecte con un sacerdote en esta etapa.

Paso 2: Hacer una buena confesión

Si su hijo ha estado alejado por algún tiempo, hay grandes posibilidades que la primera cosa que recomiende un sacerdote sea que regrese al sacramento de la Confesión (esto es, el sacramento de la Reconciliación). Ayude a su hijo a ver esto como el pasaporte de regreso a casa. Como con el hijo pródigo del relato de Jesús, una cosa es *decidir* volver a casa. Otra cosa es viajar todo el recorrido de regreso al Padre y una vez más atravesar la puerta. Para eso sirve la confesión.

Hay muchas posibilidades que su hijo esté nervioso de acudir a la confesión. Podría no haber acudido al sacramento desde que era un niño pequeño y podría aterrorizarse por la idea de recordar todos los pecados que ha cometido a lo largo de los años. Esto es completamente normal.

Un participante en un foro de discusión Católico expresó los mismos temores. Escribió: «Tengo 27 años y regresé a la Iglesia y tengo pavor de acudir a la confesión el próximo fin de semana por primera vez ¡en casi veinte años! Bueno, tal vez no tenga pavor, pero tengo que admitir que estoy muy nervioso por ello. Creo que la parte más difícil para mí es que el sacerdote estará oyendo ciertas cosas increíblemente atroces sobre mí en ese confesionario. Luego de eso, ¡va a resultar muy incómodo ver al tipo en el supermercado! Pero sé que es necesario y de cierto modo, estoy expectante de ser capaz de dejar al descubierto, frente a alguien, algunas de las cosas que he hecho».

Además de revelar sus pecados a un sacerdote, muchos de los que regresan también se ponen nerviosos porque no recuerdan el mecanismo de una buena confesión. Eso es también algo entendible. El participante anterior tenía el mismo problema. «Una cosa por la que estoy preocupado es que no estoy realmente seguro cuán específico tengo que ser. La última vez que acudí a la confesión era un niño pequeño y habré confesado cosas como "contestarle a mi mamá" y cosas sencillas como esa. Luego de mi adolescencia y mis veintipocos, mis pecados son un poquito más escabrosos. ¿Es suficiente dar el nombre general de los pecados o debería pensar en dar ciertos detalles? ¡Gracias por cualquier respuesta o consejo que puedan brindarme!».

Afortunadamente, varias personas contestaron al joven. Le ofrecieron consejos valiosos, como:

- «Solo dile que han pasado veinte años. Él te ayudará a partir de allí».
- «Él te conducirá en el proceso. Solo imagínate después la enorme sensación de alivio».
- «No hay nada que puedas confesar que el sacerdote no haya escuchado antes».

(El joven original respondió en broma, «Él probablemente lo *haya* escuchado todo antes. Pero para mayor seguridad voy a acudir al sacerdote más viejo que pueda encontrar»).

En todo caso, debería acompañar a su hijo a la confesión y brindarle cualquier apoyo que necesite (salvo acudir al confesionario con él, lo que por supuesto no está permitido). También, sería probablemente lo mejor que alguno de los dos concierte una cita para su confesión inicial, ya que podría tomar cierto tiempo. Si hiciera sentir más cómodo a su hijo, programe la cita con un sacerdote de una parroquia alejada —cualquier sacerdote puede escuchar su confesión. Incluso puede visitar un santuario o basílica, que típicamente atienden confesiones todo el día.

Calme las preocupaciones de su hijo sobre qué decir, animándolo para que simplemente entre al confesionario y diga, «Bendíceme Padre, porque he pecado. Han pasado [número] años desde mi última confesión. Honestamente, creo que voy a necesitar un poco de ayuda para que me guíe en esto». Algunas personas encuentran útil llevar una estampa de oración, o una impresa de internet, con el guion de todo el asunto. Pero, de cualquier manera, el sacerdote estará allí para ayudar. La mayoría de los sacerdotes estarán contentos de recibirlo de regreso y lo asistirán gustosos en el proceso.

Paso 3: Completar Cualquier Sacramento Faltante y Ponerse al Día

Para muchos que regresan, una simple confesión es todo lo que necesitan para retornar (un sacerdote lo ayudará a determinar esto), y si es este el caso, su hijo solo necesita los pasos uno y dos anteriores. Pero el sacerdote podría determinar que, ya que su hijo no ha recibido los sacramentos y catequesis necesarios, deba inscribirse en RCIA (Rite of Christian Initiation of Adults) [Rito de Iniciación Cristiana para Adultos], un curso de preparación para la Confirmación, u otra forma de catequesis para adultos. RCIA es el proceso oficial de la Iglesia para los adultos que buscan iniciarse dentro de la Iglesia Católica, pero podría ser solo necesario para su hijo si él no ha completado sus sacramentos de iniciación (Bautismo, Primera Comunión y Confirmación). En algunos casos, si su hijo está bautizado y ha recibido la Primera Comunión, un curso de Confirmación para adultos es todo lo que necesita. Incluso si su hijo ha completado sus sacramentos, habitualmente vale la pena inscribirse en un programa de catequesis para adultos ofrecido en la parroquia, sea esto una clase de las enseñanzas básicas de la fe Católica, un estudio Bíblico, un club de libros, o un grupo de discipulado. Esto le permitirá a su hijo llenar los vacíos en su conocimiento de la fe, descubrir oportunidades para rezar y reflexionar y tener la oportunidad de hacer preguntas, conversar sobre dudas y clarificar confusiones.

Lo relacionará también con Católicos entusiasmados y comprometidos, que puedan actuar como modelos a seguir en la fe.

Como se señaló antes en el primer paso, siempre es sensato comenzar conectando a su hijo con un sacerdote tan pronto como exprese interés en regresar, ya que el sacerdote será capaz de diagnosticar la situación y determinar cuál de estos caminos sería el más apropiado para la situación única en que se encuentra su hijo.

Paso 4: Encontrar y Unirse a Una Comunidad Parroquial

No todas las parroquias son creadas iguales. Algunas son cálidas y dinámicas, con liturgias reverentes y hermosas, homilías vigorosas, ministerios activos y colmadas de discípulos entusiastas por atraer a su hijo más profundo en la fe. Otras caminan fatigosamente en modo mantenimiento, con liturgias banales y poca substancia para ofrecerle a su hijo. Aunque no es la mejor idea para los Católicos el saltar de parroquia en parroquia buscando el hogar parroquial «ideal» (no existe ninguno), podría ser prudente para su hijo hacer una «recorrida por parroquias» en el período posterior a retornar a la fe. Sus primeros meses serán críticos y usted no quiere que una mala experiencia en una parroquia deshaga todo el progreso que ha realizado. Así que ayude a su hijo a encontrar una parroquia que se ajuste a su temperamento y no permita que su disgusto con una parroquia lo detenga para volver. Él necesita encontrar una donde se sienta bienvenido y como en casa.

Tenga presente que es posible que la primera gente que encuentre su hijo en la parroquia —el recepcionista, los acomodadores, el director de educación religiosa, etc.— pueda ser menos que acogedora. Esto no es lo mismo que decir que todo el personal de la parroquia sea poco receptivo, sino que muchas parroquias tienen poco personal y se apoyan algunas veces en personal que está agotado y en voluntarios. Muchas parroquias tienen adolescentes contestando sus teléfonos y aunque estos jóvenes pueden tener mucho entusiasmo, energía y buenas intenciones, es posible que no hayan desarrollado mucha decisión y discreción. Para ser franco, es posible que no tengan idea de cómo facilitar el regreso de alguien a la Iglesia.

Así que prepare a su hijo para la posibilidad de que alguna gente con la que se encuentre no sea de ayuda o comprensiva. Recuérdele que está regresando a Jesucristo y su Cuerpo, la Iglesia, no a la persona que contestó el teléfono en la parroquia local.

Otro problema que enfrentan los que se convierten o los que regresan es que se pierden en el ruido de una enorme mega parroquia. Debido a la falta de sacerdotes en la actualidad, una parroquia podría servir miles de familias. No es raro encontrar una parroquia que tenga desde seis a ocho Misas en el fin de semana, más de cien ministros y cinco mil personas registradas. Para empeorar las cosas, pocas parroquias se desenvuelven con la operación regular, eficiente de una corporación de tamaño similar. En cambio, como lo describió un autor, las parroquias hoy son «más como reuniones familiares grandes, en curso, continuas que son mantenidas juntas por la buena voluntad y el amor compartido entre los miembros de la familia». Una vez que se mete en esa familia y se siente como en casa, las cosas son calmas. Pero puede ser difícil para alguien como su hijo, que recién se está integrando. Podría experimentar confusión, hostilidad y numerosos errores de juicio. La mejor solución es tomarlo con calma, e intentar involucrar a su hijo en al menos un ministerio. No vea la mega parroquia como una urbe enorme, intimidante. Véala como una colección de vecindarios más pequeños. Incentive a su hijo a que encuentre uno en el que se sienta como en casa —un grupo de jóvenes adultos, uno de estudio de Biblia semanal, un grupo de oración, un grupo de hombres o de mujeres— y que luego se vuelva cercano a esas pocas personas de ese grupo.

Para ayuda en esta área, le recomiendo el libro de Patrick Madrid *Now What? A Guide for New (and Not-So-New) Catholics* [¿Y Ahora Qué? Una Guía para Nuevos (y No Tan Nuevos) Católicos] (Servant Books, 2015). El libro ha ayudado a muchos Católicos a ponerse al día, ya que Madrid brinda consejos prácticos de cómo conectarse con la vida de la Iglesia —y mantenerse conectado. De hecho, ese libro sería un gran regalo de «felicitaciones» para su hijo luego de que dé el paso final.

Obstáculos Especiales

En algunos casos, su hijo podría estar en una situación que requiriera pasos adicionales. Hay cuatro complicaciones que prevalecen especialmente hoy: convivencia, aborto, divorcio y vuelta a casarse, y situaciones cercanas a la muerte.

Convivencia

Desafortunadamente, la convivencia se está convirtiendo rápidamente hoy en la norma para las parejas jóvenes. Muchas parejas que no están casadas se mudan a vivir juntos por razones financieras, ya que es habitualmente más barato compartir las cuentas. Otras conviven como una prueba para el matrimonio, pensando que es el mejor modo de evaluar si su relación durará. Algunos otros, para ser francos, simplemente quieren disfrutar de los placeres de dormir con su pareja sin las molestias de la boda.

Sea cual fuere la razón, en casi todos los casos, la convivencia involucra una relación de orden sexual. Y cuando es así, no cumple con la visión moral del Catolicismo, que rechaza cualquier acto sexual fuera del matrimonio. En la próxima sección, entenderemos cómo dialogar sobre la convivencia con su hijo, pero por ahora, exploremos cómo navegar las aguas pastorales para que esto no impida que su hijo regrese a la Iglesia.

La convivencia puede ser un gran escollo. A primera vista, parece como que el conflicto fuerza a una elección entre su relación (a menudo con alguien a quien ama) y la Iglesia. O para decirlo de otro modo, entre su vida sexual y Dios. Ese es un callejón sin salida difícil y doloroso.

Pero puede ser superado. Si su hijo o hija está viviendo con una novia o novio, y ya ha expresado interés en volver a la Iglesia, su próximo movimiento debería ser conectarlo con su sacerdote local. La mayoría están bien entrenados en responder a estas situaciones. Algunos años atrás, los obispos de Norteamérica publicaron un documento llamado *Faithful to Each Other Forever* [Fieles al Otro por Siempre], el cual desarrolla un abordaje pastoral para las parejas que conviven. Llama a los sacerdotes a evitar dos extremos: 1) condenar inmediatamente la pareja y su conducta; y 2) ignorar la convivencia. En cambio, los sacerdotes son animados a intentar encontrar un camino intermedio, uno que integre la corrección con la comprensión y la compasión.

Más específicamente, un sacerdote trabajará con su hijo para trazar un camino hacia adelante, uno en el cual se moverá en una dirección más casta, aunque sea a través de pequeños pasos. Idealmente, eso incluiría eventualmente casarse a los ojos de la Iglesia o abstenerse de la actividad sexual hasta que aquello suceda. Pero la convivencia no es una barrera infranqueable para reconciliarse con la Iglesia. Muchas parejas la han conquistado, y su hijo también puede hacerlo.

No permita que su hijo piense que, ya que está actualmente conviviendo, no hay ninguna manera de regresar a la Iglesia. Los obispos de Estados Unidos señalan expresamente «ya que la convivencia no es en sí misma un impedimento canónico para el matrimonio, la pareja no puede ser rechazada para el matrimonio en base solamente a la convivencia. La preparación Matrimonial puede continuar incluso si la pareja rechaza separarse. Los ministros pastorales pueden estar seguros de que asistir a las parejas a regularizar su situación no es aprobar la convivencia».

«Por sobre todo», concluyen los obispos, «cuando las parejas que conviven se acercan a la Iglesia para casarse, animamos a los ministros pastorales a reconocer este momento como pedagógicamente aprovechable. He aquí una oportunidad única a ayudar a las parejas a entender el punto de vista Católico del matrimonio. Aquí, también, hay una oportunidad para la evangelización. Al apoyar los planes de la pareja para el futuro antes que escarmentarlos por el pasado, el ministro pastoral puede atraer a la pareja más profundamente a la comunidad de la iglesia y la práctica de su fe. Tratadas con sensibilidad y respeto, las parejas pueden ser ayudadas a comprender y vivir la vocación al matrimonio Cristiano».

Aborto anterior

«Desearía poder volver a la Iglesia Católica», se quejaba una mujer, secándose las lágrimas de los ojos, pero sé que estoy excomulgada y la Iglesia no puede perdonarme». La mujer había nacido y sido criada en una familia

Católica, pero se alejó en la adolescencia. Luego se involucró sentimentalmente con un hombre mayor y, a los diecisiete años, se encontró a sí misma sola, embarazada y con el corazón roto. Luego de recibir intensa presión de amigos y de la familia, se hizo un aborto.

Durante los años siguientes, la mujer experimentó una culpa tremenda. Pero podría haber evitado muchos años de culpa y sufrimiento si no hubiera estado convencida de que Dios nunca la perdonaría por abortar a su hijo.

No hay pecado que Dios sea incapaz de perdonar. Si usted confiesa su pecado con contrición, lo que significa que usted está verdaderamente arrepentido de su pecado, y si usted está determinado genuinamente a no cometer ese pecado nuevamente, entonces un sacerdote puede brindarle el perdón de Dios a través del sacramento de la Confesión. Dios es más grande que cualquier pecado, ya sea un homicidio, tortura, violación, robo o aborto.

Cualquiera sea el caso, si su hijo ha estado involucrado en un aborto, el mejor curso de acción es conectarlo o conectarla con un sacerdote local para conversar sobre la situación. El sacerdote será capaz de determinar los pasos necesarios para obtener el pleno perdón de Dios y la reconciliación. Pero enfatice esto con su hijo: haber abortado en el pasado, aunque sea un mal grave, no es un factor determinante para reconciliarse con la Iglesia. Dios puede perdonar a cualquiera y proporcionar a su hijo una tremenda alegría y curación durante el proceso.

Divorcio y vuelta a casarse

De todos los impedimentos que mantienen alejadas a las personas de la Iglesia, este es probablemente el más común. No puedo decirle cuánta gente he conocido que está convencida que, ya que se han divorciado y vuelto a casar, simplemente no hay esperanza para ellos —están desterrados para siempre de la Iglesia.

Christopher es un ejemplo. Luego de mudarse a Illinois, conoció a una amable pareja que vivía en la casa de al lado, y durante una de sus conversaciones, mencionaron que estaban muy involucrados en la parroquia

Católica cercana. Los niños asistían a la escuela allí y ambos padres estaban activos en varios ministerios. Christopher estaba intrigado y dijo que él mismo solía ser Católico. Había estado alejado de la Iglesia por casi veinte años. Durante ese tiempo, su primera mujer lo dejó, a pesar de que la pareja tenía hijos, y eventualmente se volvió a casar con otra mujer que lo ayudó a criar los niños. Christopher admitió que, aunque encontró una gran felicidad en su nuevo matrimonio, estaba triste de no poder seguir siendo Católico, ya que se había casado fuera de la Iglesia. Amaba su fe Católica y acotó que la carga de no poder ser parte de su Iglesia era una fuente constante de pena y dolor.

Durante su siguiente visita, sus vecinos le dieron a Christopher un folleto de un programa de Católicos Regresando a Casa en su parroquia. Lo animaron a inscribirse y le repitieron que, si verdaderamente lo quería, había un camino de regreso a la Iglesia. Decidió asistir. Al cabo de unos pocos encuentros, el ministro líder lo conectó con un auxiliar de pastoral que lo ayudó a través del proceso de anulación, y eventualmente su primer matrimonio se determinó que era inválido y su actual matrimonio fue reconocido por la Iglesia. Fue plenamente reconciliado.

El proceso de anulación en la Iglesia no es nuevo, pero se ha convertido en más predominante en Norteamérica, especialmente desde el Vaticano II. A pesar de la confusión común, no es semejante al «divorcio Católico». Una anulación confirma, luego de una rigurosa reflexión y muchas conversaciones, que un matrimonio verdadero, sacramental nunca ocurrió realmente desde el principio —que hubo algún impedimento para el matrimonio. Ese impedimento pudo haber sido una decisión rápida de casarse simplemente porque la pareja quedó embarazada, incluso si no estaban enamorados. O tal vez la pareja era muy joven o ingenua para aceptar la responsabilidad de una vida de familia. O tal vez no estaban plenamente comprometidos a tener y criar hijos o a permanecer casados de por vida. Si un matrimonio es declarado «nulo» por la Iglesia, significa que ninguna de las partes adhirió a un verdadero vínculo marital y por consiguiente son libres de casarse con cualquier persona no casada.

Lorene Hanley Duquin desacredita algunos mitos populares sobre las anulaciones:

- Recibir una anulación no significa que una relación marital de amor nunca existió.
- Las anulaciones no tienen que llevarse adelante en Roma.
- Las anulaciones no cuestan miles de dólares.
- Una persona no necesita «influencias» para conseguir una anulación.
- El proceso de anulación no se demora «eternamente».

Su hijo podría estar dudando de perseguir una anulación por miedo a que cualquier hijo que hubiera tenido pudiera convertirse en «ilegítimo». Pero es importante remarcar que incluso si un matrimonio es anulado, el matrimonio era aún legal y todo hijo que tuvieron es legítimo. Solo significa que no fue sacramental a los ojos de Dios, y por lo tanto, no reconocido por la Iglesia.

El proceso de anulación comienza típicamente con uno o ambos esposos reuniéndose con un sacerdote local para discutir la situación. El sacerdote los conecta luego con un tribunal especial en su diócesis que examina todos los elementos del matrimonio, entrevistando a amigos y familia, y elabora una sentencia sobre el matrimonio basado en sus hallazgos. Es cierto que el proceso a veces puede ser largo, difícil y de alguna manera indiscreto. Algunas parejas eligen no pasar por el proceso de anulación simplemente porque no quiere abrir viejas heridas que causaron tanto dolor y desesperanza. Pero para la mayoría de las personas, el proceso vale la pena, especialmente si significa reconciliarse con la Iglesia y adherir a un matrimonio sacramental con una persona que aman.

Cercanía de la muerte

Si su hijo está al borde de la muerte o sufriendo una enfermedad terminal, usted enfrenta preguntas de último momento tales como:

- ¿Quiere su hijo ver a un sacerdote?
- ¿Qué sacerdote llamaría usted? ¿El sacerdote de su parroquia o el capellán del hospital?
- ¿Qué sucede si su hijo no está registrado en la parroquia? ¿Vendrá igualmente un sacerdote?
- ¿Qué sucede si su hijo *no* quiere ver a un sacerdote? ¿Debería llamar a uno de todas maneras?

El *Catecismo de la Iglesia Católica* insiste en que una familia es esta situación «debe animar a los enfermos a llamar al sacerdote para recibir este sacramento [Unción de los Enfermos]. Y que los enfermos se preparen para recibirlo en buenas disposiciones, con la ayuda de su pastor y de toda la comunidad eclesial a la cual se invita a acompañar muy especialmente a los enfermos con sus oraciones y sus atenciones fraternas» (CIC 1516).

Si es muy difícil para usted sacar el tema de llamar a un sacerdote, podría pedirle a un amigo, enfermera o a otro miembro de la familia si ellos pudieran plantear la pregunta a su hijo («¿Podemos llamar a un sacerdote?»). Pero es necesario preguntarlo. Los momentos previos a la muerte pueden ser cruciales en la reconciliación de su hijo con Cristo y con la Iglesia. En muchos casos, la resistencia de una persona hacia la Iglesia se calma más que nunca.

Sin embargo, algunas veces la gente rechaza todavía beligerantemente a la Iglesia, incluso es su lecho de muerte. Un sacerdote amigo mío de noventa y dos años, adora contar la historia de un hombre que visitó cierta vez en el hospital. El hombre había estado alejado de la Iglesia Católica por más de cuarenta años, pero mientras se aproximaba a la muerte, uno de sus familiares llamó al sacerdote de todas formas. El hombre vio al sacerdote entrar a su habitación en el hospital y se opuso. «¿Qué diablos está haciendo usted aquí?», masculló. El sacerdote le explicó amablemente que estaba allí para que el hombre pudiera reconciliarse con Dios, para ayudar a salvar su alma. El hombre le pidió al sacerdote que se inclinara, para así poder susurrarle algo al oído. Cuando el sacerdote se inclinó, el hombre escupió la cara del sacerdote y gritó, «¡Váyase de aquí!».

El viejo sacerdote sacó amablemente un pañuelo y se secó la escupida. Luego caminó hasta el rincón de la habitación y se sentó silenciosamente en una silla. «¿Qué está haciendo?», exigió el hombre enfermo. «¡Le dije que se fuera!».

«Bueno», dijo el sacerdote, «Me gustaría en verdad quedarme. Nunca he visto a un hombre morir e irse al infierno. Se me ocurrió mirarlo a usted».

Los dos hombres se miraron fijo mutuamente por unos momentos. Luego, como una presa que explota, el hombre soltó un río de lágrimas, lleno de décadas de vergüenza, arrepentimiento y pena contenidos. Cuando se secaron sus lágrimas, el hombre dijo que en verdad quería ser perdonado, pero que estaba muy avergonzado para pedirlo. El sacerdote se acercó y le preguntó al hombre si querría confesarse. El hombre estuvo de acuerdo. Luego, el sacerdote administró la Unción de los Enfermos y rezó con el hombre. Murió al día siguiente, en un perfecto estado de gracia.

Ta vez la experiencia de su hijo no será ni cercanamente tan remota como la de aquel hombre (¡Ojalá que no!) pero su historia ilustra algo que los sacerdotes le contarán: muchas personas en su lecho de muerte quieren ser perdonadas y quieren recibir la Unción de los Enfermos, pero son muy orgullosas o están muy asustadas para pedirlo. Necesitan ayuda. Lo necesitan a usted. Así que, si su hijo está al borde de la muerte, aparte amablemente toda incomodidad o vergüenza que pudiera sentir y haga todo lo que esté a su alcance para concertar un encuentro con un sacerdote. Asegúrese de que su hijo reciba el sacramento que necesita para morir en plena comunión con Jesús y su Iglesia.

* * *

Para recapitular, hemos viajado de comienzo a fin a través de todo el plan de juego. Ha visto cómo comenzar con oración y ayuno, capacitarse a usted mismo, plantar semillas y comenzar conversaciones productivas sobre Dios. En los últimos dos capítulos hemos aprendido cómo conectar a su hijo con una comunidad de otros discípulos y ayudar a cerrar el círculo con la Iglesia.

En la parte final del libro, desglosaremos veinte objeciones específicas que comúnmente da la gente joven para explicar por qué no son Católicos. Proveerse de respuestas valiosas lo preparará para afrontar incluso los desafíos más difíciles.

PARTE III
Las Grandes Objeciones

«No hay más de doscientas personas en todo Estados Unidos que odian a la Iglesia Católica. Sin embargo, hay millones que odian lo que equivocadamente creen es la Iglesia Católica —lo que es, por supuesto, una cosa muy diferente».

—VENERABLE FULTON SHEEN

CAPÍTULO 12
Objeciones Personales

Podría ser sencillo asumir que cuando su hijo se ha alejado de la Iglesia, tomó una decisión cuidadosa y meditada. Debería haber tenido buenas razones para alejarse. Pero en mi experiencia, a menudo este no es el caso. Usualmente las «objeciones intelectuales» ocultan objeciones personales.

Por ejemplo, un joven afirmó que dejó la Iglesia porque se dio cuenta que las severas enseñanzas sexuales de la Iglesia eran incompatibles con un Dios amoroso (una objeción intelectual). Pero la verdadera razón por la que se alejó fue porque estaba viviendo con su novia y no quería cambiar su estilo de vida (una objeción personal/moral). Es por esta razón que en los primeros capítulos nos centramos en hacer preguntas para escrudiñar las objeciones *verdaderas* de su hijo en vez de conformarnos con los problemas superficiales. Cuando usted pregunte por qué no está yendo más a Misa, sus razones iniciales podrían no ser las razones *verdaderas* que lo mantienen alejado.

(Por supuesto, no *todos* están escondiendo problemas emocionales o culpa. Algunos jóvenes tienen genuinos problemas teológicos, y llegaremos a ellos en el último capítulo. Pero, según mi experiencia, los personales y morales son por lejos los culpables más comunes).

En este capítulo miraremos varias objeciones personales comunes y utilizaremos los siguientes dos capítulos para encargarnos de las morales y teológicas. Para cada objeción, usted encontrará una respuesta simple seguida por una explicación más profunda sobre la que se apoya. El objetivo no es repetirla como un loro a su hijo, textualmente —esto podría corroer su testimonio significativamente— sino que está allí para enmarcar el problema en su propia mente mientras desarrolla una respuesta. Incluí también al menos la recomendación de un libro para cada objeción, que usted podría leer o conseguir para su hijo.

«Simplemente no tengo tiempo para la iglesia en este momento. Estoy muy ocupado».

Respuesta: La Misa se transforma en la prioridad más alta solo cuando te das cuenta de que brinda un encuentro directo con Dios.

En la actualidad, la gente trabaja más horas, se apunta para más actividades, ocupa más tiempo en las redes y toma menos vacaciones que antes. Es difícil conseguir tiempo libre. Así que es entendible que la gente señale a sus tan apretadas agendas cuando aclaran por qué no asisten a Misa.

El problema, sin embargo, es que esto solo tiene sentido si la Misa es una actividad más entre muchas, con el mismo valor que el resto de los ítems en sus agendas. Pero la Misa es algo diferente. La Misa ofrece lo que nada más puede ofrecer: un encuentro verdadero, en persona con el Dios viviente. La Eucaristía, que está en el corazón de la Misa, no es simplemente un signo o un símbolo. (La novelista Flannery O'Connor dijo, «Si es un símbolo, que se vaya al diablo»). Para los Católicos, la Eucaristía es el verdadero Cuerpo, Sangre, Alma y Divinidad de Jesucristo. Cuando el sacerdote consagra el pan y el vino, conservan los atributos externos de los mismos —todavía saben, se sienten, huelen como pan y vino— pero su esencia se convierte en el Cuerpo y Sangre de Cristo. Al nivel de esencia, al nivel en el que algo *es*, toman la esencia de Dios.

Pocos Católicos hoy en día se dan cuenta de que esto es lo que verdaderamente sucede. Por ejemplo, el investigador Católico Mark Gray descubrió que, «Menos de dos tercios de los Católicos cree que el pan y el vino usados para la Comunión realmente se convierten en el cuerpo y sangre de Jesucristo. ¿Cómo es posible que tantos estén en desacuerdo con esta enseñanza central de la fe? Sorprendentemente, ¡es porque muchos no son conscientes de lo que la Iglesia enseña! Solo el 46% de los católicos conocen lo que la Iglesia enseña sobre la presencia real y no están de acuerdo con esa enseñanza. Un 17% adicional está de acuerdo, pero no sabe que esto es lo que la Iglesia enseña. Un tercio no está de acuerdo con la enseñanza, pero tampoco es consciente de la misma. Finalmente, solo un 4% de los Católicos sabe lo que la Iglesia enseña sobre la presencia real y no lo cree».

Así que, si su hijo afirma que está muy ocupado para ir a Misa, la clave es ayudarlo a comprender que la Misa es diferente del resto de las actividades, y finalmente, más significativa. Es diferente y significativa porque ofrece un encuentro auténtico, directo con Jesucristo.

Una manera de hacer esto es plantearle una hipótesis a su hijo: «Supón que estás viendo televisión cuando aparece una historia de último momento desplegada en la pantalla. Milagrosamente, Jesucristo ha regresado a la tierra, en carne y hueso y mañana por la mañana aparecerá en un edificio cercano. De todos los lugares y tiempos que podría haber elegido en el mundo, decidió no solo regresar mañana, sino a *tu propio vecindario.* ¿No harías lo que fuera necesario para asegurarte de estar allí? ¿No despejarías tu agenda y te asegurarías de llegar un tiempo antes de que él mismo lo hiciera?».

Espere por la respuesta de su hijo, luego asumiendo que diga sí, responda, «Eso es exactamente lo que sucede en la Misa. La Misa no es solo una reunión casual donde intercambiamos cumplidos, cantamos canciones, y escuchamos una charla amable. La Misa es el lugar donde nos encontramos con Jesús, en carne y hueso. Eso es lo que la Eucaristía es: el Cuerpo y Sangre, Alma y Divinidad de Jesús».

Los investigadores de la Diócesis de Trenton, New Jersey, encontraron, luego de entrevistar cientos de ex-Católicos, que la confusión sobre la Eucaristía era clave en muchos de los alejamientos. Pidieron una «explicación nueva de la naturaleza de la Eucaristía. Subyacente en todas las opiniones expresadas [por los ex-Católicos encuestados] está el hecho de que, en su gran mayoría, están dispuestos a apartarse de la celebración y recepción de la Eucaristía. Esto es un llamamiento a una respuesta creativa desde el punto de vista litúrgico, pastoral, doctrinal y práctico». También exigieron una explicación más clara de por qué es necesario asistir a Misa cada domingo, enmarcándola como una oportunidad de dar gracias, a través del sacramento y el sacrificio, antes que como una imposición semanal.

Al final, la única manera que su hijo haga de la Misa una prioridad es valorándola por sobre sus otras actividades —incluso por encima de dormir. Eso sucederá solamente cuando vea a la Misa como realmente es.

Para ayudarlo a hacer eso, debería considerar darle un buen libro sobre la Misa como *The Lamb's Supper* [La Cena del Cordero](Doubleday, 1999) de Scott Hahn, que explica vívidamente qué es lo que está sucediendo detrás de todas las oraciones y expresiones. O podría invitar a su hijo a mirar el episodio 7 de la serie *CATOLICISMO* del Obispo Robert Barron, titulado «La Palabra hecha Carne, Verdadero Pan del Cielo: El Misterio de la Liturgia y de la Eucaristía».

«La Misa es aburrida e irrelevante».

Respuesta: La Misa es estimulante una vez que aprendas a ver lo que realmente está sucediendo.

Esta objeción está de algún modo ligada a la última. La mayoría de los padres la han escuchado. ¿Cuál es una mala respuesta? «No me interesa si piensas que la Misa es aburrida; irás de todas maneras. ¡Súbete al automóvil ahora!». Recuerde lo que aprendimos en la sección de los «grandes mitos» en este libro: *obligar* a su hijo a ir a Misa cuando no tiene ganas de ir puede provocar más daño que bien.

(Nuevamente, tengo en mente aquí a adolescentes y jóvenes adultos. Obviamente, los padres tienen una obligación de llevar a los niños más pequeños a Misa incluso si ellos no tienen ganas de ir).

«La Misa es muy larga y tediosa a menos que uno ame a Dios», escribió G. K. Chesterton. Cuando arrastramos a nuestro hijo a Misa y lo obligamos a sentarse ociosamente sin tener idea de lo que está sucediendo, y sin siquiera una noción de devoción a Dios, no es sorprendente que encuentre a todo eso aburrido e irrelevante. ¿Quién podría culparlo? Imagínese a usted mismo sentado durante un oficio de otra religión de una hora de duración de la cual usted no tiene ninguna atracción ni conexión. ¿No tendría usted la misma reacción? O imagínese a sí mismo asistiendo a una charla sobre La Primera Guerra Anglo-Mysore desde 1766-1769 sin tener contexto histórico o político. ¿Podría llegar hasta el final sin quedarse dormido?

El remedio para este problema no es ponerle pimienta a la Misa agregándole música más alta y contemporánea o incorporándole luces y video. La respuesta, como señaló Chesterton, es ayudar a su hijo a enamorarse de Dios. Esta es la razón por la que la Misa es la última pieza del rompecabezas, no la primera. Su hijo tiene que atravesar todos los «umbrales de conversión» antes de que finalmente llegue a enamorarse de la Misa.

Ir en el otro sentido es un patrón inusual. No es común para un joven que primero se enamore de la Misa y *luego* se involucre en una relación amorosa con Dios. Casi siempre sucede a la inversa. Una persona joven necesita primero tener una experiencia de conversión, en la cual regresa a Dios o la práctica de su fe, y luego, con ese cimiento en su debido lugar, desarrolla una apreciación renovada por la Misa, el lugar privilegiado para encontrar al Dios al que ya ha retornado.

Esto no significa que no haya modos legítimos en los que podamos mejorar la experiencia de la Misa. Por ejemplo, las comunidades Protestantes son conocidas por sus sermones cautivantes, pertinentes que ahondan profundo en las Escrituras y las aplican a nuestras vidas. Desafortunadamente, muchas homilías en la Iglesia Católica no alcanzan ese ideal. Para ser honestos, muchas son banales y superficiales. También hay espacio para mejorar nuestra música, haciéndola más reverente y resplandeciente. Pero para la mayoría de nosotros, esas dos facetas —las homilías y la música— están fuera de nuestro control. No podemos verdaderamente influir en *cómo* es celebrada la Misa en nuestra parroquia. Sin embargo, deberíamos centrarnos en lo que sí podemos influir —esto es, la comprensión de nuestros hijos de la Misa.

Si su hijo describe a la Misa como «aburrida» e «irrelevante», su primera acción, en línea con lo que hemos aprendido anteriormente, sería realizar la pregunta: «¿Por qué piensas que es aburrida? ¿Qué la haría más interesante para ti?». Escuche las respuestas de su hijo. Luego de escucharlo, debería reconocer y validar su aburrimiento. No lo desestime fingiendo que no existe. Diga, «Entiendo totalmente tu razonamiento. Veo que la Misa sea aburrida si no entiendes lo que está sucediendo y especialmente si no ves su valor. Francamente, yo me aburriría también si la Misa significara solo aparecerse cada semana, recitar unas palabras sin sentido, escuchar una charla mala y luego picar un trozo de pan. Si eso fuera todo lo que la Misa es, yo estaría igual de aburrido». Confirme que la intuición de su hijo es correcta: la Misa no debería ser árida, repetitiva y aburrida. Está llamada a ser vivaz, fértil y poderosa. Esto hará que su hijo esté más abierto a escuchar lo que diga luego —esto es, lo que verdaderamente sucede en la Misa y por qué importa.

Como con la última objeción, la clave es revelarle a su hijo el verdadero propósito de todo el servicio: encontrar a Dios en la Palabra y el Sacramento. Una reciente encuesta encontró que solo el 61% de los adolescentes Católicos está de acuerdo con que «Jesús está realmente presente en el pan y el vino de la Eucaristía». El otro 39% está de acuerdo más con la afirmación de que «Pan y vino son símbolos de Jesús, pero Jesús no está realmente presente». Y estos son adolescentes que se identificaban como Católicos, ¡unos que todavía no se habían alejado de la Iglesia! Es muy posible que su hijo no esté convencido de que la Eucaristía es realmente Jesús.

Necesita ayudarlo a ver esa realidad, y cuando lo haga, ya no considerará a la Misa como aburrida o irrelevante. A través de su esfuerzo y de la gracia de Dios, la Misa podría convertirse en la «fuente y culmen» de su relación personal con Jesús y el cimiento de su Catolicismo. Los dos recursos mencionados en la respuesta anterior lo ayudarán, así como el gran libro de Mark Hart *Blessed Are the Bored in Spirit: A Young Catholic's Search for Meaning* [Bienaventurados los Aburridos de Espíritu: La Búsqueda de Significado de un Jóven Católico] (Servant Books, 2006).

«La Iglesia está muy centrada en reglas y en hacer sentir culpable a la gente».

Respuesta: La Iglesia no suma culpa; sino que la quita.
Su misión incluye misericordia y curación.

Cuando me convertí al Catolicismo, una de las mayores sorpresas fue encontrarme con gente —mucha gente— que asociaba a la Iglesia Católica con la culpa. A menudo, cuando alguien descubría que me había convertido en Católico, me señalarían que ellos habían crecido Católicos también, pero luego habían dejado la fe, haciendo la broma de que escaparon «de toda la culpa Católica». Pero esa fe dirigida por la culpa nunca ha sido mi experiencia, y no es el verdadero abordaje de la Iglesia.

Alguien le preguntó a G. K. Chesterton por qué se había convertido en Católico, y respondió, «Para deshacerme de mis pecados». El Catolicismo no es la fuente de la culpa; es la respuesta a ella. A través de los sacramentos de la Iglesia, especialmente el Bautismo y la Confesión, Dios perdona nuestros pecados y los limpia. Antes que hacernos sentir culpables o avergonzados, la Iglesia nos libera. Desde que me convertí en Católico, he encontrado que una de las experiencias más reconfortantes en mi vida es escuchar a Dios hablarme a través del sacerdote, cuando en el confesionario dice «Te absuelvo de tus pecados».

¿Qué hay con las muchas reglas y normas de la Iglesia? Muchas de estas atañen a la liturgia y a la vida de la Iglesia, pero muchas se aplican también al ámbito moral. Aun así, estas reglas no son arbitrarias, y no están destinadas a reprimirlo. Existen para guiarlo a través del camino de la felicidad. Como cualquier buena hoja de ruta, lo mantienen a salvo de tomar giros equivocados, bajar por caminos que finalmente lo conducirán al vacío y la tristeza. Así es que las normas de la Iglesia no lo restringen; aseguran su fortalecimiento.

Chesterton brindó una buena analogía para esto. Describió un grupo de niños jugando en una isla con los márgenes escarpados. Señaló que, si a los niños se los dejara a su merced, probablemente se desplazarían hacia el centro y solo jugarían en un pequeño círculo, con miedo a caer por el precipicio. Pero suponga que construye una cerca alta alrededor de toda la isla. Los niños serían entonces libres para correr a jugar en cada rincón de la misma. Este es el punto: la cerca no restringiría su felicidad; la engrandecería. Así es como son las reglas de la Iglesia. No están destinadas a restringir su vida espiritual —están destinadas a dar vida y energía, y mantenerse en la dirección correcta.

«¿Cómo podría alguien seguir siendo Católico luego de la crisis de abusos sexuales?».

Respuesta: La Iglesia siempre ha estado llena de pecadores, pero nuestra fe está cimentada en Cristo, no en las acciones de los hombres extraviados.

La crisis de los abusos sexuales ha sido uno de los episodios más deplorables de la historia de la Iglesia —ciertamente el momento más oscuro en el Catolicismo de Norteamérica. Las revelaciones sobre los sacerdotes que manipularon y abusaron de niños pequeños, y los obispos que lo encubrieron, a menudo trasladando a los sacerdotes a nuevas parroquias donde quedaban libres para abusar de nuevo, son casi inconcebibles. Para mucha gente hoy, estas acciones han privado a la Iglesia de toda credibilidad o autoridad moral. ¿Y quién podría reprochar esa reacción?

No existe defensa para el abuso; no podemos justificarlo. Si su hijo pone este tema sobre el tapete, su primera respuesta debería ser compartir su indignación. Afirme su decepción. Está en lo correcto al estar molesto por ello.

Luego, solo después de que usted haya articulado su propia repugnancia, debería considerar presentar algunos hechos de seguimiento que suavizarán el golpe. Primero, no todos los sacerdotes son abusadores. De hecho, la apabullante mayoría de los sacerdotes son hombres heroicos, caritativos, entregados, que ofrecen sus vidas en servicio de su rebaño. Nunca pensarían en abusar de nadie, y mucho menos un niño. Datos recientes han mostrado que del 2 al 4 % de los sacerdotes fueron responsables de todos los abusos sexuales, y casi todos durante los años sesenta y los setenta. Particularmente, el índice de abusos de sacerdotes fue significativamente menor que el índice de padres, maestros de escuelas públicas, entrenadores deportivos, o líderes del movimiento Scout. Este no fue un problema solo de la Iglesia Católica —fue indicativo de toda una cultura que hizo oídos sordos al sufrimiento y abuso de niños.

Segundo, no deberíamos estar sorprendidos de que la Iglesia esté repleta de pecadores (después de todo, ¡usted y yo somos parte de ello!). Como dice el famoso dicho, la Iglesia es un hospital para pecadores, no un museo para santos. Siempre albergará mentirosos, asesinos, ladrones, traidores, y, sí, incluso abusadores. Jesús dijo que la Iglesia es como un campo donde se mezcla el trigo con la cizaña (ver Mt. 13, 24-30). Solo al final de los tiempos ambos serán separados. Por ahora, debemos avanzar en un campo mezclado, una Iglesia donde mucha gente —incluidos nosotros, por momentos— fallamos al intentar vivir las enseñanzas de las Iglesias.

Tercero y, por último, luego de que la crisis de los abusos alcanzara su pico sobre la segunda mitad del siglo veinte, la Iglesia implementó una política de tolerancia cero que está siendo utilizada como modelo por otras instituciones a lo largo del mundo. Las diócesis llevan a cabo ahora controles de antecedentes rigurosos sobre todos los clérigos, educadores, empleados y voluntarios, especialmente aquellos que están trabajando con niños. Desde el comienzo del siglo XXI, la Iglesia Católica ha ido más lejos que cualquier otra institución en la sociedad de Occidente para asegurarse que los errores pasados no se repitan jamás. Estas reformas han hecho que la Iglesia sea más transparente, responsable y uno de los lugares más seguros para la gente joven en la actualidad.

Si su hijo está preocupado por la crisis de los abusos, sugiérale que lea el magnífico librito del Obispo Robert Barron *Carta para Una Iglesia que Sufre* (Word on Fire, 2019), o *Pope Benedict XVI and the Sexual Abuse Crisis: Working for Reform and Renewal* [El Papa Benedicto XVI y la Crisis de los Abusos Sexuales: Trabajando por la Reforma y la Renovación] (Our

Sunday Visitor, 2010) de Gregory Erlandson y Matthew Bunson. Otro recurso valioso es el capítulo 8 de *How to Defend the Faith Without Raising Your Voice: Civil Responses to Catholic Hot Button Issues, Revised and Updated* [Cómo Defender la Fe sin Levantar la Voz: Respuestas Civilizadas a los Temas Católicos Candentes, Revisado y Actualizado], por Austen Ivereigh y Kathryn Jean Lopez. Ese capítulo se titula «Never Again: The Legacy of Clerical Sexual Abuse» [Nunca Más: El Legado de los Abusos Sexuales del Clero].

«Estoy casado con un no Católico. Regresar a la Iglesia verdaderamente molestará a mi cónyuge».

Respuesta: Tu matrimonio es extremadamente importante. En este caso, deberías avanzar hacia la Iglesia, pero de forma gradual y no repentinamente.

Jim se había sentido atraído por volver a Misa durante varias semanas, pero simplemente no pudo hacerlo. Sabía que molestaría a su esposa que había tenido muchas malas experiencias con la Iglesia cuando era niña. Para ella, la Iglesia era un grupo corrupto de viejos que no tenían otra cosa que decir que «¡No!». Ella no quería tener nada que ver con eso. Pero tal como Jim supo poco a poco, ella no quería que él participara tampoco. Cada vez que él mostraba signos de entusiasmarse para volver al Catolicismo, su esposa se lo echaba por tierra con una mirada fija silenciosa o una salida despectiva. «¿Lo dices en serio?», le diría con desdén u otras veces le diría «¿Cómo es posible que estés de acuerdo con esa misoginia?». Jim estaba indeciso. Cuanto más se acercaba lentamente hacia la Iglesia, más tensión creaba eso en su matrimonio. ¿Qué debería hacer?

La historia de Jim es cada vez más común en estos días. Una reciente encuesta del Foro Pew encontró que cerca del 40% de los matrimonios desde 2010 puede ser clasificado como «mezclados religiosamente», lo que es más del doble del índice de 1960 (19%). Si usted visita una parroquia cualquiera un sábado por la tarde, hay altas probabilidades de que vea a un Católico casándose con un Evangélico, un Bautista, un Metodista, un Judío o, hasta incluso algunas veces, con un ateo.

He conversado con mucha gente en esta situación y lo primero que hay que reconocer es que es un escenario extremadamente delicado. Usualmente, la mejor estrategia es tomar las cosas con calma. Una reversión radical o súbita puede perturbar el matrimonio, pero el esposo reticente podría ser capaz de administrar una transición más lenta, gradual.

Si su hijo está casado con un no Católico que es reticente a la reversión de su hijo, deje que los resultados hablen por sí mismos a través del tiempo. Gradualmente, el esposo comenzará a ver los modos positivos en que el Catolicismo ha cambiado a su hijo, cómo lo ha transformado para ser más alegre, más compasivo, y más sereno. No se puede discutir con los resultados. Si el fruto nacido de esta atracción religiosa es positivo, entonces el esposo estará mucho más predispuesto a aprobar la decisión de su hijo.

Un buen libro sobre este tema es *When Only One Converts* [Cuando se Convierte Sólo Uno] (Our Sunday Visitor, 2001), editado por Lynn Nordhagen. Incluye relatos en primera persona de parejas viviendo en matrimonios con fe mixta y consejos de profesionales de cómo administrar efectivamente esas diferencias.

«Tuve una mala experiencia con la iglesia y no puedo verme regresando a ella».

Respuesta: Lamento tanto que eso ocurriera. Pero la Iglesia Católica es mucho más grande que una parroquia local o un sacerdote odioso. No permitas que esto te mantenga alejado.

Elizabeth tuvo dificultades con su fe durante muchos años, pero todo se derrumbó un domingo. «La gota que rebasó el vaso fue la Misa de Navidad en 2014. Había lugar solo de pie, y las familias que llegaron juntas eran forzadas a dispersarse por toda la iglesia. Nuestro nuevo sacerdote, a quien evidentemente no le complacía continuar trabajando una vez jubilado, envió en el boletín informativo, "Si usted no es un asistente regular a la iglesia, no es bienvenido a recibir la comunión". ¿Puedes creer eso? Aquí tienes una oportunidad de atraer gente de regreso al redil. Estos hombres se han puesto tercos con una realidad anticuada, y no veo que tengan autoridad moral. El alejamiento de la iglesia le causa un gran dolor a mi madre y eso me entristece».

Ahora bien, ¿fue eso exactamente lo que el sacerdote escribió en el boletín? No lo sabemos. Y aunque tenía razón sobre la posición de la Iglesia en cuanto a la comunión de los no Católicos, ¿podría haber sido más sensible o haber brindado una explicación más clara sobre la enseñanza? Probablemente. Pero qué triste que esta experiencia haya ahuyentado a Elizabeth de la Iglesia.

Marisa ofrece otra experiencia descorazonadora. Me escribió diciendo, «Dejé la Iglesia Católica a la edad de dieciocho. Estaba fuera de casa celebrando mi cumpleaños un fin de semana cuando fui abusada a la fuerza por un amigo de un amigo. Decidí quedarme con el bebé debido a mi creencia de que el aborto estaba mal, y no quería dar el bebé en adopción. Pero luego de tener a la niña, quise bautizarla, así que fui a la iglesia local a la que había estado asistiendo para hablar con el sacerdote. Se acercó a mi rostro y me dijo que yo era una gran vergüenza por tener un hijo tan joven y por tener un hijo sin una figura paterna. Proseguí contándole al sacerdote que había sido violada, pero me dijo que yo aún era una vergüenza para la Iglesia. Conseguí bautizar a mi hija, pero nunca más volví a una iglesia Católica. ¡Sentí como si esta gente en la congregación fuera la gente más prejuiciosa que jamás hubiera conocido!». Nuevamente, si fue así como se desarrolló la situación, ¿cómo se podría culpar a Marisa por marcharse?

Como un tercer ejemplo, una mujer explica por qué su hermana dejó la Iglesia: «Mi hermana dice que los Católicos son hipócritas. Esa última vez que ella fue a Misa, chocó accidentalmente con cierta mujer en su camino de regreso de la comunión y la mujer le lanzó la mirada más desagradable. Esa fue la gota que rebasó el vaso. Ahora ella asiste a una iglesia Protestante, donde ella dice que la gente es amigable y realmente se preocupa por uno».

La Madre Teresa dijo una vez, «A menudo nosotros los Cristianos constituimos el peor obstáculo para aquellos que intentan convertirse en más cercanos a Cristo; a menudo predicamos un Evangelio que no vivimos». He escuchado un sinfín de historias de gente que ha sido herida por gente en la Iglesia. De hecho, la *mayoría* de la gente que conozco, Católicos y ex-Católicos, tienen al menos una mala experiencia —la única diferencia es que los Católicos fueron capaces de pasarla por alto y permanecer en la Iglesia, mientras que los otros se marcharon.

¿Cómo debería entonces responder si esto describe a su hijo? Lo primero para hacer es disculparse en nombre de la Iglesia, incluso aunque usted no tenga nada que ver con el incidente. Podría decir, «Lamento mucho que te haya ocurrido esto. Esto nunca debería haberte pasado, y nunca deberían haber reaccionado de esa forma». Si el incidente fue varios años atrás, anime a su hijo a que le dé a la Iglesia otra oportunidad. Dígale que no permita que un incidente del pasado lejano determine su camino religioso futuro. Si el incidente ocurrió en una parroquia concreta, sugiérale que pruebe en otra. Una mujer brinda una analogía útil: «Hace unos pocos meses, el muchacho del supermercado local me humilló completamente, pero no dejé de comprar en esa cadena de supermercados, solo en un local en particular».

Segundo, ayude a su hijo a ver que la Iglesia Católica es más grande que una parroquia local o un sacerdote miserable. Su hijo debe separar la persona que lo hirió de la Iglesia y sus sacramentos. Explíquele que no vale la pena distanciarse de la fuente de alimento espiritual debido a lo que un ser humano dijo o hizo —él se está lastimando a sí mismo más que a nadie más.

Un recurso útil aquí es el libro de Stephen Mansfield, *Hurting in the Church: A Way Forward for Wounded Catholics* [Daño en la Iglesia: Una Salida para los Católicos Heridos] (Our Sunday Visitor, 2017).

«Dios nunca podrá perdonarme lo que he hecho».

Respuesta: La misericordia de Dios es irrestricta. Puede perdonar todo y restaurar su alma.

Cada vez que la gente le menciona al Pr. Andrew Carrozza que nunca acudirían a la confesión porque piensan que Dios nunca los perdonará, le gusta contestar:

> Suponga que Adolf Hitler, justo luego de dispararse a sí mismo, pero antes de morir, tuvo un momento de arrepentimiento y le pidió a Dios que lo perdonara. ¿Piensa usted que Dios lo perdonaría? Siempre responden, ¡Por supuesto!» (Podría todavía necesariamente haber penitencia y Purgatorio, pero Dios lo perdonaría. . .).
>
> Entonces, les digo, si Dios pudo perdonar a Adolf Hitler . . . ¿No piensa que él perdonaría su pecado, sin importar cuán serio fuera?» Inmediatamente ven la lógica y dicen, «¡Por supuesto!».
>
> ¡Recuerde que Dios está tratando de llevarnos al cielo, no de mantenernos fuera!

Si su hijo duda de que Dios nunca podría perdonarlo, recuérdele que Dios es más misericordioso que cualquier falta. Tal como repite el Papa Francisco, Dios quiere una «Iglesia de la misericordia», rica en perdón y lenta para condenar.

Esa es la razón por la cual Jesús otorgó a sus Apóstoles la autoridad de perdonar pecados, diciendo antes de ascender al cielo, «Reciban el Espíritu Santo. A los que les perdonen los pecados, les quedarán perdonados; y a los que no se los perdonen, les quedarán sin perdonar» (Jn 20, 23). Las Escrituras confirman que Dios puede «Lavarlo por completo de su culpa» y hacerlo «puro» y «más blanco que la nieve» (Sl 51, 4.9).

No hay límites para el perdón de Dios, sin importar qué haya hecho su hijo. Homicidio, violación, aborto, drogas, anticoncepción, sexo fuera del matrimonio —todo eso puede ser perdonado en un instante, en el sacramento de la Confesión.

Si su hijo todavía duda esto, luego que usted lo reconfirme, conéctelo con su sacerdote local. El sacerdote no solo lo ayudará a captar la verdad del perdón de Dios. Puede ayudar a su hijo a experimentarlo a través del sacramento de la Reconciliación.

Le recomendaría también el libro Vinny Flynn, *7 Secrets of Confession* [7 Secretos de la Confesión] (Ignatius Press, 2013) como un recurso que ayudará a su hijo a captar la liberadora realidad del perdón de Dios.

CAPÍTULO 13
Objeciones Morales

Una señora que abandonó la Iglesia fue bastante directa para explicar por qué: «Mi hija me avisó que era gay, y atravesé un divorcio luego de treinta y ocho años de matrimonio. La Iglesia no nos quiere a ninguna de las dos».

Por supuesto, la Iglesia las quiere a ambas, desesperadamente, porque Dios las quiere y las ama a ambas. La Iglesia anhela recibirlas de regreso para que puedan recibir todos los dones que Dios quiere darles. Pero desafortunadamente, la percepción de la pobre señora es que debido a que se había divorciado, y debido a que su hija se sentía atraída por otra mujer, ninguna de las dos tenía lugar en la Iglesia.

Este es un ejemplo de objeción moral, y esto puede ser a menudo más sensible que las objeciones personales o teológicas. Exploremos algunos de los ejemplos más comunes.

«La Iglesia es muy moralista. Acaso el Papa Francisco no dijo, "¿Quién soy yo para juzgarlo?"».

Respuesta: Nunca deberíamos juzgar a las personas, pero está bien y algunas veces es necesario juzgar las acciones.

Si su hijo que se ha alejado no sabe nada sobre el Papa Francisco, probablemente conozca su famosa frase —«¿Quién soy yo para juzgarlo?». La espontánea frase salió durante una conferencia de prensa con reporteros en un vuelo de regreso de Brasil a Roma. Un reportero le preguntó al papa sobre el rumor de un «lobby gay» en el vaticano, un grupo de sacerdotes y obispos que supuestamente trabajan en el Vaticano y se protegen entre sí.

El Papa Francisco contestó, «Se ha escrito mucho sobre el lobby gay. No he encontrado a nadie todavía que pueda darme un documento de identidad que tenga escrito "gay" en él. Dicen que existen. Cuando conozco a una persona gay, tengo que diferenciar entre el ser gay y el ser parte de un lobby. Si una persona es gay y busca al Señor y tiene buena voluntad, ¿quién soy yo para juzgarlo? No deberían ser marginados. Deben ser integrados a la sociedad. Su orientación [homosexual] no es el problema . . . Son nuestros hermanos».

Los medios se abalanzaron rápidamente sobre el comentario. Poco después, Barbara Walters celebraba al papa como uno de sus «10 Personas Más Fascinantes de 2013», en gran parte debido a este comentario. Dijo que el papa había ahora «abrazado» a los homosexuales diciéndole al mundo, «Lo que estas personas hacen en sus vidas privadas no es mi asunto».

¿Pero es eso lo que el Papa Francisco realmente dijo? ¿Deberían los Católicos detener su oposición a la actividad homosexual, al divorcio, a la contracepción artificial y otros actos inmorales porque, bueno, «¿quién soy yo para juzgar?».

Con el fin de comprender las palabras del Papa Francisco, tenemos que reconocer que existen al menos dos sentidos para el término *juzgar*. En el famoso Sermón de la Montaña de Jesús, claramente ordena, «*No juzguen* y no serán juzgados» (Mt 7, 1, énfasis añadido). Pero en otras partes, en el Evangelio de Juan, encontramos a Jesús ordenando lo contrario: «No deben juzgar según las apariencias; *deben juzgar con rectitud*» (Jn 7, 24, énfasis añadido). ¿Cómo podría Jesús prohibir juzgar y demandar juzgar? ¿No es esto una contradicción? Es un problema solo hasta que nos damos cuenta de que incluso Jesús se refiere a dos maneras de juzgar.

La primera forma de juzgar, que Jesús desalienta, se refiere a juzgar *almas*. Deberíamos ser extremadamente vacilantes de juzgar el estado individual de las almas, de especular sobre su destino eterno, decidir sobre sus motivos internos o de determinar si merecen condena de parte de Dios, por la obvia razón de que no podemos ver dentro de sus almas. Tal como admite San Pablo, a duras penas somos capaces de opinar sobre nuestras *propias* almas, mucho menos sobre las de otras personas: «Pues ni siquiera yo me juzgo a mí mismo. Es cierto que mi conciencia no me reprocha nada, pero no por eso he sido declarado inocente. El Señor es quien habrá de juzgarme» (1 Cor 4, 4). Esto significa que deberíamos ser cautelosos del juicio temerario, lo cual es definido en el *Catecismo de la Iglesia Católica* como aquel que «admite como verdadero, sin tener para ello fundamento suficiente, un defecto moral en el prójimo». Simplemente no sabemos lo que está sucediendo en el alma de nuestro prójimo.

Pero, ¿qué sucede con el segundo sentido de juzgar, el que Jesús incentiva? Este se refiere a juzgar las *acciones*, evaluando el valor moral de un acto particular. Para utilizar un ejemplo extremo, si descubrimos a un hombre torturando a un niño por diversión, podemos juzgar rápidamente y con confianza: esa acción es deplorable e incuestionablemente mala. Ese es un ejemplo de juicio en el segundo sentido. Pero incluso mientras juzgar la inmoralidad de torturar a niños, *no podemos* juzgar el alma del torturador (en el primer sentido) porque no estamos en posición de determinar cuán culpable es el hombre por su pecado —sea que esté sufriendo de una enfermedad mental, o si alguien más lo está obligando a torturar al niño bajo coacción.

El *Catecismo* se hace eco de esta sutil distinción «Los actos humanos, es decir, libremente realizados tras un juicio de conciencia, son calificables moralmente: son buenos o malos. . . Sin embargo, aunque podamos juzgar que un acto es en sí una falta grave, el juicio sobre las personas debemos confiarlo a la justicia y a la misericordia de Dios».

¿Cómo se relaciona todo esto con el comentario del Papa Francisco? En su entrevista en el avión, el papa simplemente estaba afirmando lo que el *Catecismo* enseña, que nunca debería juzgarse a las personas en el primer sentido, evaluando el estado de sus almas o su posición frente a Dios. Con el supuesto «lobista gay», reconoció correctamente que nadie debería condenar al hombre simplemente por sus atracciones.

Cuando el Papa Francisco preguntó, «¿Quién soy yo para juzgarlo?», él *no* quiso sugerir, «Todos pueden hacer lo que quieran y nosotros no tenemos ningún derecho a realizar ningún juicio moral» o «Lo que la gente hace en su vida privada no es mi asunto». Simplemente estaba afirmando el hecho de sentido común de que, aunque tengamos la capacidad, y algunas veces la obligación, de juzgar ciertas acciones, solo Dios puede juzgar el alma de las personas.

Para profundizar sobre esta distinción al juzgar, vea el libro de Edward Sri, *Who Am I to Judge? Responding to Relativism with Logic and Love* [¿Quién soy Yo para Juzgarlo? Respondiendo al Relativismo con Lógica y Amor] (Ignatius Press, 2017).

«La Iglesia odia a las personas gais y lesbianas».

Respuesta: La Iglesia les da la bienvenida a todos y exige que los Católicos traten a todas las personas con respeto, compasión y sensibilidad.

Hace unos pocos años, una recopilación de encuestas nacionales reveló que la percepción del Cristianismo más común en la actualidad es «anti-homosexual». Esto significa que lo que primero piensa la gente cuando se encuentra con un Cristiano no es qué es lo que apoyan, sino de qué están en contra. Y a los ojos de la mayoría de la gente, están en contra de los gais y las lesbianas.

Este es un problema enorme. No solo esto está en contra de las enseñanzas del propio Jesús —él nunca fue «anti» nadie— sino que representa una barrera seria para aquellos que han dejado la Iglesia. Incluso si su hijo encuentra muchos otros fuertes argumentos a favor de regresar a la Iglesia, este único problema podría mantenerlo alejado. De hecho, luego de reunirme con cientos de no Católicos, diría que la Iglesia no es siquiera una opción seria para la mayoría de los jóvenes en la actualidad simplemente porque ven a la Iglesia como en contra de la gente gay.

¿Cómo deberíamos contestar, entonces? Debemos descomponer a este problema en tres elementos: la enseñanza de la Iglesia Católica, cómo es percibida esta enseñanza por aquellas personas que tienen atracción por el mismo sexo y cómo es implementada esa enseñanza en el terreno por los Católicos.

Primero, la enseñanza de la Iglesia. En mi experiencia, poca gente que está en desacuerdo con la posición de la Iglesia Católica sobre la homosexualidad conoce en realidad cuál es la enseñanza. La mayoría rechaza una caricatura. Asume que la Iglesia ha emitido una condena general sobre todas las personas gais y lesbianas y que, si usted tiene atracción por las personas del mismo sexo, está destinado inevitablemente al infierno. Pero esa no es la posición de la Iglesia. El *Catecismo de la Iglesia Católica* brinda una respuesta mucho más matizada y compasiva, que vale la pena leer completa:

> La homosexualidad designa las relaciones entre hombres o mujeres que experimentan una atracción sexual, exclusiva o predominante, hacia personas del mismo sexo. Reviste formas muy variadas a través de los siglos y las culturas. Su origen psíquico permanece en gran medida inexplicado. Apoyándose en la Sagrada Escritura que los presenta como depravaciones graves, la Tradición ha declarado siempre que «los actos homosexuales son intrínsecamente desordenados». Son contrarios a la ley natural. Cierran el acto sexual al don de la vida. No proceden de una verdadera complementariedad afectiva y sexual. No pueden recibir aprobación en ningún caso.
>
> Un número apreciable de hombres y mujeres presentan tendencias homosexuales profundamente arraigadas. Esta inclinación, objetivamente desordenada, constituye para la mayoría de ellos una auténtica prueba. Deben ser acogidos con respeto, compasión y delicadeza. Se evitará, respecto a ellos, todo signo de discriminación injusta. Estas personas están llamadas a realizar la voluntad de Dios en su vida, y, si son cristianas, a unir al sacrificio de la cruz del Señor las dificultades que pueden encontrar a causa de su condición (CIC 2357—2358).

La Iglesia realiza una distinción importante entre la *orientación* homosexual y la *actividad* homosexual. Revisaremos esto más en detalle en la siguiente objeción, pero por ahora, sepa que la Iglesia enseña explícitamente que la *orientación* homosexual no es pecaminosa en sí misma. Todos nosotros experimentamos inclinaciones descarriadas que no podemos controlar y, por lo tanto, no podemos ser responsables de ellas. Por ejemplo, usted podría experimentar un apetito desordenado por el alcohol, el sexo, la comida o incluso por el ejercicio. Esa inclinación solo se convierte en pecaminosa cuando usted actúa sobre ella —cuando, por ejemplo, usted se da a los excesos del alcohol y se embriaga. Solo entonces, cuando se actúa sobre la *orientación* y se convierte en una acción, podemos juzgar, "Eso está mal".

El segundo elemento que vale la pena notar es cómo es percibida la enseñanza de la Iglesia por aquellos que tienen atracción por el mismo sexo. Aunque es cierto que mucha de la gente que se identifica como LGBT (lesbiana, gay, bisexual o transgénero) probablemente no esté de acuerdo con la enseñanza Católica sobre este tema, uno de los estudios más grandes de Pew encontró que más gente LGBT se identifica como Católica (17%) que con ninguna otra tradición religiosa. Se identifican con el Catolicismo más que con el Evangelismo (13%), la línea principal del Protestantismo (11%), agnosticismo (9%) o ateísmo (8%). A pesar de toda la retórica en los medios sobre que la Iglesia es la mayor enemiga de la homosexualidad, parece que las personas LGBT podrían estar en desacuerdo.

Finalmente, el tercer elemento que vale la pena examinar es cómo lucen las enseñanzas de la Iglesia en la práctica. Un amigo sacerdote compartió conmigo recientemente una breve historia sobre un pastor que conoció, que servía en un área céntrica con una gran población de gente gay. Había una persona transgénero que visitaba regularmente su iglesia y encendía velas en los diversos santuarios. Se aparecía con gran dramatismo, mucha teatralidad, usando pelucas desmesuradas y sombreros y vestidos. Nunca era irreverente, pero cada vez que venía, naturalmente captaba la atención de todos.

El sacerdote saludaba a este hombre con una sonrisa y palabras amables. Cierta vez, encontró al hombre llorando en el altar de la Virgen. El sacerdote le preguntó cuál era el problema, y el hombre le contó que su madre había fallecido y la familia le había pedido que no asistiera al funeral, porque pensaban que su presencia confundiría y escandalizaría a los más cercanos de la congregación Baptista. Accedió de mala gana, perdiéndose el funeral de su propia madre. Mientras el funeral tenía lugar, se llegó hasta esta iglesia Católica para que, al expresarse ante la estatua de nuestra Señora, pudiera estar con su Madre. Luego le contó al sacerdote que toda su vida había sido objeto de escarnio y burla y que había recibido muy poca bondad. Pero que, a lo largo de los años, había descubierto que el único lugar al que podía ir donde sabía que alguien sería bondadoso con él era la Iglesia Católica. E incluso si alguno allí no era bondadoso con él, encontraba aquella bondad en los rostros de los santos de yeso.

Luego de unos pocos años, el sacerdote notó que el hombre no andaba mucho por allí, y cuando lo hacía, lucía como una sombra de lo que había sido. El sacerdote realizó unas averiguaciones y se enteró de que el hombre estaba gravemente enfermo. Antes de morir, el sacerdote lo visitó (en el departamento desaliñado del hombre). Estaba completamente abatido, seguro de que moriría solo y que ninguna iglesia le daría sepultura. Pero a través de la intervención del sacerdote y por la gracia de Dios, el hombre estuvo dispuesto a ser recibido en la Iglesia Católica. Poco antes de morir, se convirtió en Católico, y el sacerdote le ofreció una Misa exequial. Asistieron unas pocas personas, pero aquellos que lo hicieron recordaban al hombre por sus visitas teatrales —los que asistían a Misa diaria y las señoras del Rosario. Luego del funeral, todos se quedaron para encender velas y orar por el descanso de su alma.

Esto es precisamente a lo que se refiere el Papa Francisco en su anhelo de una "Iglesia de la misericordia". Nadie tuvo que hacer nada más para convencer al hombre de su miseria. Lo que necesitaba era estar convencido de que él contaba y de que podía ser amado. Ninguna enseñanza moral se puso en compromiso por permitir al hombre que conociera la misericordia. Aquello fue lo que lo salvó.

Así es cómo se ve idealmente la enseñanza de la Iglesia sobre la homosexualidad: desacuerdo con la actividad homosexual, pero un férreo amor por los homosexuales. Como dice el *Catecismo,* deben ser tratados con «respeto, compasión y delicadeza».

«Soy gay. ¿Cómo podría ser Católico alguna vez?».

Respuesta: La atracción por el mismo sexo no es incompatible con el Catolicismo, pero aquellos que luchan con ella, necesitan amor, apoyo y guía.

Envié mensajes recientemente a todos mis amigos y seguidores online, buscando ex-Católicos que estuvieran dispuestos a compartir por qué dejaron la Iglesia. El resultado más sorprendente fue el número de respuestas de personas que dejaron debido a su orientación sexual. Por ejemplo, Kat dijo, «Fui bautizada y criada Católica. En mi juventud, estuve muy involucrada con nuestra parroquia como monaguillo, supervisora de liturgia para niños y miembro comprometido del coro. Pero abandoné la Iglesia oficialmente cuando descubrí cuán intolerantes podían ser los Católicos. Luego de darme cuenta de que soy bisexual, sentí que no podía hacerlo público y aun así seguir involucrada en la Iglesia Católica. Luego de decírselo solo a una persona, se me dijo descaradamente que iba a arder en el infierno. Eso fue todo para mí». Solo tomó una lamentable conversación.

Allys respondió diciendo, «Ya no me asocio más con ser Católica o Cristiana debido a la gente que conozco de mi antigua iglesia. La mayoría de ellos están tan llenos de odio que me pone incómoda. Soy lesbiana, y duele cuando tantos te atacan diciendo que es repugnante, ofensivo, etc. Incluso mi propia madre está negada y revolea los ojos cada vez que apenas lo menciono».

Señalamos anteriormente cómo revolear los ojos, o cualquier otra actitud de agresividad pasiva, llevará a su hijo a ignorar rápidamente todo lo que usted diga a partir de allí. ¿Debería sorprendernos la reacción de Allys?

Tal como notamos anteriormente, es importante señalar que estar atraído por alguien del mismo sexo no es incompatible con el Catolicismo. De hecho, hay miles de discípulos santos, devotos de Dios, que lidian con este tipo de atracciones todo el día. A menudo estas atracciones son no deseadas, aunque en algunos casos, dentro de una cultura que los celebra, las atracciones son adoptadas.

Cuando se aborda la atracción hacia el mismo sexo, la última cosa que usted quiere es aparecer como insensible o moralista, más interesado en la conducta que en su corazón. La compasión debe ser su principio operativo; el amor debe ser su primera y última palabra. Su hijo debe saber que usted lo ama incondicionalmente antes de que escuche cualquier cosa que usted tenga que decirle sobre sus tendencias hacia el mismo sexo.

Una vez que usted ha establecido esta confianza, y solo entonces, hay varios recursos útiles que puede compartir con él. Primero, el ministerio Católico Courage International [Valentía Internacional]. Courage es el líder en el ministerio que trata con la atracción por el mismo sexo. Tal como señala en su sitio web, CourageRC.org, la gente con deseos por el mismo sexo ha estado siempre entre nosotros. Sin embargo, hasta los tiempos recientes, ha habido poco compromiso de la Iglesia, si es que lo hubo, en el modo de apoyar grupos o información sobre estas personas. A la mayoría se los dejó resolver su camino por su cuenta. Como resultado, estas personas se encontraron a sí mismas escuchando y aceptando la perspectiva de la sociedad secular y optando por actuar sobre sus inclinaciones sexuales.

Pero en el sitio web de Courage International, encontrará recursos para las personas que experimentan estas atracciones, para los padres de aquellos que luchan, y para los sacerdotes y los líderes de la Iglesia que ejercen su ministerio en cada uno de estos grupos. El sitio web incluye testimonios de gente que ha escapado del estilo de vida homosexual y ha, en cambio, escogido llevar una vida de castidad y sexualidad bien integrada. Eso no significa que se unieron a un monasterio o que «apagaron» su dimensión sexual. Son todavía personas reales, viviendo vidas reales en el mundo, y en muchos casos luchando todavía con sus atracciones sexuales. Descubrieron la libertad de la castidad interior, y en esa libertad descubrieron los pasos necesarios para vivir una vida Cristiana plena en comunión con Dios y los demás.

Las sucursales de Courage se encuentran a lo largo del país y sus miembros se ayudan unos a otros a recorrer esta travesía. Courage tiene además una organización compañera llamada Encourage, que apoya a las familias y amigos de personas que tiene atracción por el mismo sexo.

Un segundo recurso para compartir con su hijo es una película creada por Courage que se llama *Desire of the Everlasting Hills* [El Deseo por las Montañas Eternas]. Puede verse gratis online en el sitio EverlastingHills.org. Dura aproximadamente una hora y caracteriza tres retratos íntimos y sinceros de Católicos que intentan navegar las aguas de la autocomprensión, fe y homosexualidad. Estas no son historias prolijas con moralejas sencillas, sino más bien relatos de seres humanos reales con luchas complejas y permanentes. (Otra película excelente, de objetivo similar, se titula *The Third Way* [La Tercera Vía], y se la puede ver gratis online en BlackstoneFilms.co/thethirdway).

Un recurso final, que será especialmente útil para usted como padre, es un documento escrito en 1997 por la Conferencia Episcopal de Obispos Católicos de los Estados Unidos titulado «Always Our Children: A Pastoral Message to Parents of Homosexual Children and Suggestions for Pastoral Ministers» [Siempre Serán Nuestros Hijos: Un mensaje pastoral a los padres con hijos homosexuales y sugerencias para agentes pastorales]. Está colmada de consejo pastoral sensible surgido de muchas conversaciones y experiencias trabajando con familias en situaciones difíciles. Este mensaje no es un tratado sobre homosexualidad. No es una presentación sistemática de las enseñanzas morales de la Iglesia. Y no abre ningún camino nuevo teológicamente. Antes bien, pronuncia palabras de fe, esperanza y amor para padres que necesitan la presencia misericordiosa de la Iglesia durante un tiempo que podría ser el más desafiante de sus vidas.

Quiero enfatizar que ningún sitio web, video o libro borrará automáticamente las atracciones de su hijo por el mismo sexo, o que estas atracciones son simplemente problemas a solucionar. Lo que necesita su hijo son compañeros que le reciban de buena manera, sin importar sus atracciones, dentro de un cálido círculo de familia y amigos cariñosos. Solo luego de que experimente su amor, y habitualmente luego de un encuentro personal con Cristo, él estará dispuesto a reordenar su estilo de vida.

«¿Por qué está la Iglesia en contra de que viva con mi novio/novia? Nos amamos, así que ¿cuál es el problema?».

Respuesta: El amor verdadero conduce a un compromiso para toda la vida en el matrimonio, no a una colaboración temporaria a través de la convivencia.

Patricia está casi segura de que, desde que todos sus hijos adultos jóvenes viven con sus parejas sin estar casados, se sienten rechazados por la Iglesia. «Sé que es por esa razón que permanecen alejados de la Iglesia y de su fe», explica Patricia. «Saben que vivir juntos antes del matrimonio está mal, simplemente no quieren reconocerlo. Ni a sí mismos, ni a sus padres, ni especialmente a ningún sacerdote yendo a la confesión. Se resisten a casarse en la Iglesia sencillamente por la molestia (léase: vergüenza) de pasar a través del proceso de reconciliación y de tener que pasar por el programa de preparación matrimonial de pre-Caná».

Hemos abordado esta objeción en el capítulo 10, pero solo desde la perspectiva de reconciliar a su hijo con la Iglesia. Nos dedicaremos a ella aquí un poco más y discutiremos las verdaderas razones por las cuales la convivencia es una mala idea.

La convivencia involucra una relación de una pareja que no está casada y que viven juntos y permanecen sexualmente activos. En la actualidad, aproximadamente dos tercios de las parejas conviven antes de casarse, un incremento del 900% en la convivencia durante los últimos cincuenta años. Un escenario que hubiera sido escandaloso en los años cincuenta, es extremadamente común hoy y está aceptado mayoritariamente: solo uno de cada cuatro norteamericanos desaprueba la convivencia antes del matrimonio.

Incluso más allá de la cuestión moral, este es un enorme problema, ya que parece estar causando que enormes cantidades de jóvenes permanezcan alejados de la Iglesia. Un estudio de Pew encontró que el crecimiento más agudo de las personas sin afiliación con ninguna religión fue de aquellos «que están viviendo en pareja, sin haberse casado nunca». En 2007, el

26% de aquellos que vivían en pareja eran sin afiliación. Solo siete años después, ese porcentaje creció al 35%.

Si su hijo está conviviendo, probablemente no estará bien predispuesto *inicialmente* frente al argumento moral de la Iglesia en contra del sexo antes del matrimonio. Usted no puede limitarse a decir, «La convivencia está mal porque la Biblia (o la Iglesia) lo dice». Por lo tanto, necesita razones sólidas, no religiosas, sobre por qué la convivencia es una mala idea.

Los Obispos de Estados Unidos parecen estar de acuerdo, al escribir en un documento: «Para las parejas que conviven, se puede añadir un objetivo específico: Animar a la pareja a reflexionar sobre su situación y sobre por qué decidieron convivir y aportar ideas sobre las posibles consecuencias, factores que podrían presentar desafíos especiales a ellos o ponerlos en riesgo de una interrupción del matrimonio más tarde». En otras palabras, usted debería mostrar por qué la convivencia es realmente *mala* para el futuro de su relación.

He aquí unos pocos hechos específicos para compartir con su hijo. Primero, la gran mayoría de las parejas que conviven rompen antes de diez años y están en un riesgo mayor de divorcio en un futuro, si es que eventualmente decidieron casarse. Muchas parejas ven la convivencia como una «prueba» del matrimonio, una forma de asegurarse que la relación es estable y preparada para el largo plazo. Pero los estudios muestran que la convivencia en sí misma daña la relación. ¿Por qué? Porque no está cimentada en el compromiso permanente que provee el matrimonio. Pequeños desacuerdos con los que podría lidiar y resolver una pareja casada se convierten repentinamente en factores no negociables para parejas que no han contraído votos. Muchos jóvenes hoy han sentido los efectos de nuestra cultura del divorcio y harían cualquier cosa por no atravesar ellos mismos por un divorcio. Así que podría realizar una pregunta como esta: «Hijo, sé que amas a tu novia y quieres lo mejor para ella. Entonces, ¿para qué la sometes a una experiencia que aumenta significativamente el riesgo de romper o de divorciarse en un futuro, aumentando las posibilidades de lastimarla?».

Segundo, una de cada cinco mujeres que conviven quedan embarazadas dentro de los primeros doce meses de mudarse. Si usted tiene una hija, esta estadística debería ser particularmente alarmante para ella. El riesgo de la maternidad soltera es mucho mayor para las mujeres que conviven que para las mujeres casadas, porque no hay voto matrimonial que asegure que el padre permanezca en la escena. Seguro, en algunos casos, si la mujer que convive queda embarazada, el padre se pondrá los pantalones y se casará con ella. Pero en la mayoría de los casos, eso no sucede. Bradford Wilcox, el director del National Marriage Project [Proyecto Nacional del Matrimonio] en la Universidad de Virginia observa, «La Convivencia fomenta la suficiente intimidad para facilitar la maternidad, pero no el compromiso suficiente para hacer que la gente considere su decisión de convertirse en padres. Como resultado, un nacimiento no planeado, puede plantear problemas reales a su relación y a sus posibilidades futuras de casarse exitosamente».

Y tercero, es mucho más difícil terminar con una relación que incluye convivencia que con un noviazgo sin ella. Esta es la razón por la cual muchos jóvenes avanzan hacia el matrimonio, incluso aunque no sea lo ideal, porque piensan que, separarse y volver a mudarse sería más estresante que simplemente casarse. Meg Jay, una psicóloga clínica, explica, «He tenido clientes que dicen, "Pasé años de mis veinte viviendo con alguien con el que no había salido por un año si no hubiéramos estado viviendo juntos"». Una vez que compras vajilla, compartes la renta, tienes una rutina y consigues un perro, puede ser difícil cortar por lo sano y aceptar que la relación no está funcionando».

Así que, si su hijo está en una relación de convivencia, y esa es su principal resistencia para convertirse en Católico, ¿cómo debería responder usted? Tal como hemos visto una y otra vez, la mejor estrategia es guiar con preguntas, que permitan considerar a su hijo sus motivos y planes, tal vez por primera vez.

Algunas preguntas buenas incluyen:

- ¿Por qué eligieron inicialmente vivir juntos?
- ¿Cómo piensas que tu familia y comunidad se sienten con el hecho que estén viviendo juntos?
- ¿Cómo te afectan estos sentimientos?
- ¿Esperan casarse en el futuro cercano?
- ¿Qué significa el matrimonio para ti?
- ¿Cuál piensas que sería la mayor barrera para ti para un matrimonio de toda la vida?
- ¿Vivir juntos incrementa o decrece esas barreras?

Como mencioné antes, la convivencia es un problema claramente moral. Típicamente, involucra una relación sexual desconectada del vínculo matrimonial, lo cual es un pecado serio. Pero si usted quiere que su hijo gradualmente supere la situación, usted necesita primero ayudarlo a enamorarse de Cristo en su Iglesia —esto es de lo que se trataba la sección completa del plan de juego— y *luego* él estará listo para perseguir un nuevo armazón moral. Si usted lidera con la moral, intentando primero terminar su relación de convivencia, no realizará ningún progreso y dañará probablemente su relación. Confié en que, si Dios se muda primero a su vida, y él se convierte en un discípulo comprometido, Dios ayudará a lidiar con su problema y regularizar su relación, sea a través del matrimonio o de la separación.

«Volveré cuando la Iglesia deje de oprimir a la mujer».

Respuesta: Aunque las mujeres no pueden ser sacerdotes, ellas lideran avasallantemente el trabajo de la Iglesia. La Iglesia alaba el «genio femenino».

Courtney, una ex-Católica, me explicó por qué ella dejó la Iglesia: «Como mujer en la Iglesia Católica, era tratada como una ciudadana de segunda categoría. Las mujeres no tienen permitido celebrar Misa. Un día, abandoné una homilía sobre que las mujeres eran creadas únicamente para apoyar a sus maridos. Esto es absurdo. Enfrento suficiente de esto en la vida diaria siendo una mujer inteligente y que trabaja duro y elijo no enfrentarlo en la vida religiosa».

Alguna gente mira las características de la Iglesia, especialmente el sacerdocio solo de hombres, y concluye que la Iglesia debe ser antimujeres. ¿De qué otra manera describiría usted una organización conducida exclusivamente por hombres, que toma decisiones generalizadas sobre temas relacionados con la mujer como la anticoncepción, el aborto y la sexualidad? Las mujeres no pueden ser sacerdotes, no pueden ser obispos y al proscribir la anticoncepción y el aborto, la Iglesia ni siquiera les permite a las mujeres tomar decisiones sobre sus propios cuerpos. Nos encargaremos de las objeciones de la anticoncepción y del aborto en breve, pero por ahora afrontemos la crítica general de que la Iglesia reprime a las mujeres. Si este es un obstáculo para su hijo, podría brindarle tres pensamientos para considerar.

Primero, ¿Por qué las mujeres no pueden ser sacerdotes? La mayoría de la gente que abogan por la «ordenación femenina» lo hacen con buenas intenciones. Apoyan apasionadamente la igualdad de género y el valor de los dones únicos que las mujeres pueden brindar a la Iglesia. Sin embargo, desafortunadamente muchos tienen una idea equivocada sobre el sacerdocio. Asumen que el sacerdocio es meramente una profesión funcional, un trabajo basado en tareas que involucran aparecer para la Misa, leer las plegarias del misal, levantar un pedazo de pan y de vino, ofrecer una buena homilía y así. Eso es parte del rol sacerdotal, pero si eso es *todo* lo que significa ser un sacerdote —realizar actos piadosos— entonces seguramente, la mujer puede realizarlos tan bien como ellos (a menudo, mejor). Pero el sacerdocio Católico no es solo funcional; tiene también una dimensión simbólica. Cuando un hombre es ordenado sacerdote, se le encarga actuar *in persona Christi* (en la persona de Cristo). Representa a Cristo para su gente en el banquete de bodas celestial, que es la Misa. A través de la liturgia, Cristo se ofrece a sí mismo como un marido a su novia, con el momento de la comunión como un acto de consumación espiritual. Pero para efectuar esa clase de unión simbólica, el sacerdote debe ser un varón, representando a Cristo no solamente en sus actos y acciones, sino en la masculinidad esencial de su cuerpo. Esta es la razón por la cual Jesús solo elige Apóstoles varones —no porque él fuera un chauvinista masculino (Jesús nunca pecó) o porque fuera respetuoso de las convenciones sociales de su época (Jesús frecuentemente quebrantó esas convenciones)— sino porque es importante el «ser varón» en los sacerdotes.

Como explican los líderes detrás de Catholic Voices, «Reservar el sacerdocio para los hombres no es un juicio sobre las capacidades ni derechos de las mujeres, tanto como tampoco lo es el celibato sobre el matrimonio, o el matrimonio lo es sobre la gente soltera. La enseñanza refleja el rol específico del sacerdote en la comprensión Católica, el cual es representar a Jesús, pararse en su lugar».

Segundo, si la Iglesia suprime a las mujeres, nadie le dijo eso a los millones de mujeres que completan los bancos de las iglesias y alimentan sus ministerios cada día. Las mujeres lideran la mayoría de nuestras parroquias, escuelas, hospitales y agencias de servicios sociales Católicos. Un gran número de mujeres son ministras laicas y teólogas profesionales y muchas enseñan en seminarios Católicos. La teóloga de Notre Dame, Catherine Lacugna pinta el cuadro estadístico: «85% de los responsables de la preparación del altar son mujeres. Más del 80% de los maestros y patrocinadores del catecumenado en el CCD (formación religiosa) son mujeres. Más del 75% de los líderes o participantes de los estudios de Biblia para adultos son mujeres. Más del 70% de los que están activos en renovación parroquial y crecimiento espiritual son mujeres, y más del 80% de los que se unen a grupos de oración son mujeres. Cerca del 60% de aquellos que están involucrados con grupos juveniles y actividades recreativas son mujeres». Si no hay otra opción, la Iglesia está dominada por mujeres. Es verdad que las mujeres no pueden servir como sacerdotes, pero en cualquier otro sentido, lideran apabullantemente el trabajo de la Iglesia.

Una tercera y poderosa respuesta a esta objeción es señalar a María, la Madre de Dios. Nadie puede mirar a la Virgen María y ver a alguien oprimido. Dios la eligió literalmente para tenerlo en su vientre, el honor más elevado concedido nunca a ningún ser humano. Por los últimos dos mil años, ningún ser humano fuera de Cristo ha recibido más amor y veneración que María. El libro del Apocalipsis la retrata siendo coronada como Reina del Cielo (Ap 12), donde ella todavía reina con su hijo por siempre. María es la respuesta definitiva a cualquiera que sugiere que la Iglesia denigra a las mujeres.

Ahora, su hijo podría aún no estar convencido después de estas consideraciones. Eso está bien. Algunas veces este asunto —cargado de implicancias políticas y sociales— toca una fibra sensible. Pero si está dispuesto, usted podría señalarle otros recursos para reflexionar más. Sobre el asunto de la ordenación femenina, los dos mejores recursos son ambos ensayos, que están disponibles gratis online. El primero es el artículo de Peter Kreeft titulado «Género y la voluntad de Dios», y el segundo es de C. S. Lewis titulado «¿Sacerdotisas en la Iglesia?». Los dos exponen las razones filosóficas y teológicas de por qué la Iglesia siempre ha abrazado un sacerdocio solo de varones. Si su hijo está obsesionado con lo que él percibe es un chauvinismo en general, consígale una copia de *Breaking Through: Catholic Women Speak for Themselves* [Abriéndose Camino: Mujeres Católicas Hablan por Sí Mismas] (Our Sunday Visitor, 2012), que presenta ensayos de nueve mujeres Católicas inteligentes, elocuentes, que comparten historias personales sobre cuánto les costó comprender que las exigencias de su fe, en verdad las liberaron.

La Iglesia Católica no se trata de menospreciar a las mujeres. Se trata de elevarlas y reconocerlas, en las palabras de San Juan Pablo II, en su pleno «genio femenino».

«La Iglesia está atrasada respecto de la anticoncepción y el aborto».

Respuesta: La anticoncepción y el aborto son perjudiciales para las mujeres y los niños. Afortunadamente, la Iglesia ofrece mejores alternativas.

La anticoncepción y el aborto pueden ser los dos temas más controvertidos dentro de la Iglesia. En respuesta a una encuesta del Foro Pew sobre por qué dejaban la Iglesia Católica, casi seis de diez ex-Católicos que no tienen afiliación actualmente, dicen que dejaron el Catolicismo debido al descontento con las enseñanzas Católicas sobre el aborto. Alrededor del 50% adujo quejas sobre las enseñanzas de la Iglesia en el control de la natalidad.

Las estadísticas no mejoran mucho cuando se encuesta a los Católicos. La inmensa mayoría de las mujeres Católicas sexualmente activas han usado anticonceptivos en algún momento, a pesar de las enseñanzas de la Iglesia en contra de ello, mientras que una gran cantidad no está de acuerdo en el aborto.

Hay una gran posibilidad de que su hijo piense que la Iglesia se equivoca tanto en la anticoncepción como en el aborto. ¿Cómo puede entonces prevenir que estos temas permanezcan como obstáculos para el regreso de su hijo? La solución requiere un abordaje dual, uno que muestre por qué la anticoncepción y el aborto son nocivos en sí mismos y luego un segundo que brinde alternativas positivas.

Primero, ¿por qué la anticoncepción y el aborto son malos en sí mismos? En 1968, el Papa Pablo VI publicó *Humanae Vitae,* un documento que reiteraba el rechazo de la Iglesia a la anticoncepción, lanzado en un momento en que la mayoría de la cultura lo estaba adoptando entusiastamente. Reflexionando filosóficamente sobre la mentalidad anticonceptiva, predijo que si la anticoncepción se volvía popular, nuestra cultura sufriría muchas consecuencias graves, incluyendo altos promedios de infidelidad y divorcio (ya que la anticoncepción disminuye el riesgo de embarazo extramatrimonial), un incremento en el sexo prematrimonial (por la misma razón), y una creciente falta de respeto por la mujer (ya que la anticoncepción permite a los hombres tratar a las mujeres como objetos de placer egoísta). Nadie puede dudar del cumplimiento de estas palabras proféticas. Nuestra cultura ha sido diezmada por los crecientes divorcios, amoríos, convivencias, pornografía y violencia sexual, todo lo cual surge de la mentalidad anticonceptiva, que concibe al sexo como esencialmente dirigido al placer, totalmente desconectado de los hijos. Así que el primer golpe contra la anticoncepción es que contradice directamente la cultura de la fidelidad y del amor desinteresado.

Agregado a ello, están los efectos nocivos a la salud. La Dra. Marguerite Duane, una médica de familia y profesora de la Universidad Georgetown, afirma «La píldora es la única droga que fue desarrollada para dársela a una mujer que estaba sana para crearle un estado de enfermedad». La Organización Mundial de la Salud, que no es religiosa, ha ubicado a la píldora de control de la natalidad en su lista de cancerígenos Grupo 1, la clasificación más tóxica que puede imponer —la misma clasificación que los cigarrillos. Depende el estudio que mire, las mujeres que toman la píldora tienen entre el 20 y 40% más posibilidades de tener cáncer de mamas que las mujeres que no y tienen muchas más posibilidades de contraer cáncer de cuello de útero o de piel que otras mujeres. Tienen además el doble de posibilidades de tener un ataque al corazón fatal y entre tres y once veces más probabilidades de desarrollar coágulos de sangre. Por lo tanto, el peligro para la salud brinda un segundo golpe contra la anticoncepción.

Pero si la anticoncepción es mala por razones de relación y de salud, ¿existe alguna alternativa viable? ¿Qué sucede si su hijo no quiere tener un millón de hijos?

Afortunadamente, hay una alternativa mejor a la anticoncepción. Un movimiento diverso y creciente —compuesto por ateos, ambientalistas seculares, Católicos, Protestantes y más— ha promovido la Planificación Familiar Natural (NFP en inglés) como una solución más saludable para las mujeres. NFP es un término amplio que abarca varios métodos aprobados médicamente para conocer la fertilidad, pero siguen típicamente el mismo principio: utilizar las señales naturales para determinar cuándo la mujer es fértil, luego la pareja elige tener sexo durante los tiempos fértiles o infértiles, dependiendo si necesitan lograr o evitar el embarazo. Aunque la NFP y la anticoncepción artificial pueden obtener el mismo resultado —no quedar embarazada— lo hacen por dos medios diferentes. NFP no impide la dimensión procreativa del sexo; meramente evita el sexo cuando la mujer es fértil. La anticoncepción, por el otro lado, impide activamente la concepción. Corta las dimensiones procreativas y unitivas del sexo. Cuando se utilizan apropiadamente, algunos de los métodos NFP han sido medidos con un 98% de efectividad en evitar el embarazo no deseado— tan bueno como cualquier anticonceptivo artificial. Pero aún más, debido a que NFP incentiva el diálogo y el respeto mutuo entre el esposo y la esposa, aquellos que practican NFP tienen índices de divorcio mucho menores que las parejas que utilizan anticoncepción artificial.

¿Qué sucede con el aborto? Muchos apoyan el aborto en nombre de la libertad, proclamando los derechos de las mujeres de gobernar sus propios cuerpos. La libertad es digna de elogio y la Iglesia Católica es la más férrea defensora de los derechos humanos en la historia de la humanidad. Pero la libertad no es absoluta. No tenemos la libertad de destruir la propiedad de otra persona, o de dañar su cuerpo. Lo que nos lleva al problema principal con el aborto: involucra no solo un cuerpo sino *dos*, el cuerpo de la madre y el cuerpo del niño por nacer. La ciencia moderna, incluyendo la mayoría de los manuales de embriología, afirman que una nueva vida humana, distinta de la de su padre y madre, comienza en el momento de la fertilización, cuando un esperma fertiliza un óvulo. Pero si esto es cierto, entonces el aborto no es solo un procedimiento quirúrgico que extirpa un puñado de células. Es un acto violento que termina la vida de un inocente, un ser humano no nacido, por más pequeño que pueda ser. Si bien una mujer tiene ciertamente el derecho de «gobernar su propio cuerpo», no tiene derecho a destruir el cuerpo del pequeño niño que crece dentro de ella.

Esa es la argumentación moral contra el aborto. Al igual que con la anticoncepción, puede argumentarse sobre los efectos espantosos en la salud. El procedimiento del aborto en sí mismo, incluso si es realizado por profesionales, tiene una tasa sorprendentemente alta de lesión e incluso de muerte de la madre. Los investigadores han identificado también un patrón de problemas psicológicos conocido como Síndrome post-aborto (PAS por sus siglas en inglés). Las mujeres que sufren PAS experimentan índices más elevados de abuso de alcohol y drogas, desórdenes en las relaciones personales, disfunciones sexuales, abortos repetidos, dificultades de comunicación y autoestima dañada. Muchas intentan suicidarse. Los psicólogos mencionan que incluso los hombres pueden sufrir efectos invalidantes luego de facilitar o apoyar un aborto.

Pero ¿qué sucede si una mujer queda embarazada siendo joven, o en la escuela, y siente que su única opción es abortar? Bueno, cualquier alterativa sería mejor que matar al niño por nacer. Dos opciones mejores son o bien quedarse con el niño o darlo en adopción. Organizaciones Católicas lideran el camino en ambas áreas, proveyendo a las madres jóvenes con los recursos que necesitan si eligen quedarse con el niño o ayudándolas a organizar una adopción. Una simple búsqueda online puede ayudarlo a encontrar un centro Católico de acogida para la mujer embarazada en su área —casi todas las diócesis tienen uno.

Dicho esto, es importante destacar que la anticoncepción y el aborto no son solamente problemas morales —son personales y sinceros. Si su hijo opone fuerte resistencia a la posición de la Iglesia a uno (o a ambos) de estos problemas, hay muchas posibilidades de que esté utilizando anticonceptivos personalmente, o que haya sufrido íntimamente la culpa y la angustia de un aborto. En cada caso, las objeciones que presente podrían ser escudos para protegerse de confrontar y tratar con su propio dolor.

Si tiene una hija que haya experimentado un aborto, debería animarla a enterarse más sobre Project Rachel [Proyecto Rachel] (HopeAfterAbortion.com), un ministerio de sanación post-aborto de la Iglesia Católica. Project Rachel organiza retiros de fin de semana llamados «Rachel's Vineyard,» [La Viña de Rachel], que están diseñados para ayudar a los que sufrieron por el aborto a liberar los sentimientos reprimidos de enojo, vergüenza y culpa, y a experimentar el perdón total de Dios. Muchas mujeres (y hombres) han sido sanados a través de vivencias como estas. Si el aborto es un obstáculo personal para su hijo, considere pulsar el botón de «pausa» en el resto del plan de juego hasta que su hijo haya tenido tiempo de comenzar a revisar y abordar las dificultades asociadas con el hecho de haberse realizado un aborto.

Desde una perspectiva intelectual. Los dos mejores recursos para darle a su hijo sobre anticoncepción y aborto son el libro de Patrick Coffin *The Contraception Deception* [La Decepción de la Anticoncepción] (Emmaus Road, 2018) y el libro de Trent Horn *Persuasive Pro-Life: How to Talk About Our Culture's Toughest Issue* [Provida Persuasivo: Cómo Hablar sobre los Temas más Duros en Nuestra Cultura] (Catholic Answers, 2014). Esos dos recursos lo ayudarán a usted y a su hijo a comprender la lógica detrás de la posición de la Iglesia, mostrando por qué caen en el lado correcto de la razón, dignidad y florecimiento humano. Los Obispos de Estados Unidos también cuentan con un sitio web útil, ForYourMarriage.org, que contesta a las preguntas más frecuentes sobre noviazgo, casarse y la vida de familia.

«Soy divorciado. La Iglesia no me quiere».

Respuesta: Los divorciados son bien recibidos sin duda alguna en la Iglesia. Son partes vitales del Cuerpo de Cristo.

El divorcio es una prueba dura que desafortunadamente es demasiado común en la actualidad. Aproximadamente la mitad de los matrimonios terminan hoy en divorcio (los números para los Católicos son casi idénticos a los números de la cultura dominante). El divorcio es lo suficientemente duro cuando le sucede a usted, pero puede ser devastador cuando uno de sus hijos lo atraviesa. Una madre expresó la opinión que muchos padres comparten: «Lo más grave para mí fue, ¿cómo podemos tener un hijo que se está divorciando? ¿Cómo pudo ocurrir esto en una familia Católica?».

Uno de los mitos más grandes hoy entre aquellos que han dejado la Iglesia es que la persona que se divorcia es automáticamente excomulgada o que no puede recibir más los sacramentos. Esto es simplemente falso, y es descorazonador escuchar historias de gente que permanece alejada de Misa por décadas porque piensa que de algún modo estaba inhabilitada. «Se me dijo que mi divorcio me impedía ser Católico», explicó un hombre. «La mejor cosa que hice alguna vez fue ir y hablar con un sacerdote que me dijo que no había razón por la cual no pudiera volver a casa».

La Iglesia basa sus enseñanzas en las palabras de Jesucristo, que enseñó claramente que el matrimonio es una unión para toda la vida entre un hombre y una mujer, que nadie puede separar (Mt 19, 6). El matrimonio es permanente, termina solo con la muerte de alguno de los esposos, y es por esa razón que la Iglesia no reconoce «segundas nupcias» mientras ambos esposos están vivos. Incluso si una pareja acuerda un divorcio civil, ellos están, a los ojos de la Iglesia, todavía casados. Esto podría ser sorprendente, pero la Iglesia cree que ni siquiera el gobierno puede cortar lo que Dios ha unido. Por lo tanto, en tanto una persona no se haya vuelto a casar o se haya involucrado a una relación sexual con alguien distinto a su cónyuge, esa persona continúa siendo un Católico en regla. Puede recibir la Comunión, acudir a la confesión, participar en la parroquia y hacer todo lo que otro Católico puede hacer. De hecho, muchos Católicos divorciados se sienten llamados a tomar roles de liderazgo en ministerios pastorales que ayudan a otra gente que está atravesando divorcios.

En un capítulo anterior sobre cerrar el círculo, nos informamos sobre el proceso de nulidad en la Iglesia, que es comúnmente interpretado equivocadamente como un "divorcio Católico". Pero a diferencia del divorcio, una anulación no finaliza un matrimonio válido; afirma que nunca ocurrió un matrimonio válido. En ese caso, tanto el hombre como la mujer son libres de casarse con otra persona, que será esencialmente su «primer» (y único) matrimonio válido.

Sin embargo, suponga que su hijo ya se ha divorciado civilmente y vuelto a casar *sin* una anulación, eso significa que su «segundo» matrimonio no es válido a los ojos de la Iglesia. ¿Y entonces qué? Bueno, primero, y más difícil, significa que su hijo está ciertamente viviendo en un grave estado de pecado. Su culpabilidad puede ser disminuida si él no capta totalmente el significado de su decisión, pero de todas maneras es problemática. A pocos en nuestra cultura les llama la atención cuando alguien se casa por segunda, tercera o incluso cuarta vez. Mas la tradición Cristiana entera ha enseñado inequívocamente que este es un grave pecado.

Pero con esa difícil realidad en mente, esto es lo que no se dice a menudo: las personas divorciadas y vueltas a casar son, sin duda, alguna bien recibidas en la Iglesia. No pueden recibir la Eucaristía mientras vivan en un estado de pecado grave, pero aun así son invitados a asistir a Misa. Pueden aún ir a confesarse, trabajar con un director espiritual, y participar en la vida de la parroquia. Probablemente no se les permita tomar una posición de liderazgo en la parroquia, pero no serán evitados ni rechazados. Como cualquier otro pecador, son caminantes en la travesía hacia Dios, navegan hacia un estado de perfección que aún no han alcanzado. No deberíamos avalar su segundo matrimonio como válido, pero no deberíamos cortar tampoco su conexión con la fe.

Es también importante destacar que muchos que se han divorciado civilmente y vuelto a casar sin una anulación han sido capaces de atravesar más tarde el proceso de nulidad y «convalidar» su matrimonio, haciéndolo un sacramento verdadero a los ojos de la Iglesia. Este no es el caso con todas las parejas. Es posible que el segundo matrimonio de su hijo no pueda ser convalidado, y por lo tanto, la única manera de proseguir adelante para él es separarse de su pareja o tomar la decisión heroica de vivir un matrimonio célibe, como hermano y hermana. Pero esta es la razón por la cual cada caso debería ser presentado ante un sacerdote local tan pronto como sea posible. Si su hijo está divorciado y vuelto a casar, sugiérale delicadamente que explore este proceso, y recuérdeles que la Iglesia no los condena para siempre, sino que quiere recibirlos con misericordia.

Un libro recomendado sobre este problema es *Divorced. Catholic. Now What?* [Divorciado. Católico. ¿Y Ahora qué?] (Journey of Hope, 2007) de Lisa Duffy y Vince Frese. Los dos autores son divorciados, pero Católicos fieles, y brindan maneras de navegar todos los escollos y tribulaciones del divorcio mientras permanecen fieles a la fe. El resultado es un recurso claro, inspirador y motivador.

CAPÍTULO 14
Objeciones Teológicas

Llegamos finalmente al último grupo de objeciones comunes. A diferencia de las objeciones personales, que se originan primariamente en las emociones y los estilos de vida, o las objeciones morales que conciernen a «lo que se debe y no se debe hacer» en el Catolicismo, las objeciones teológicas se centran en las cuestiones alrededor de Dios, la fe, la alabanza, el mal y la Biblia. Como en los dos últimos capítulos, encontrará una respuesta simple a cada objeción seguida de una explicación más larga y al menos una recomendación de un libro.

«Sencillamente no hay evidencia de Dios».

Respuesta: Existe abundante evidencia de Dios, incluyendo, la más fuerte de todas, el universo en sí mismo.

Se le preguntó al gran filósofo ateo Bertrand Russell qué diría si se encontrara él mismo parado frente a Dios en el día del juicio, y Dios le preguntara, «¿Por qué no creías en mí?». Russell contestó, «Le diría, "¡No hay suficiente evidencia, Dios! ¡No hay suficiente evidencia!"».

Si su hijo no cree más en Dios, especialmente si está alineado con el movimiento del así llamado Nuevo Ateísmo, podría decir lo mismo: «No hay más evidencia de Dios que la que hay de Papá Noel o del Conejito de Pascua».

¿Cómo debería responder? Un primer paso importante es separar las razones *subjetivas* para creer en Dios de las razones *objetivas*. Tal vez usted ha sentido la presencia de Dios en la oración o en Misa. Tal vez haya sido testigo de uno o dos milagros. O tal vez la existencia de Dios sea simplemente algo que siempre ha intuido, algo que ha sabido firmemente que es cierto. Esas son todas buenas razones para que *usted* crea en Dios, pero no significarán mucho para su hijo. Son *subjetivas* y únicas para usted. Su hijo no tiene forma de verificar si son ciertas.

Si su hijo plantea la afirmación de la «no evidencia», está buscando evidencia *objetiva* de Dios, evidencia que no dependa de la experiencia o emoción personal.

Su primera respuesta, siguiendo el consejo que se ofreció en un capítulo anterior, debería ser indagar qué significa para él «evidencia». Si para él eso significa evidencia empírica o física, entonces él está preguntando algo que es ilógico. ¿Por qué? Porque Dios es, por definición, inmaterial. Por lo tanto, no esperaríamos encontrar evidencia empírica *directa* para un Dios invisible. Eso sería como pedir evidencia de la esposa de un solterón. Un solterón, por definición, no tiene esposa.

Dicho eso, podemos encontrar evidencia empírica *indirecta* de Dios. Muchos pensadores, desde Aristóteles hasta San Pablo, hasta Santo Tomás de Aquino, han visto al universo mismo como evidencia de Dios. Ya que el universo no tiene que existir, estamos obligados a preguntar, *¿Por qué vino a la existencia?* No tiene que existir, pero existe. Y no puede explicar su propia existencia, ya que nada causa su propia existencia. Debe haber necesitado cierta razón para su existencia más allá de todo el espacio, tiempo, energía y materia, algo sin espacio, sin tiempo, inmaterial y extraordinariamente poderoso —y ese algo es lo que la mayoría de la gente llama Dios. (Esta es un resumen muy abreviado de una versión del «argumento cosmológico» de Dios).

Tal vez por «evidencia», sin embargo, su hijo no se refiere a evidencia empírica, sino simplemente «buenas razones para sustentar una creencia». En dicho caso su trabajo es mucho más fácil. Hay infinidad de razones para creer en Dios, variando desde las pruebas filosóficas, hasta eventos históricos (tal como la Resurrección de Jesús), hasta la presencia de la belleza y de la razón. De hecho, los filósofos que se especializan en este campo, a menudo llamado la «filosofía de la religión» o «teología natural», han identificado decenas de razones y argumentos. (Muchos de ellos están detallados en StrangeNotions.com).

Ninguno de estos argumentos es *convincente* en el sentido de forzar a su hijo a creer en Dios si él desea con fuerza lo contrario. El matemático francés Blaise Pascal dijo que Dios proporciona suficiente luz para aquellos que quieren ver, y suficiente oscuridad para esconderse en las sombras. Pero hay evidencia suficiente de Dios si la gente está genuinamente dispuesta a la evidencia.

Sea eso cierto o no para su hijo, el mejor libro en esta materia es el de Trent Horn *Answering Atheism: How to Make the Case for God with Logic and Charity* [Respondiendo al Ateísmo: Cómo Presentar el Argumento de Dios con Lógica y Caridad] (Catholic Answers, 2013). Podría también señalarle a su hijo un artículo online de Peter Kreeft titulado «20 Argumentos de la Existencia de Dios» (puede encontrarse en StrangeNotions.com), o si él es un poquito más sofisticado o tiene inclinación científica, dele una copia del impresionante libro del Pr. Robert Spitzer *New Proofs for the Existence of God: Contributions of Contemporary Physics and Philosophy* [Nuevas Pruebas de la Existencia de Dios: Contribuciones de la Física y Filosofía Contemporáneas] (Eerdmans, 2010).

«La fe y la ciencia están en desacuerdo, y yo elijo la ciencia».

Respuesta: La fe y la ciencia se apoyan mutuamente y no están en conflicto. Algunos de los pioneros científicos más famosos eran Católicos.

Una encuesta reciente de Pew encontró que un tercio de los ex-Católicos coincide con que «la ciencia prueba que la religión es superstición». Similarmente, alrededor de un cuarto de los adultos jóvenes cree que «el Cristianismo es anticiencia».

Estos puntos de vista ganaron terreno gracias al surgimiento de nuevos libros de científicos ateístas de gran repercusión como Richard Dawkins, Daniel Dennett, Lawrence Krauss y Stephen Hawking.

Cuando se responde a esta acusación, pienso que es útil hacerlos retroceder amablemente con algunas preguntas. La primera es, «¿De qué modo *específicamente* la fe y la ciencia están en desacuerdo?». En mi experiencia, nueve de cada diez veces, escuchará algo sobre la evolución o Galileo.

Aunque la evolución puede ser problemática para los Protestantes fundamentalistas, no plantea un problema a los Católicos. La Iglesia Católica ha declarado que los Católicos son libres de aceptar o rechazar la teoría de la evolución, dentro de ciertos límites. Por ejemplo, no podemos creer que las *almas* hayan evolucionado al ser. Las almas son inmateriales, por lo tanto, solo pueden ser creadas directamente por Dios. Pero ya que la evolución solo concierne al mundo natural, material, no hay ningún conflicto en creer que la evolución desempeñó algún rol en la formación del cuerpo humano. Entonces, respecto a la evolución, los Católicos son libres de seguir la evidencia adónde conduzca. La evolución no es un problema para el Catolicismo y no entra en conflicto con la fe.

El caso de Galileo es un poquito más complicado. Si bien es cierto que fue puesto bajo un leve arresto domiciliario (en un palacio, con un sirviente), no fue puesto en prisión ni torturado. Y recibió su castigo no porque la Iglesia no estuviera de acuerdo con su ciencia, sino porque se burló del Papa, traicionó su amistad y exigió que la Iglesia cambiara su teología a la luz de sus teorías científicas, que aún no habían sido probadas. Al final, ambas partes tuvieron la culpa, Galileo por su beligerancia y los líderes de la Iglesia por su reacción exagerada. Años después, bajo el liderazgo del Papa San Juan Pablo II, la Iglesia Católica se disculpó formalmente por toda injusticia hecha con Galileo, llamando al asunto un «triste malentendido» y elogiando el brillante trabajo del científico. Si su hijo utiliza el asunto de Galileo como un argumento en contra de la Iglesia, es importante señalar que el asunto fue un pasaje en una página de una mucho más larga historia de la fe y la ciencia.

Una segunda pregunta para hacer en respuesta a esta objeción es, «¿Qué científico o experimento o descubrimiento ha refutado al Catolicismo?». Esta es de alguna manera una pregunta capciosa, porque en realidad *no* hay (y no puede haber) un científico, experimento o descubrimiento específico que haya refutado la fe, al menos la fe Católica. Cuando su hijo sea incapaz de salir con una respuesta específica, podría reexaminar sus suposiciones de que la fe y la ciencia están en desacuerdo.

Luego de realizar estas preguntas y comenzar un intercambio de opiniones con su hijo, usted podría compartir también cuatro puntos clave.

El primer punto es que la ciencia no puede sellar la disputa sobre la cuestión de Dios. Por su naturaleza, a la ciencia solo le concierne el mundo natural, material. Pero ya que Dios es, por definición, inmaterial —significa que no tiene cuerpo ni propiedades físicas— está más allá del alcance de la ciencia. No es simplemente que la ciencia no haya descubierto o refutado *todavía* a Dios. La ciencia *nunca* será capaz de hacerlo. Como vimos en la sección anterior, la ciencia puede producir evidencia que señale indirectamente a Dios, tal como la existencia de un universo contingente o el increíble ajuste de precisión del universo que permite la vida, pero nunca puede contestar directamente la pregunta misma de Dios.

Un segundo punto es que necesitamos otras herramientas además de la ciencia para contestar las preguntas religiosas. La ciencia ha sido incuestionablemente exitosa en campos como la medicina y la tecnología, lo que nos tienta a pensar que la ciencia es la clave para desbloquear *todas* nuestras preguntas y problemas. Pero la ciencia tiene limitaciones metodológicas. Tal como dice Trent Horn, «La antorcha de la ciencia no puede iluminar la respuesta a cada pregunta que tenemos sobre el mundo». Algunas preguntas pueden ser contestadas a través de la reflexión filosófica o con la ayuda de la revelación divina, tal como la Biblia y la Tradición de la Iglesia. Estas preguntas incluyen las preguntas morales (¿Es esta conducta buena?), preguntas concernientes al significado y propósito (¿Por qué estoy aquí?), y las preguntas concernientes a Dios y a su naturaleza (¿Existe él?, y si es así, ¿cómo es?). La ciencia puede probar las preguntas que caen dentro de su jurisdicción, pero fuera de eso necesitamos otras herramientas como la filosofía y la fe.

Un tercer punto, que podría sorprender a su hijo, es que muchos científicos creen en Dios. Encuestas recientes muestran que aproximadamente la mitad de los científicos en actividad son teístas, que significa que creen en un Dios personal, y solo alrededor de un 20% son ateos (el resto no están seguros). Esto confirma que para ser un científico no se requiere ser ateo. Históricamente, muchos de los científicos más importantes no solo creían en Dios, sino que eran Católicos comprometidos. Por ejemplo:

- **Roger Bacon (1214-1294)**—Reconocido por el descubrimiento del «método científico», era un fraile Franciscano.
- **Nicolás Copérnico (1473-1543)**—Desarrolló la teoría heliocéntrica del universo y era un clérigo Católico.
- **Nicolás Steno (1638-1686)**—Un pionero en anatomía y geología y obispo Danés.
- **Gregor Mendel (1822-1884)**—El fundador de la ciencia genética moderna y monje Agustino.
- **Padre Georges Lemaître (1894-1966)**—El padre de la teoría del «Big Bang» y sacerdote Católico.

Si la ciencia y la fe están realmente en desacuerdo, nadie contó sobre estos héroes de los descubrimientos científicos.

Un cuarto y final punto es que la ciencia moderna apoya la creencia en Dios. En vez de desafiar al Cristianismo, muchos descubrimientos científicos recientes han provisto un aumento del apoyo para la cosmovisión Cristiana, especialmente en el campo de la cosmología. De acuerdo con el físico y filósofo Pr. Robert Spitzer, «Hay más evidencia de la física de un comienzo del universo que nunca antes». Un comienzo para el universo respalda el relato bíblico de la creación más que la visión ateísta común de que el universo no fue creado y es infinito, existiendo eternamente en el pasado. Si el universo tuvo un comienzo, un punto anterior en el que no hubo ni tiempo ni espacio, entonces algo atemporal e inmaterial debe haber causado la llegada a la existencia de la nada. Esto suena como lo que los Cristianos llaman Dios. Entonces, antes que refutar a Dios, o entrar en conflicto con la fe, la ciencia moderna provee una fuerte corroboración.

Con todos estos hechos en mente, el *Catecismo de la Iglesia Católica* resume la relación entre religión y ciencia, o fe y razón, de esta manera: «A pesar de que la fe esté por encima de la razón, jamás puede haber contradicción entre ellas. Puesto que el mismo Dios que revela los misterios e infunde la fe otorga al espíritu humano la luz de la razón, Dios no puede negarse a sí mismo ni lo verdadero contradecir jamás a lo verdadero».

Para profundizar sobre la relación fe-ciencia, lea el breve pero esclarecedor cuadernillo *20 Answers: Faith and Science* [20 Respuestas: Fe y Ciencia] (Catholic Answers, 2015).

«Nunca encontré una relación personal con Jesús en la Iglesia Católica».

Respuesta: La Iglesia existe para ayudar a la gente a encontrarse con Jesucristo.

Jessica apenas podía contener su entusiasmo. Acompañó recientemente a un amigo a una megaiglesia Evangélica local, y fue diferente a todo lo que había experimentado creciendo como Católica. El pastor, que era joven, a la moda, energético, predicó un sermón apasionado sobre la importancia de conocer íntimamente a Jesús. Habló de la parábola de Jesús de las diez vírgenes en Mateo 25, que se estaban preparando para la boda. Cinco de las vírgenes eran insensatas y cinco eran sabias. Las vírgenes sabias llevaron bastante aceite en sus lámparas y estuvieron bien preparadas. Las insensatas, sin embargo, no tenían aceite. Cuando finalmente llegó el novio, a las vírgenes insensatas se les terminó el aceite. Les rogaron a las vírgenes sabias que compartieran su aceite, pero ellas se negaron, diciendo «No podemos, porque entonces tampoco nosotras tendríamos bastante. Mejor es que acudan a quienes lo venden y lo compren». El pastor explicó que el aceite representaba la intimidad con Cristo. No podemos pedir prestado o comprar esa intimidad a alguien más; la necesitamos nosotros mismos. Necesitamos una relación personal con Jesús que nos preparará para el banquete de bodas celestial. Solo podemos disfrutar del banquete de Dios si tenemos una relación personal con él ahora.

Luego del oficio, Jessica habló con su amiga sobre el sermón. «Eso fue maravilloso», dijo ella. «Nunca entendí a Dios de ese modo. Supongo que siempre pensé en él como distante e inalcanzable. ¿Cómo tienes una relación personal con él?». Su amiga replicó, «Bueno, ven a nuestro grupo Thirst [Sed] este miércoles y lo verás». Jessica asistió a Thirst, el pequeño grupo de estudio de la Biblia de la megaiglesia, y desde ese momento en adelante, su vida de fe floreció. Comenzó a leer los Evangelios y a orar cada día. Continuó asistiendo a la megaiglesia, y su alma se encendió de alegría durante la adoración. Luego de un par de meses, ella se sintió tan cercana a Jesús como nunca antes en su vida. Lo amaba, confiaba en él, y estaba ansiosa de conocerlo más.

Un par de meses más tarde pasó por la vieja parroquia de su niñez. Evocando todas las memorias de cuando creció allí, se sintió obligada a preguntarse: «¿Por qué mi parroquia no me enseñó sobre esta relación personal con Dios? ¿Cómo fue posible que no pudiera adquirir eso durante todos los años de Misa, de educación religiosa y de escuelas Católicas?».

Jessica no está sola. Esta experiencia es compartida por muchos jóvenes que dejaron la Iglesia Católica, especialmente hacia comunidades Protestantes. El Papa San Juan Pablo II afirmó, «Algunas veces, incluso los Católicos han perdido o nunca han tenido la oportunidad de experimentar a Cristo personalmente: no a Cristo como un mero "paradigma" o "valor", sino como el Señor viviente, el camino, la verdad y la vida».

Atraviesan nuestras instituciones y reciben los sacramentos, pero nunca se les cuenta sobre la importancia de desarrollar una vida de fe personal o de cómo hacerlo. Una encuesta reciente de Pew encontró que solo el 60% de los Católicos adultos cree aún en un Dios personal. Si escasamente la mayoría cree que es posible conocer a Dios personalmente, ¿causa alguna sorpresa que tan pocos lo hayan logrado?

Incluso a pesar de la falla general de ayudar a los Católicos a encontrar a Dios de un modo real y personal, esa deficiencia va en contra de la propia misión de la Iglesia. Todo lo que la Iglesia enseña y brinda gira en torno a Jesús. ¿Por qué asistimos a Misa? Para encontrarnos con Jesús en la Eucaristía. ¿Por qué veneramos a María? Porque es la madre de Jesús. ¿Por qué creemos que el matrimonio es una unión sacramental para toda la vida? Porque simboliza la unión de Cristo con la Iglesia. ¿Por qué los Católicos confiesan sus pecados a Dios a través de un sacerdote? Porque Jesús les encargó a los sacerdotes canalizar su perdón. Todo en la Iglesia Católica regresa a Cristo; todo existe para ayudar a conocerlo y amarlo más.

Ahora, es probable que su hijo no haya descubierto esto todavía —si lo hubiera hecho, ¡probablemente no se hubiera alejado! Es probable que su hijo no sepa que los siete sacramentos ofrecen todo un encuentro directo con Cristo. En un artículo titulado «Cómo Conduje a Católicos a Salir de la Iglesia», el converso Católico Steve Woods dice, «En mi experiencia como protestante, todos los Católicos que tuvieron una conversión dentro de un marco Protestante carecen de una comprensión firme de su fe Católica. En veinte años de ministerio Protestante, nunca encontré un Católico que supiera que Juan 3, 3-8 describe el sacramento del Bautismo. No era difícil convencerlos de olvidar los sacramentos junto con la Iglesia que enfatizaba los sacramentos».

En otras palabras, si a su hijo nunca se le enseñó o mostró cómo los sacramentos son el combustible de una relación personal con Jesucristo, no debería sorprendernos cuando buscan esa relación en otro lugar. Pero en mi experiencia, he encontrado que una vez que a un ex-Católico se le *muestra* finalmente cómo los sacramentos brindan un encuentro especial con Dios, más profundo y personal que ninguna otra cosa que se pueda encontrar en otro lado, se muestran predispuestos a regresar.

Mientras tanto, no reaccione como si su hijo estuviera «perdido» o de alguna manera lo hubiera traicionado si se unió a una comunidad de una iglesia no Católica. En cambio, alégrese de que su hijo tiene fe y ha encontrado a Jesús personalmente, mientras aún intenta guiarlo a la plenitud de la fe que se encuentra en la Iglesia Católica. Cuando sea el momento indicado, podría decirle algo como esto, «Lamento tanto que nunca hayas encontrado a Jesús personalmente en la Iglesia Católica. ¡Para eso existe precisamente la Iglesia! Déjame contarte de qué modo *yo* encontré a Dios en los sacramentos . . .».

Algunos libros que lo ayudarán en este sentido son *Discover Christ: Developing a Personal Relationship with Jesus* [Descubra a Cristo: Desarrollando una Relación Personal con Jesús] (Our Sunday Visitor, 2011) de los escritores Católicos Bert Ghezzi y David Nodar. Este libro muestra «por qué» y «de qué modo» construir ese tipo de relación dentro del Catolicismo. Otros libros útiles son *Jesus Shock* [La Conmoción de Jesús] de Peter Kreeft (Beacon Publishing, 2012), *Rediscover Jesus* [Redescubra a Jesús] de Matthew Kelly (Beacon Publishing, 2015) y *Forming Intentional Disciples* [Formando Discípulos Intencionales] de Sherry Weddell (Our Sunday Visitor, 2012). Cada recurso muestra cómo la Iglesia Católica brinda una relación íntima con Cristo.

«Los Católicos no valoran la Biblia».

Respuesta: El Catolicismo es una fe basada en la Biblia que reverencia las Escrituras como la Palabra de Dios.

Esta objeción es común en la gente que ha dejado la Iglesia Católica por una comunidad Protestante, a menudo Baptista o Evangélica. La objeción puede tomar otras formas como «Los Católicos no leen la Biblia» o «El Catolicismo es no Bíblico» o «No tienen Biblias en los bancos de las iglesias». Su hijo podría incluso acusar a la Iglesia de encadenar las Biblias en los siglos pasados para que la gente no pudiera estudiarlas o, incluso peor, de quemar copias de la Biblia.

Por supuesto, todo esto son confusiones o mitos. La Iglesia Católica reverencia la Biblia. Fue la Iglesia la que compiló, salvaguardó y distribuyó las Escrituras a través de las épocas. ¡Sin la Iglesia Católica, no habría Biblia para que usen los Protestantes!

Henry Graham escribió un libro excelente desmintiendo muchos de los rumores, titulado *Where We Got the Bible: Our Debt to the Catholic Church* [De Dónde Obtuvimos la Biblia: Nuestra Deuda con la Iglesia Católica]. Graham mismo era Protestante hasta que fue influenciado por los hechos históricos que apoyan a la Iglesia Católica. En su libro, desmiente varios mitos tales como la afirmación de las «Biblias encadenadas». La Iglesia Católica ciertamente encadenaba las Biblias en las iglesias y en las bibliotecas, pero no era para que la gente no pudiera leerlas —¡lo hacía para permitir que *más* gente pudiera leerlas! En los siglos previos a la imprenta, las Biblias eran raras y preciadas. Para evitar que la gente las robara o dañara, la Iglesia las encadenaba en lugares seguros, tanto como hacemos nosotros hoy con las guías telefónicas, encadenadas en las cabinas. Se las encadenaba para salvaguardarlas, no para prohibirlas.

Graham trata también el mito de «quemarlas». De nuevo, este es técnicamente verdadero. La Iglesia ciertamente quemó muchas copias de la Biblia, pero las razones eran justificadas. Luego del siglo catorce, cuando el inglés se convirtió en el idioma establecido, el sacerdote disidente John Wycliffe tradujo la Biblia al inglés. Sin embargo, siendo un reformador Protestante, añadió también un prólogo herético a su traducción, denunciando varias doctrinas Católicas. Traducciones posteriores hechas por hombres como William Tyndale contenían interpretaciones dudosas que le dieron a ciertos pasajes un giro más Protestante junto a notas al pie de página anti-Católicas. La Iglesia Católica condenó estas traducciones, pero hasta el rey Anglicano Enrique VIII dijo, «La traducción de las Escrituras corrompida por William Tyndale debería ser completamente prohibida, rechazada y apartada de las manos de la gente, y no permitirse su difusión».

Para proteger a la grey Católica de la confusión y la herejía, la Iglesia quemó estas traducciones defectuosas. ¿Convierte esto a la Iglesia Católica en anti-Biblia? No. Su vigorosa apreciación de la Biblia es la razón por la que recorrió grandes distancias para asegurarse que fuera traducida con exactitud. (Vale la pena notar también que los fundadores Protestantes podrían estar expuestos a recibir un cargo similar. Durante el tiempo de la reforma, era común quemar libros no aprobados. Juan Calvino, por ejemplo, el líder de la Reforma Protestante luego de Martín Lutero, había quemado varias copias de la Biblia de Servet, ya que no aprobaba la traducción. Posteriormente, Calvino quemó al mismo Miguel Servet en la hoguera por profesar una teología diferente. Así que la quema de Biblias no fue exclusiva de la Iglesia Católica, ni tampoco fue un signo de desconsideración con las Escrituras).

Suponga que cuando su hijo realiza esta crítica, sin embargo, no tiene en mente encadenar ni quemar. Simplemente piensa que hoy, en las ciudades e iglesias del mundo real, los Católicos no prestan mucha atención a la Biblia. Hay dos maneras de contestar.

Primero, refiérase a la liturgia. Se escucha más de las Escrituras durante una sola Misa que en casi cualquier servicio Protestante. Los Católicos escuchan tres lecturas importantes durante cada liturgia los Domingos y los días de las fiestas mayores: una del Antiguo Testamento, una de las cartas o escritos del Nuevo Testamento y una de los Evangelios (Las misas de los días laborables tienen una del Antiguo Testamento o del Nuevo Testamento, y otra de los Evangelios). La segunda mitad de la Misa, la Liturgia de la Eucaristía, utiliza palabras tomadas de, o basadas en, las Escrituras. Esto significa que no es inusual que los Católicos escuchen cientos de palabras de las Escrituras en cada Misa.

El leccionario Católico, que lista los pasajes de la Biblia que se leen en la Misa, sigue un ciclo de tres años de lecturas para los Domingos y un ciclo de dos años para los días de semana. Un Católico que va a la iglesia fielmente escuchará, a lo largo de tres años, una gran porción de la Biblia. Por el otro lado, la comunidad Protestante típica lee habitualmente solo un muy pequeño pasaje de las Escrituras durante el oficio, y casi siempre del Nuevo Testamento. No es poco común para los pastores Protestantes predicar exclusivamente sobre los pasajes que prefieren o con los que se sienten más cómodos. Así que generalmente los Católicos reciben *más* de las Escrituras y escuchan un *rango* más grande de la Biblia.

Una segunda respuesta a esta objeción se refiere a la enseñanza oficial de la Iglesia sobre la Biblia. La Iglesia Católica anima a sus fieles a leer, estudiar y aprender las Escrituras. *Dei Verbum,* un documento del Concilio Vaticano II, dice que «todos los clérigos . . . se sumerjan en las Escrituras con asidua lectura y con estudio diligente. . . . De igual forma el Santo Concilio exhorta con vehemencia a todos los cristianos . . . que aprendan "el sublime conocimiento de Jesucristo" (Flp 3,8), con la lectura frecuente de las divinas Escrituras. "Porque el desconocimiento de las Escrituras es desconocimiento de Cristo" [San Gerónimo, Comentario sobre Isaías]».

Si la relación de la Iglesia con la Biblia representa un obstáculo para su hijo, usted podría dirigirlo al trabajo de respetados académicos Católicos de la Biblia tales como el Papa Benedicto XVI, Scott Hahn, Brant Pitre, John Bergsma o Michael Barber. O podría dirigirlo a los grandes expertos Católicos de las Sagradas Escrituras del pasado como San Agustín o San Jerónimo.

En términos de libros, usted podría querer conseguirle una buena Biblia Católica de estudio. Le recomiendo fuertemente la serie de The Word on Fire Bible [La Biblia de Word on Fire]. Otra gran opción es Ignatius Study New Testament [Estudio del Nuevo Testamento de Ignatius], que ofrece notas y comentarios de muchos santos y académicos. Otros libros útiles son *Where Is That in the Bible?* [¿Dónde Está Eso en la Biblia?] de Patrick Madrid (Our Sunday Visitor, 2001), Signs of Life: 40 Catholic Customs and Their Biblical Roots [Señales de Vida: 40 Costumbres Católicas y sus Raíces Bíblicas] de Scott Hahn (Image Books, 2009), *Reading God's Word Today* [Leyendo Hoy la Palabra de Dios] de George Martin (Our Sunday Visitor, 2009) y *The Catholic Church and the Bible* [La Iglesia Católica y la Biblia] de Pr. Peter Stravinskas (Ignatius Press, 1996). Y, como se mencionó previamente, está *Where We Got the Bible: Our Debt to the Catholic Church* [De Dónde Obtuvimos la Biblia: Nuestra Deuda con la Iglesia Católica], de Henry Graham, que puede encontrarse gratis online.

«Sencillamente no estaba siendo alimentado en mi parroquia. Encontré otra iglesia que es más vibrante y satisfactoria».

Respuesta: Nada puede reemplazar la Eucaristía, que ofrece un encuentro directo con Dios que ninguna canción, ni sermón, ni experiencia puede igualar.

Cuando se les preguntó a ex-Católicos que se unieron a una denominación Protestante por qué hicieron la transición, ocho de diez (81%) nombran el disfrute del servicio religioso y el estilo de adoración como razón principal.

Mucha de esta gente vuelve a reflexionar y dice, «Nunca obtuve nada de la Misa Católica».

Otra respuesta seria, pero tal vez mordaz sería, «Bueno, ¿qué esperabas obtener?». Si la respuesta es «sentimientos cariñosos» o «paz y confort» o «experiencias positivas», estas son todas cosas que se pueden encontrar fácilmente en un cine o un concierto. No se necesita a la religión para eso, mucho menos la Misa. Usualmente, la gente que espera «obtener algo» de la Misa no sabe *para qué* es la Misa.

Jesús no estableció la Misa para darnos buenos sentimientos, aunque estos podrían llegar. Creó la Misa para darse *él mismo* a nosotros, y para dejarnos participar en su sacrificio a Dios Padre. La Eucaristía es la fuente y culmen de la fe Católica porque *es* Jesús, en Cuerpo y Sangre, Alma y Divinidad. La música poderosa, las homilías relevantes, las liturgias reverentes y la cálida hospitalidad amplifican toda la experiencia de la comunión con Dios. Pero son secundarias, no primarias, para encontrar a Jesús en la Eucaristía; son el glaseado, no el pastel.

Su hijo podría haber encontrado otra comunidad Cristiana con mejor música. Podría haber encontrado un predicador en una megaiglesia que da mejores mensajes que el viejo Padre Joe, que parece divagar con aforismos difusos y chistes malos. Podría haber encontrado una comunidad con muchos pequeños grupos enérgicos, un ministerio de la juventud activo, y un montón de ministerios misioneros. Pero nada de esto puede reemplazar el recibir a Jesús en la Eucaristía.

Esta es la razón por la cual la mejor respuesta a la objeción de «No estaba siendo alimentado» es triple. Primero, usted necesita convencer a su hijo de que Jesús está presente de modo único en la Eucaristía y que no hay música, predicación o actividad que pueda reemplazarla. Hemos cubierto esto es nuestras respuestas a algunas de las otras objeciones.

Segundo, usted necesita ayudar a su hijo a encontrar una parroquia o ministerio que verdaderamente *llene* su necesidad de sentimientos cálidos, paz y consuelo, y experiencias positivas. Si su hijo está aburrido por la predicación en su parroquia local, ¿no habrá alguna otra en las cercanías con mejores homilías? Si no le gusta la música, ¿no habrá otra Misa en su parroquia, o en las cercanías, con música más atractiva? Si él no puede encontrar un pequeño grupo de estudio que le guste, ¿no podrá usted conectarlo con otra parroquia o ayudarlo a encontrar una comunidad online? Usted podría pensar que es suficiente con convencerlo de que la Eucaristía es irremplazable, pero habitualmente esa es solo una pieza del rompecabezas. Usted necesita también dar respuesta a su hambre espiritual, que al menos en este momento él no piensa que pueda ser satisfecha en la Iglesia Católica.

Un libro útil en este sentido es en realidad un libro bíblico —el Evangelio de Juan. Anime a su hijo a revisar Juan 6 con usted y reflexionar sobre su significado. En este capítulo, Jesús define claramente que «ser alimentado» espiritualmente significa: comer el Cuerpo de Cristo y beber su Sangre. Algunos podrían ver esas afirmaciones como meras metáforas, pero Jesús repite la afirmación e incluso incrementa el tenor de su lenguaje a lo largo del capítulo, rechazando el identificarlo como metafórico incluso cuando muchos de sus discípulos expresan descontento por sus afirmaciones. El sexto capítulo de Juan afirma que el verdadero Pan de Vida se encuentra solo en la Eucaristía, no en luces, música o experiencias vibrantes. Así es como somos alimentados.

«¿Cómo es posible que Dios pudiera haber permitido que cosas malas me sucedieran a mí?».

Respuesta: Aunque el dolor y el sufrimiento son a menudo difíciles de entender, Dos no nos abandona —él sufre con nosotros.

Susan recuerda intensamente cuándo ella perdió su fe en Dios. «Fue la muerte de mi bisabuelo. Había rezado muy duro por mucho tiempo para que Dios lo curara y lo devolviera a mi familia. Cuando finalmente murió, sentí como si Dios hubiera ignorado mis llantos a él y ahí fue cuando decidí que no podía tener nada que ver con un Dios que había permitido esa clase de dolor en mi corazón».

No es raro para la gente alejarse de la Iglesia después de ser testigos o de experimentar un sufrimiento profundo. Ver una muerte de cáncer relativamente lenta, perder un hijo durante el embarazo, ver cómo una adicción arruina la vida de un amigo —eventos como estos nos fuerzan a preguntarnos por qué Dios no se entromete. Si Dios fuera todo amoroso, y todopoderoso, con seguridad él arreglaría estos problemas, y ya que él no aparece para ayudar, solo podemos asumir que no es todo amoroso o no es todopoderoso —o que simplemente no existe.

Este enigma, tradicionalmente llamado el «problema del mal», es una dificultad antigua, una con la que la gente ha batallado durante siglos. Santo Tomás de Aquino, el filósofo y teólogo del siglo trece, que muchos consideran la mente más brillante de la historia de la Iglesia, identificó el «problema del mal» como uno de los únicos dos tremendos argumentos en contra de la existencia de Dios.

Así que es un problema auténtico, no una cosa para tratar por encima. Si su hijo ha experimentado un profundo sufrimiento que ha causado que se mantenga alejado de la Iglesia, ¿cómo debería responderle? ¿Cómo debería contestar su súplica desesperada por saber por qué Dios permitió que ocurriera el sufrimiento?

La respuesta primera y honesta, debería ser «No lo sabemos». No estamos en una posición de saber las razones de Dios para permitir ciertos actos de sufrimiento. Dios, por definición, trasciende el espacio y el tiempo, lo que significa que solo él está en una posición privilegiada para ver los efectos a largo plazo de cada acción sobre la tierra. Con ese conocimiento, permite ciertos actos, incluso actos malos, y es capaz de ocasionar grandes bienes a partir de ellos.

La mayoría de nosotros han visto esta dinámica desarrollarse en pequeña escala en nuestras propias vidas. Por ejemplo, cuando llevo a mis hijos pequeños al dentista, me miran con terror mientras el dentista escarba sus dientes con sus herramientas metálicas. Sé que están pensando. «¡Oh, Papi! ¿Cómo puedes permitir que me haga esto?». Son muy pequeños para comprender que permito que el dentista les cause ese dolor temporario porque los efectos de largo término —dientes y encías saludables— valen la pena indudablemente. Permito su sufrimiento incomprensible, en ese caso, para conseguir un bien mayor. La analogía no es perfecta, ya que yo *causo* que mis hijos vayan al dentista mientras Dios nunca *causa* sufrimiento —él solo lo permite. Pero el ejemplo muestra cómo alguien puede ser incapaz de comprender plenamente por qué se le permite sufrir, aun cuando pudiera resultar en bienes extraordinarios.

Pero incluso con esa explicación lógica, el «problema del mal» es todavía difícil de aceptar. No soluciona la confusión emocional que la mayoría de la gente siente luego de experimentar grave dolor. La respuesta más satisfactoria, y la contestación definitiva para los Católicos, es Cristo crucificado. En la cruz vemos a Dios, en carne y hueso, no ofreciendo una respuesta trivial al misterio del sufrimiento sino, en cambio, eligiendo abrazar nuestra humanidad y *sufrir con nosotros*. Él experimentó el peor mal que el mundo le pudo arrojar encima —traición, burla, dolor intenso, tortura y ejecución. Y lo cargó todo sobre sí mismo para nuestro beneficio.

Así que, si su hijo está sufriendo, usted puede aseverarle que Dios conoce su sufrimiento de primera mano. No es una fuerza distante, observando cómo su hijo sufre desde más allá de las nubes. Él comparte nuestro sufrimiento y decepción y ya ha comenzado a suscitar bien a partir de ello.

Peter Kreeft tiene un libro notablemente útil sobre este tema, titulado *Making Sense Out of Suffering* [Encontrando Sentido a Partir del Sufrimiento] (Servant Books, 1986). O, para una respuesta más estimulante, podría sugerirle a su hijo el clásico de C. S. Lewis *The Problem of Pain* [El Problema del Dolor] (HarperOne, [1940] 2015).

CONCLUSIÓN
Un Paso Adelante

Todos hemos estado ahí. Usted tiene un momento de inspiración clave y decide que es tiempo de hacer un cambio serio en su vida. Tal vez quiere perder 15 libras, saldar algunas deudas, o sanar una relación particular. Comienza a planificar y urdir. Busca los mejores caminos para conseguirlo. Fija objetivos específicos con fechas límite firmes. Siente esa avalancha que llega cuando cree que su vida está por cambiar para mejor.

Y luego se choca contra una pared.

Una interrupción pequeña, inesperada que lo arroja fuera de curso, y antes que lo sepa, su ambición ardiente se extingue. Se come una pizza entera y se siente horrible. Recibe por correo una factura grande e inesperada. Un miembro de la familia le dispara otro tiro al azar y usted contesta el fuego.

No es que sólo acaba de volver al punto de partida. Se siente incluso peor que cuando decidió hacer borrón y cuenta nueva porque, no solo ahora tiene sobrepeso, deuda, o mal manejo de su relación con una persona difícil; ahora se da cuenta de que intentó resolver el problema y se quedó corto. Encima de todo, siente como un fracaso.

¿Le suena familiar esa montaña rusa?

Todos la hemos montado. Sabemos cómo se siente subir y sabemos cómo se siente caer.

Pero nos damos cuenta a través de la experiencia que la clave es *nunca* rendirse (o, para seguir la analogía de la montaña rusa, nunca vomitar).

Atraer a su hijo de regreso a la Iglesia será un viaje irregular, lleno de giros y curvas. Puedo prometerle eso. Y tal como hemos aprendido a través de este libro, no hay una manera rápida y fácil de traerlo a casa.

Tiene que abrocharse el cinturón y comprometerse al viaje largo e irregular.

La buena noticia es que ahora tiene todos los consejos, herramientas y estrategias que necesita —un plan de juego completo. Pero hay muchas posibilidades de que, si usted es como la mayoría de la gente, haya una voz pequeña, silenciosa que lo esté conteniendo, diciéndole «Ah, probablemente esto no funcione nunca».

Para muchos padres, la voz sugiere «Mi hijo está tan lejos. Regresar para él implica un cambio tan grande». Efectivamente, centrarse en el gran objetivo enseguida lo dejará casi seguramente paralizado en inacción. Los escaladores que se paran en la base del Monte Everest no piensan en todo el desafío alucinante que deben conquistar. ¡Toma de seis a nueve semanas subir y bajar la montaña! En cambio, se centran en la travesía de ese día. «Todo lo que tengo que hacer es simplemente completar el ascenso de hoy. Es eso. Los desafíos de mañana los enfrentaré mañana».

Considere a la misión con su hijo de la misma manera. Solo céntrese en el próximo paso. Tome la perspectiva pequeña, lenta. Con cada oración, cada «regalo semilla», cada conversación, cada invitación, su objetivo es simplemente ayudar a su hijo a dar un paso más cerca de Dios y de regreso a la Iglesia. Es eso —sólo un paso por vez. No tiene que hacer todo el camino de regreso luego de una conversación. No tiene que regresar a Misa, a la confesión y a la oración regularmente en la semana próxima. Todo lo que necesita es dar un paso más acercándose a Jesucristo en su Iglesia.

Para decirlo de otro modo, sólo céntrese en ayudar a su hijo a que cada día se acerque un 1% más a Dios que el día anterior. No intente que se mueva un 100% en un día —entusiásmese con un 1%. A través del tiempo, ese 1% se irá acumulando, y usted se sorprenderá de lo lejos que ha llegado. El otro beneficio de esta mentalidad es que el éxito pequeño de 1% que usted experimente, alimentará a cada uno de los demás y comenzará a generar un impulso, que lo animará a continuar hacia adelante incluso con mayor energía.

Por supuesto encontrará contratiempos. Algún día su hijo se moverá 1% *más lejos* de Dios —¡o más! Está bien. Como los escaladores del Everest, olvídese del ayer y concéntrese en el hoy. Reencamínese y aspire al 1% en la dirección correcta.

Otra oposición común que probablemente experimentará es desesperación interior. Ha descubierto todas estas estrategias, e incluso se ha imaginado utilizándolas con su hijo. Pero luego algo le arranca ese soñar despierto. «No lo sé» piensa usted. «Esto suena prometedor, pero probablemente no funcionará para mí. Simplemente no puedo ver a mi hijo regresando».

No piense de esa manera. No dé lugar a esos sentimientos de duda y desesperanza. Esos eran sus sentimientos viejos, los que tenía *antes* de comenzar este libro, pero están en el pasado. Está comenzando hoy un nuevo camino, uno que se fundamenta en la esperanza —no esperanza en sus *propias* capacidades, sino en el poder de Dios. Si la reversión de su hijo dependiera de usted, podría haber una buena razón para la duda. Pero Dios, el creador todopoderoso del cosmos, se está moviendo aún en la vida de su hijo, y el Espíritu Santo ya está preparando el camino. Confíe en que, con Dios, nada es imposible (ver Lucas 1, 37). Incluso aunque no pueda ver el camino para el regreso de su hijo, Dios puede, y está esperando ansiosamente el momento en el que pueda correr hacia su hijo y abrazarlo.

Usted tiene ahora todo lo que necesita. Tiene los consejos, tiene las herramientas y tiene el plan de juego.

El paso siguiente es tomar acción. Empiece por el principio del plan de juego, que comienza con oración y sacrificio. Ese es el cimiento que necesita para asegurar que los pasos posteriores sean exitosos. Ahora mismo, después de que termine estas páginas finales, no cierre simplemente el libro, déjelo a un lado y siga adelante con su día. En cambio, cierre sus ojos y ore por su hijo. Comprométase, ahora mismo, a ofrecer un pequeño sacrificio hoy por el regreso de su hijo a la fe. Hágalo de nuevo mañana —oración y sacrificio.

Luego de sentar esas bases, comience a plantar semillas, y cuando sea el momento indicado, abra el diálogo. Luego otro diálogo y otro. No lo detenga.

Al menos que haga algo con este conocimiento recién descubierto, casi no tendrá valor. Necesita decidirse a actuar. Necesita dar ese primer paso.

Luche contra el deseo de posponerlo. No ponga excusas y diga, «Me pondré con esto mañana u otro día». Puede que no haya otro día. El futuro eterno de su hijo pende de la balanza ahora mismo, así que no levante la bandera blanca de la complacencia.

Sea el padre que se mueve y actúa y póngase en marcha por el regreso de su hijo.

Una madre conocida describía su hijo alejado como un «Agustín en ciernes». Adoro eso. ¿Se acuerda de Agustín, el joven tormentoso que rechazaba la fe su madre? ¿El que andaba de fiesta toda la noche, tenía una amante, y tuvo un hijo extramatrimonial? Ese mismo pródigo se convirtió eventualmente en *San* Agustín, el santo héroe que contribuyó a moldear a la Iglesia y cambió al mundo.

Imagínese a su hijo como el próximo «Agustín en ciernes». No importa cuán lejos se haya alejado, no pierda de vista el hecho de que Dios anhela que su hijo se convierta en un gran santo.

Para que eso suceda, su hijo no necesita una experiencia trascendental o una conversación que lo transforme de un día para el otro. Como el hijo pródigo, sólo necesita dar ese primer, pequeño paso de regreso a la casa de su Padre.

Y no tiene que completar esa travesía en un solo día. Sólo necesita —día tras día, paso tras paso— continuar acercándose al Dios que lo ama, incluso más que usted.

Que esa sea su oración hoy. Pida a Dios que intervenga en la vida de su hijo, que prepare su corazón, y que le dé la gracia que necesita. Si pide, Dios se lo dará. Él prometió «Pidan y se les dará; busquen y encontrarán; toquen y se les abrirá» (Mt 7, 7).

Así que ore, pida y tenga confianza. Dios ama profundamente a su hijo y desea desesperadamente lo mismo que usted: ayudarlo a regresar.

«Porque así habla el Señor:

“Yo mismo voy a buscar mi rebaño
y me ocuparé de él . . .

Las libraré de todos los lugares donde se habían
dispersado, en un día de nubes y tinieblas.

Las sacaré de entre los pueblos,
las reuniré de entre las naciones.

Las traeré a su propio suelo y las apacentaré . . .

Yo mismo apacentaré a mis ovejas y las
llevaré a descansar . . .

Buscaré a la oveja perdida,
haré volver a la descarriada,

vendaré a la herida y curaré a la enferma . . .

Yo las apacentaré con justicia”».

—EZEQUIEL 34, 11–16

RECONOCIMIENTOS

Muchísimos familiares, amigos y mentores contribuyeron con este libro. Definitivamente no fue un esfuerzo en solitario.

Mi primer agradecimiento es para el Obispo Robert Barron y el Pr. Steve Grunow, mis dos padres espirituales. Ustedes me enseñaron más sobre lo prioritario de Cristo y la urgencia de la evangelización que nadie más. Son mis héroes.

Gracias también al equipo brillante, innovador de Word on Fire. Son más que compañeros de trabajo y más que amigos; son familia. Es un gran privilegio proclamar el Evangelio con ustedes. Este libro es fruto de nuestro trabajo juntos. Estoy especialmente agradecido con Matt Becklo y Dan Seseske por editar y mejorar este libro con tanto talento, a Cassie Pease por su espectacular portada y a Peggy Pandaleon por escribir dos útiles guías complementarias.

Mucha gratitud hacia Bert Ghezzi, mi editor y querido hermano. Mereces el crédito por cada oración clara en este libro. También, si no fuera por ti, la voz pasiva hubiera sido utilizada mucho más seguido.

Gracias especiales a Stephen Bullivant, Marcel LeJeune, Leah Libresco, Matt Nelson y John Simmons por leer versiones primitivas del libro y ofrecerme retroalimentación valiosa. Este libro es mucho mejor por sus contribuciones.

Quiero agradecer a los cientos de personas que conversaron sobre este tema conmigo en los últimos años —padres, jóvenes, aquellos que se fueron y aquellos que han vuelto. Hicieron de este libro algo más que una colección de estadísticas áridas y consejos. Sus historias agregaron color e intensidad. Estoy agradecido de que las hayan compartido conmigo.

Finalmente, gracias a mi extraordinaria esposa, Kathleen, que se sacrificó mucho por este proyecto y leyó detenidamente el texto. Tengo que agradecer también a mis maravillosos hijos, Isaiah, Teresa, Augustine, Gianna, Zelie, Gilbert y Maria. Ustedes son las luces que hacen brillar mi vida. Los amo muchísimo.

REFERENCIAS

Mientras trabajaba para este proyecto, leí decenas de libros, y estos resultaron ser especialmente útiles:

Forming Intentional Disciples: The Path to Knowing and Following Jesus [Formando Discípulos Intencionales] (Our Sunday Visitor, 2012) de Sherry Weddell

Generation Ex-Christian: Why Young Adults Are Leaving the Faith . . . and How to Bring Them Back [Generación Ex-Cristiana: Por Qué los Jóvenes Están Abandonando la Fe . . . y Cómo Traerlos de Vuelta] (Moody Publishers, 2010) de Drew Dyck

How to Defend the Faith Without Raising Your Voice, Revised and Updated [Cómo Defender la Fe sin Levantar la Voz: Respuestas Civilizadas a los Temas Católicos Candentes, Revisado y Actualizado] (Our Sunday Visitor, 2015) de Austen Ivereigh y Kathryn Lopez

Mass Exodus: Catholic Disaffiliation in Britain and America Since Vatican II [Éxodo Masivo de la Misa: Desafiliación Católica en Gran Bretaña y Norteamérica Desde el Vaticano II] (Oxford University Press, 2019) de Stephen Bullivant

The Prodigal You Love: Inviting Loved Ones Back to the Church [El Pródigo que Amas: Invitando a los Amados de Vuelta a la Iglesia] (Pauline Books and Media, 2014) de Theresa Aletheia Noble, FSP

The Rise of the Nones: Understanding and Reaching the Religiously Unaffiliated [El Surgimiento de los "Ninguna": Entendiendo y Llegando a los No Afiliados Religiosamente] (Baker Books, 2014) de James Emery White

Search and Rescue: How to Bring Your Family and Friends Into—Or Back Into—the Catholic Church [Búsqueda y Rescate: Cómo Traer a Sus Familiares y Amigos a —o de Vuelta a— la Iglesia Católica] (Sophia Institute Press, 2001) de Patrick Madrid

Tactics: A Game Plan for Discussing Your Christian Convictions [Tácticas: Un Plan de Juego para Discutir Sus Convicciones Cristianas] (Zondervan, 2009) de Gregory Koukl

unChristian: What a New Generation Thinks About Christianity . . . and Why It Matters [No Cristiano: Qué Piensa una Nueva Generación Sobre el Cristianismo . . . y Por Qué Interesa] (Baker Books, 2007) de David Kinnaman

When a Loved One Leaves the Church [Cuando Alguien Amado Deja la Iglesia] (Our Sunday Visitor, 2001) de Lorene Hanley Duquin

Young Catholic America: Emerging Adults In, Out of, and Gone from the Church [La Norteamérica Joven Católica: Adolescentes y Jóvenes Adultos que Están Dentro, Fuera, o se Han Ido de la Iglesia] (Oxford University Press, 2014) de Christian Smith, Kyle Longest, Jonathan Hill y Kari Christoffersen

Encuentre más referencias específicas y citas debajo.

Introducción

xvi La mitad de los jóvenes norteamericanos que fueron criados como Católicos ya no se identifican hoy como Católicos: «America's Changing Religious Landscape», Pew Research Center, Washington, DC, 12 de mayo, 2015, https://www.pewforum.org/2015/05/12/americas-changing-religious-landscape/.

xvi Aproximadamente ocho de cada diez (79%) que pierden la fe, lo hacen antes de los veintitrés: «Faith in Flux», Pew Research Center, Washington, DC, 27 de abril, 2009, https://www.pewforum.org/2009/04/27/faith-in-flux/.

xvii «Ha abierto una brecha en el centro de nuestra familia»: Citado en *When a Loved One Leaves the Church,* de Lorene Hanley Duquin (Huntington, IN: Our Sunday Visitor, 2001), 45.

xvii «Bueno, me imagino que no eran tan buenos como pensábamos»: Citado en *When a Loved One Leaves the Church* Lorene, de Hanley Duquin (Huntington, IN: Our Sunday Visitor, 2001), 46.

Capítulo 1: ¿Por Qué se Están Yendo?

3 La mitad (exactamente el 50%) de los jóvenes norteamericanos que han sido criados Católicos no se reconocen actualmente a sí mismos como Católicos: «America's Changing Religious Landscape», Pew Research Center, Washington, DC, 12 de mayo, 2015, https://www. pewforum.org/2015/05/12/americas-changing-religious-landscape/.

3 solo el 7% de los jóvenes criados en la Iglesia practican todavía hoy su fe activamente: *Young Catholic America: Emerging Adults In, Out Of, and Gone from the Church,* de Christian Smith, Kyle Longest, Jonathan Hill, y Kari Christoffersen (New York: Oxford University Press, 2014), 202.

3 ocho de cada diez (79%) de los que se alejan de la fe, lo hacen antes de los veintitrés años: «Faith in Flux», Pew Research Center, Washington, DC, 27 de abril, 2009, https://www.pewforum.org/2009/04/27/faith-in-flux/.

4 uno de cada cuatro hispanos en Norteamérica son ahora ex-Católicos: Citado en «The Shifting Religious Identity of Latinos in the United

States», Pew Research Center, Washington, DC, 7 de mayo, 2014, https://www.pewforum.org/2014/05/07/the-shifting-religious-identity-of-latinos-in-the-united-states/.

4 **«Hay tantos como hay personas»:** *Salt of the Earth: Christianity and the Catholic Church at the End of the Millennium* de Papa Benedicto XVI y Peter Seewald (San Francisco: Ignatius Press, 1997), 8.

4 **«La Iglesia es una casa con cientos de puertas; y no hay dos hombres que entren exactamente por el mismo ángulo»:** *The Catholic Church and Conversion* de G.K. Chesterton (San Francisco: Ignatius Press, [1926] 2007), 38.

4 **por cada persona que se convierte en Católica, aproximadamente 6,5 abandonan la Iglesia:** «America's Changing Religious Landscape», Pew Research Center, Washington, DC, 12 de mayo, 2015, https://www.pewforum.org/2015/05/12/americas-changing-religious-landscape/.

6 **la Diócesis [de Springfield] se asoció con investigadores:** *Joy and Grievance in an American Diocese: Results from Online Surveys of Active and Inactive Catholics in Central Illinois* de Philip R. Hardy, Kelly L. Kandra, Brian G. Patterson (Lisle, IL: Benedictine University, 2014), https://www.dio.org/uploads/files/Communications/Press_Releases/2014/Joy-and-Grievance-PUBLIC-FINAL-sep-11-2014.pdf.

6 **Estas son las razones más comunes que dio la gente:** «Faith in Flux», Pew Research Center, Washington, DC, 27 de abril, 2009, https://www.pewforum. org/2009/04/27/faith-in-flux/.

7 **La Diócesis de Trenton, New Jersey, encontró razones similares:** Citado en William J. Bryan, «Why They Left: Exit Interviews Shed Light on Empty Pews», *America*, April 30, 2012, http://americamagazine.org/issue/5138/article/why-they-left.

8 **«No sé qué más enumerar»:** «Christian Formation and the Cost of the Culture Wars», *A Queer Calling* (blog), de Sarah, 1ro de mayo, 2014, http://aqueercalling. com/2014/05/01/christian-formation-and-the-cost-of-the-culture-wars/.

8 **Entre los ex-Católicos que no están actualmente afiliados con ninguna religión:** «U.S. Religious Landscape Survey», Pew Research Center,

Washington, DC, 1ro de junio, 2008, https://www.pewforum.org/2008/06/01/u-s-religious-landscape-survey-religious-beliefs-and-practices/.

9 **Un grupo de investigadores de la Universidad Notre Dame encontró:** Citado en «Portrait of Young Catholics Sobering but Vital», *Our Sunday Visitor,* de Ann Carey, 11 de junio, 2014.

10 **lo que los sociólogos Christian Smith y Melinda Lundquist Denton han llamado «deísmo terapéutico moralista»:** *Soul Searching: The Religious and Spiritual Lives of American Teenagers* de Christian Smith y Melinda Lundquist Denton (Oxford: Oxford University Press, 2009), 163.

10 **Más de la mitad (54%) de los nominalmente Católicos jóvenes creen en Dios pero piensan que no es personal:** *Young Catholic America,* Smith y otros, 67.

11 **«¿Qué interesa mientras estén contentos?»:** *The Problem of Pain* de C.S. Lewis (New York: Macmillan, 1962), 40.

11 **«Nosotros no hemos sido creados para una vida fácil, sino para cosas grandes, para el bien»:** «Address to the German Pilgrims Who Had Come to Rome for the Inauguration Ceremony of the Pontificate», del Papa Benedicto XVI, 25 de abril, 2005, http://www.vatican.va/content/benedict-xvi/en/speeches/2005/april/documents/hf_ ben-xvi_spe_20050425_german-pilgrims.html.

Capítulo 2: ¿A Dónde Están Yendo?

15 **Desde 2007 hasta 2014, el porcentaje de norteamericanos sin afiliación religiosa se disparó del 16% al 23%:** «America's Changing Religious Landscape», Pew Research Center, Washington, DC, 12 de mayo, 2015, https://www.pewforum.org/2015/05/12/americas-changing-religious-landscape/.

15 **el 21% fue criado en un hogar sin afiliación religiosa, mientras que el 28% fue criado Católico:** «America's Changing Religious Landscape», Pew Research Center.

15 **¿La edad promedio de los sin afiliación? Solo treinta y seis:** «America's Changing Religious Landscape», Pew Research Center.

16 *doble* de posibilidades de decir que no tienen religión comparado con identificarse como Católicos: «America's Changing Religious Landscape», Pew Research Center.

16 Algunas de sus características pueden sorprenderlo: «"Nones" on the Rise», Pew Research Center, Washington, DC, 9 de octubre, 2012, https://www.pewforum. org/2012/10/09/nones-on-the-rise/.

18 «Créalo o no, eso hace más fácil traerlo de regreso a la Iglesia»: *Search and Rescue: How to Bring Your Family and Friends Into or Back Into the Catholic Church* de Patrick Madrid (Manchester, NH: Sophia Institute Press, 2001), 57.

18 La porción de Protestantes tradicionales norteamericanos bajó del 18% en 2007 al 14% en 2014: «America's Changing Religious Landscape», Pew Research Center.

20 «Creo en Dios y básicamente celebro la Navidad»: Citado en «Young Catholic America», *Books and Culture: A Christian Review,* de Anna Sutherland (mayo/junio 2014).

20 «Simplemente no practico más»: Correspondencia personal por email.

21 «la ven como una fuente positiva de identidad y unión familiar»: Christian Smith, Kyle Longest, Jonathan Hill, Kari Christoffersen, *Young Catholic America: Emerging Adults In, Out Of, and Gone from the Church* (New York: Oxford University Press, 2014), 107.

21 «levantarse temprano el domingo es difícil»: Correspondencia personal por email con el autor.

21 «un propósito más profundo en la vida no era una prioridad para ellos»: Molly Oshatz, «From "Meh" to "Amén"», *First Things,* 8 de junio, 2015, http://www.firstthings.com/web-exclusives/2015/06/can-the-nones-go-from -meh-to-amen.

22 «El objetivo de abrir la mente, tal como el de abrir la boca es cerrarla de nuevo sobre algo sólido»: *The Autobiography of G.K. Chesterton* de G.K. Chesterton (San Francisco: Ignatius Press, [1936] 2006), 217.

22 «Pero un hombre que simplemente ignora el tema entero está actuando como un tonto»: *Catholic Evidence Training Outlines* de Frank Sheed y Maisie Ward (Steubenville, OH; Franciscan University Press, [1948] 1993), 158.

22 «La única cosa que no puede ser es de importancia moderada»: *God in the Dock* de C.S. Lewis (Grand Rapids, MI: Eerdmans, [1970] 2014), 102.

23 «La naturaleza, para mí, es todo de lo que se trata Dios. Es una renovación»: Citado en *When a Loved One Leaves the Church* de Lorene Hanley Duquin (Huntington, IN: Our Sunday Visitor, 2001), 38.

25 «sean factores que contribuyan mucho al cambio»: *Young Catholic America* de Christian Smith y otros, 102.

26 Su número se ha duplicado en la última década: «America's Changing Religious Landscape», Pew Research Center.

26 12% de ex-Católicos se identifican como ateos y 16% como agnósticos — Citado por Mark Gray en «Your Average American Catholic: A Model Citizen for a Diverse Church», *America*, 18 de mayo, 2015, https://www.americamagazine.org/issue/your-average-american-catholic.

Capítulo 3: Los Cinco Grandes Mitos Sobre los Católicos que se Alejan

29 «algunos jóvenes parecen esperar permanecer inactivos religiosamente durante los años anteriores al matrimonio y durante la temprana adultez»: *Young Catholic America: Emerging Adults In, Out Of, and Gone from the Church* de Christian Smith, Kyle Longest, Jonathan Hill y Kari Christoffersen (New York: Oxford University Press, 2014), 117.

29 «antes que un cimiento para saltar a la adultez y a la paternidad»: *Knot Yet: The Benefits and Costs of Delayed Marriage in America* de Kay Hymowitz, Jason S. Carroll, W. Bradford Wilcox y Kelleen Kaye, (Charlottesville, VA: The National Marriage Project at the University of Virginia, 2013), 4, http://nationalmarriageproject.org/wp-content/uploads/2013/03/KnotYet-FinalForWeb. pdf.

30 el índice más bajo de natalidad registrado en la historia de Estados Unidos: Citado por Neil Shah en «Just How Much Did the Recession Make 20-Somethings Delay Children?», *Wall Street Journal*, April 28, 2015, https://blogs.wsj.com/economics/2015/04/28/just-how-much-did-the-recession-make-20-somethings-delay-children/.

31 «No valió la pena conservar los rituales sin la relación»: Correspondencia personal por email con el autor.

31 «no hay un efecto significativo directo de asistir a una escuela Católica sobre el incremento de la religiosidad en los que emergen a la edad adulta»: *Young Catholic America,* Smith y otros, 253.

31 «tuvieron de poca a nula influencia cinco años después sobre aquellos que asistieron a las mismas»: *Young Catholic America,* Smith y otros, 270.

32 poco a ningún efecto en que la gente joven mantenga su fe al entrar en la edad adulta: «Faith in Flux», Pew Research Center, Washington, DC, 27 de abril, 2009, https://www.pewforum.org/2009/04/27/faith-in-flux/.

32 «una preparación genuina para una fe viva y permanecen como apoyo de ella durante toda la vida»: *Catechism of the Catholic Church,* 2nd ed., no. 2225 (Washington, DC: USCCB Publishing, 1997), 537.

33 El hijo de Ronda dejó la Iglesia a los dieciséis y no regresó hasta que cumplió treinta y dos: Citado en «To the Parent of a Prodigal», *Ronda's Resting Place* (blog), http://rondasrestingplace.net/subpage29.html (sitio discontinuado).

34 «no podemos hacernos responsables legítimamente de esa decision»: *When Someone You Love Leaves the Church* de Bert Ghezzi (Fort Wayne, IN: Our Sunday Visitor, 2009), pamphlet.

35 «La única identidad que es sensata, verdadera y sólida es que usted es un preciado hijo de Dios»: *Engaging Today's Prodigal: Clear Thinking, New Approaches, and Reasons for Hope* de Carol Barnier (Chicago, IL: Moody Publishers, 2012), 111.

Capítulo 4: Lo Básico

41 «la fe religiosa, el compromiso y la práctica de sus padres»: *Young Catholic America: Emerging Adults In, Out Of, and Gone from the Church* de Christian Smith, Kyle Longest, Jonathan Hill y Kari Christoffersen (New York: Oxford University Press, 2014), 27.

42 «lo más crucial es el compromiso, intencionalidad, ejemplo y estímulo de los padres Católicos»: *Young Catholic America,* de Smith y otros, 268.

42 **«Quería la paz que parecía provenir de su fe en Dios»:** Citado en *When a Loved One Leaves the Church* de Lorene Hanley Duquin (Huntington, IN: Our Sunday Visitor, 2001), 89.

43 **«probablemente los estemos enfermando más, desde el punto de vista espiritual»:** Conversación personal con el autor.

45 **«asegúrese siempre de estar más centrado en la enfermedad de su corazón que en sus síntomas»:** «Let Them Come Home», *Christianity.com*, por Abraham Piper, 19 de julio, 2013, http://www.christianity.com/theology/12 -ways-to-love-your-wayward-child-11625957. html (artículo discontinuado).

45 **«Hoy parece a veces que prevalece el orden inverso»:** Papa Francisco en «A Big Heart Open to God», entrevista de Antonio Spadaro, SJ, *America*, 13 de septiembre, 2013, https://www.americamagazine.org/faith/2013/09/30 /big-heart-open-god-interview-pope-francis.

47 **«me dijera lo que piensa en vez de simular que está tratando de ayudar»:** Correspondencia personal por email con el autor.

47 **«si no se hace de manera cuidadosa, puede interpretarse como proselitismo agresivo»:** Correspondencia personal por email con el autor.

47 **«La Iglesia propone; no impone nada»:** Juan Pablo II, *Redemptoris Missio,* 39, carta encíclica, sitio del Vaticano, 7 de Diciembre, 1990, http://www.vatican .va/content/john-paul-ii/en/encyclicals/documents/hf_jp-ii_enc_07121990 _redemptoris-missio.html.

51 **«Esta es una de las transiciones más dificultosas para un no creyente postmoderno»:** *Forming Intentional Disciples: The Path to Knowing and Following Jesus* de Sherry Weddell (Fort Wayne, IN: Our Sunday Visitor, 2015), 130.

53 **«solo cuando él ve a Jesús más como verdaderamente es»:** «Let Them Come Home», *Christianity.com*, de Abraham Piper, 19 julio, 2013, http://www .christianity .com/theology/12-ways-to-love-your-wayward-chi ld-11625957 .html (artículo discontinuado).

Capítulo 5: Ore, ayune y sacrifíquese

58 **«Le oré a Santa Mónica para que intercediera por los miembros de nuestra familia»:** Citado en «St. Monica, Pray for Our Wayward Children's Conversions», *National Catholic Register*, de Joseph

Pronechen, 24 de agosto, 2003, https://www.ncregister.com/features /st-monica-pray-for-our-wayward-childrens-conversions.

58 Una encuesta reciente preguntó a padres Católicos: «The Catholic Family: 21st Century Challenges in the United States», The Center for Applied Research in the Apostolate (CARA), de Mary M. Gray, junio de 2015.

60 [El Obispo Barron] estaba visitando un campus universitario: Esta es la repetición de una historia contada por el Obispo Robert Barron, «Bishop Barron on Evangelizing with the Heart of a Shepherd», video de YouTube, 25 de septiembre, 2014, 1:46, https://www. youtube.com/watch?v=dQBXwv-WCWU.

62 «no seríamos capaces de levantarnos de nuestras rodillas por el resto de nuestras vidas»: *Before I Go: Letters to Our Children about What Really Matters* de Peter Kreeft (Lanham, MD: Sheed & Ward, 2007), 231.

63 «Y estad seguros de que en ese mismo instante habéis comenzado»: Josemaría Escrivá, *The Way*, ch. 3, no. 90, sitio web de Josemaría Escrivá, https://www.escrivaworks.org/book/the_way.

64 «al menos como un perro a la puerta del maestro, listo por si me llamaba»: *Treasure in Clay: The Autobiography of Fulton J. Sheen* de Fulton Sheen (New York: Image Books, 2008, original 1980), 201–202.

65 «esta oración es siempre escuchada»: *Divine Mercy in My Soul* de Santa Faustina Kowalska (Stockbridge, MA: Marian Press, 1987), nos. 1209, 1397.

66 «La Oración es un don poderoso»: Citado en «What to Do When Children Leave the Church», *National Catholic Register* de Marge Fenelon, 27 de mayo, 2011, https://www. ncregister.com/features/what-to-do-when -children-leave-the-church.

69 «sólo permite que mi gente se convierta»: Citado en «The Immolations of the Cure d'Ars», *Homiletic and Pastoral Review* de Pr. Lance W. Harlow (marzo 2011): 18–19.

Capítulo 6: Capacítese a Sí Mismo

85 «el Catolicismo es verdadero»: «Why I Am a Catholic», in *The Collected Works of G.K. Chesterton*, vol. 3 de G.K. Chesterton (San Francisco: Ignatius Press, 1990), 127.

87 «su proposición para los oyentes»: *Filling Our Father's House: What Converts Can Teach Us About Evangelization* de Shaun McAfee (Manchester, NH: Sophia Institute Press, 2015), 37–38.

88 «Cuente esa historia»: *Filling Our Father's House* de McAfee, 40.

Capítulo 7: Plante las semillas

90 «eligiendo dormir y un desayuno tarde sin prisa cuando llegaba la mañana del domingo»: Correspondencia personal por email con el autor.

91 «sin importar lo que haya hecho, él todavía es amado»: *Bringing Home the Prodigals* de Rob Parsons (Colorado Springs, CO: Authentic Publishing, 2007), 34.

95 «cuando la casa del Padre esté llena del amor del Padre, los hijos pródigos volverán a casa»: Citado en *Bringing Home the Prodigals* de Parsons, 83.

95 Rob Parsons cuenta sobre un joven: *Bringing Home the Prodigals* de Parsons, 13.

96 «No disminuya la probabilidad de una oportunidad de estar con su hijo rechazándolo con reglas»: «Let Them Come Home», *Christianity.com* de Abraham Piper, 19 de julio, 2013. Accesible online en http://www.christianity.com/theology/12-ways-to-love-your-wayward-child-11625957.html (artículo discontinuado).

98 «No sabes cuán feliz hace a una madre ver a su hijo regresar a la iglesia»: Citado en *The Four Signs of a Dynamic Catholic* de Matthew Kelly (Hebron, KY: Beacon Press, 2013), 101.

98 «confío en que plantamos algunas semillas»: Correspondencia personal por email con el autor.

98 Una de mis historias favoritas sobre «regalos semilla» viene de una mujer llamada Leila: «Converted by the "Catholicism" Series», Word on Fire de Leila Miller, 8 de enero, 2015, https://www.wordonfire.org/resources/blog/converted-by-the-catholicism-series/19987.

102 Una encuesta reciente le pidió a cientos de jóvenes ateos que describieran su recorrido hasta el escepticismo: «Listening to Young Atheists: Lessons for a Stronger Christianity», *The Atlantic* de Larry

Alex Taunton, 6 de junio, 2013, http://www.theatlantic.com/national/archive /2013/06/listening-to-young-atheists-lessons-for-a-stronger-christianity /276584.

103 «El Centro de Investigación Pew halló que el 92% de los adolescentes se conectan a internet todos los días y un cuarto dice que están conectados "casi constantemente"»: Amanda Lenhart, «Teens, Social Media & Technology Overview 2015», Pew Research Center, Washington, DC, 9 de abril, 2015, https://www.pewresearch.org/internet/2015/04/09 /teens-social-media-technology-2015/.

104 El adolescente norteamericano promedio ocupa más de siete horas por día frente a las pantallas: «Teen Social Media Statistics 2020 (What Parents Need to Know)», Smart Social: Learn How to Shine Online, 25 de febrero, 2020, https://smartsocial. com/social-media-statistics.

Capítulo 8: Comience la Conversación

105 Una nueva encuesta a adolescentes Católicos reveló: Mark Gray, «The Catholic Teenager: A Few Mysteries Solved», *1964* (blog), Center for Applied Research in the Apostolate (CARA), 2 de mayo, 2013, http://nineteensixty-four. blogspot.com/2013/05/the-catholic-teenager-few-mysteries.html.

105 «algunas veces me siento incapaz incluso de que me escuchen aquellos que más amo. No soy el único»: *Search and Rescue: How to Bring Your Family and Friends Into or Back Into the Catholic Church* de Patrick Madrid (Manchester, NH: Sophia Institute Press, 2001), xix.

107 «Dios le dará las agallas»: «Let Them Come Home», *Christianity.com* de Abraham Piper, 19 de julio, 2013. Accesible online en http://www. christianity. com/theology/12-ways-to-love-your-wayward-child-11625957.html (artículo discontinuado).

108 Le preguntaron cierta vez al teólogo Francis Schaeffer qué haría si tuviera una hora con un no Cristiano: Citado en *The Unbelievable Gospel: Say Something Worth Believing* de Jonathan K. Dodson (Grand Rapids, MI: Zondervan, 2014), 51.

109 Marcel LeJeune, fundador de Catholic Missionary Disciples [Discípulos Misioneros Católicos], ofrece una lista de preguntas útiles

que usted podría realizar durante la etapa de escucha: «Questions to Ask Others When Evangelizing», *St. Mary's Aggie Catholic Blog* de Marcel LeJeune, 11 de mayo, 2015, http://www.aggiecatholicblog.org/2015/05/questions-to-ask-others-when-evangelizing.

111 **«nunca realizar una afirmación, al menos inicialmente, cuando una pregunta hará el trabajo»:** *Tactics: A Game Plan for Discussing Your Christian Convictions* de Gregory Koukl (Grand Rapids, MI: Zondervan, 2009), 47.

111 **Mi amigo Trent Horn, apologista del equipo de Catholic Anwers, brinda cinco preguntas concretas para hacer en conversaciones:** Ver «The Apologist's Most Important Tool», Catholic Answers de Trent Horn, 10 de julio, 2013, https://www.catholic. com/magazine/online-edition/the-apologists-most-important-tool.

114 **«Si no lo es, puedes decirme por qué tu opción es la mejor»:** *Tactics: A Game Plan for Discussing Your Christian Convictions* de Gregory Koukl (Grand Rapids, MI: Zondervan, 2009), 86.

Capítulo 9: Avance en el diálogo

118 **«Si alguien se enoja en la conversación, usted pierde»:** *Tactics: A Game Plan for Discussing Your Christian Convictions* de Gregory Koukl (Grand Rapids, MI: Zondervan, 2009), 30.

119 **el 55% de la comunicación es lenguaje corporal, el 38% depende del tono de voz y el 7% de las palabras realmente dichas:** «Is Nonverbal Communication a Numbers Game?», *Psychology Today* de Jeff Thompson, 30 de septiembre, 2011, https://www.psychologytoday.com/blog/beyond-words/201109/is-nonverbal-communication-numbers-game.

121 **El teólogo Anglicano N. T. Wright brinda una anécdota aleccionadora:** «Jesus and the Identity of God», de N.T. Wright, Página de N.T. Wright, 12 de julio, 2016, http://ntwrightpage.com/Wright_JIG.htm.

122 **«hay millones que odian lo que equivocadamente creen es la Iglesia Católica —lo que es, por supuesto, una cosa muy diferente»:** Fulton Sheen en el prefacio de *Radio Replies*, vol. 1, Catholic Apologetics Online: Radio Replies, http://www.radioreplies.info/vol-1-preface.php.

124 «Esto hace posible la comunicación, ser escuchados, y tener un diálogo apropiado»: *How to Defend the Faith Without Raising Your Voice: Civil Responses to Catholic Hot Button Issues, Revised and Updated* de Austen Ivereigh y Kathryn Jean Lopez (Huntington, IN: Our Sunday Visitor, 2015), 15.

127 Preguntas «Piedra en el Zapato»: Crédito a Gregory Koukl por el concepto de «Piedra en el Zapato»; ver *Tactics* de Koukl, 38.

129 «¡la Iglesia es un hogar alegre!»: Papa Francisco, «Angelus», 15 de diciembre, 2013, http://www.vatican.va/content/francesco/en/angelus/2013/documents/papa-francesco_angelus_20131215.html.

Capítulo 10: Invítelo y Conéctelo

134 «Así que me inscribí y eso fue todo»: Conversación personal con el autor.

136 «si escucha a los maestros es porque son testigos»: Papa Pablo VI, *Evangelii Nuntiandi*, 41, Sitio Web del Vaticano, 8 de diciembre, 1975, http://www.vatican. va/content/paul-vi/en/apost_exhortations/documents/hf_p-vi_exh_19751208_ evangelii-nuntiandi.html.

138 «Cualquier cosa que no sea acogedora o sea moralizante es muy probable que aleje a la gente de su parroquia y de la fe»: Citado en «Lapsed Catholics Weigh in on Why They Left the Church», *Our Sunday Visitor* de Mark Gray, 22 de octubre, 2014, https://www.osvnews.com/2014/10/22/lapsed-catholics-weigh-in-on-why-they-left-church/.

141 «si no fuera por la gente que se me estuvo acercando constantemente sin juzgarme moralmente»: Citado en «You Can Go Home Again: Catholics Return to the Church», *U.S. Catholic* de Kristin Peterson, 15 de junio, 2011, https://uscatholic.org/articles/201106/you-can-go-home-again-catholics-return-to-the-church/.

141 «qué había que remodelar para alinearlo con Dios mientras iba aprendiendo cómo era él»: *Engaging Today's Prodigal: Clear Thinking, New Approaches, and Reasons for Hope* de Carol Barnier (Chicago, IL: Moody Publishers, 2012), 111.

142 «Hubo un período de reflexión hasta que puso en orden los detalles»: *Tactics: A Game Plan for Discussing Your Christian Convictions* de Gregory Koukl (Grand Rapids, MI: Zondervan, 2009), 39.

Capítulo 11: Cierre el Círculo

144 «Estarías dispuesto a invitar a Jesús a entrar en tu vida ahora mismo?»:, «The Fatal Flaw of Catholics Who Evangelize», *St. Mary's Aggie Catholic Blog* de Marcel LeJeune, 1ro de junio, 2015, https://www.aggiecatholicblog.org/2015/06/the-fatal-flaw-of-catholics-who-evangelize/.

144 «Di una oración conmigo para pedir a Jesús que guíe tu vida y sea tu Señor. ¿Qué tienes para perder?»: *Filling Our Father's House: What Converts Can Teach Us About Evangelization* de Shaun McAfee (Manchester, NH: Sophia Institute Press, 2015), 45.

145 Marcel LeJeune agrega un consejito más: «The Fatal Flaw of Catholics Who Evangelize» de Marcel LeJeune.

151 «la buena voluntad y el amor compartido entre los miembros de la familia»: *Returning Home to Your Catholic Faith: An Invitation* de Sally L. Mews (Liguori, MO: Liguori Publications, 2003), 25.

153 «Los ministros pastorales pueden estar seguros de que asistir a las parejas a regularizar su situación no es aprobar la convivencia»: «Marriage Preparation And Cohabiting Couples: An Information Report on New Realities and Pastoral Practices» Conferencia de Obispos Católicos de los Estados Unidos (1999), sitio web de la Conferencia de Obispos Católicos de los Estados Unidos, http://www.usccb.org/issues-and-action/marriage-and-family/marriage/marriage-preparation/cohabiting.cfm.

153 «sé que estoy excomulgada y la Iglesia no puede perdonarme»: Citado en «Strong Medicine», *Catholic Answers* de Pete Vere, 1ro de noviembre, 2007, https://www.catholic.com/magazine/print-edition/strong-medicine.

156 Lorene Hanley Duquin desacredita algunos mitos populares sobre las anulaciones: *When a Loved One Leaves the Church* de Lorene Hanley Duquin (Huntington, IN: Our Sunday Visitor, 2001), 198.

Capítulo 12: Objeciones Personales

165 «sabe lo que la Iglesia enseña sobre la presencia real y no lo cree»: «Your Average American Catholic: A Model Citizen for a Diverse Church», *America* de Mark Gray, 18 de mayo, 2015, https://www.americamagazine.org /issue/your-average-american-catholic.

165 «esto exige una respuesta creativa desde el punto de vista litúrgico, pastoral, doctrinal y práctico»: Ver «Why They Left: Exit Interviews Shed Light on Empty Pews», *America* de William J. Bryan, 30 de abril 30, 2012, http:// americamagazine.org/issue/5138/article/why-they-left.

168 Una reciente encuesta encontró que solo el 61% de los adolescentes Católicos está de acuerdo: «The Catholic Teenager: A Few Mysteries Solved», *1964* (blog) de Mark M. Gray, Center for Applied Research in the Apostolate (CARA), 2 de mayo, 2013, http://nineteensixty -four.blogspot.com/2013/05 /the-catholic-teenager-few-mysteries.html.

169 «Para deshacerme de mis pecados»: *The Autobiography of G.K.Chesterton* de G.K. Chesterton (San Francisco: Ignatius Press, [1936] 2006), 324.

172 Una reciente encuesta del Foro Pew encontró que cerca del 40% de los matrimonios desde 2010 puede ser clasificado como «mezclados religiosamente»: «America's Changing Religious Landscape», Pew Research Center, Washington, DC, 12 de mayo, 2015, https://www. pewforum. org/2015/05/12/americas-changing-religious-landscape/.

174 «El alejamiento de la iglesia le causa un gran dolor a mi madre y eso me entristece»: Correspondencia personal por email con el autor.

174 «Sentí como si esta gente en la congregación fuera la gente más moralizante que jamás hubiera conocido»: Correspondencia personal por email con el autor.

174 «Ahora ella asiste a una iglesia Protestante donde ella dice que la gente es amigable y realmente se preocupa de uno»: Citado en *When a Loved One Leaves the Church* de Lorene Hanley Duquin (Huntington, IN: Our Sunday Visitor, 2001), 22.

176 «Recuerde que Dios está tratando de llevarnos al cielo, no de mantenernos fuera»: Pr. Andrew Carrozza, «God would never forgive me

THAT!» Pr. Andrew P. Carrozza: Being Catholic is Cool, 24 de abril, 2012, http://fathercarrozza. com/2012/08/24/god-would-never-forgive-me-that.

Capítulo 13: Objeciones Morales

178 «La Iglesia no nos quiere a ninguna de las dos»: Citado en «Lapsed Catholics Weigh in on Why They Left the Church», *Our Sunday Visitor* de Mark Gray, 22 de octubre, 2014, https://www.osvnews.com/2014/10/22 /lapsed-catholics-weigh-in-on-why-they-left-church/.

179 «Su orientación [homosexual] no es el problema . . . Son nuestros hermanos»: Papa Francisco, «Press Conference of Pope Francis during the Return Flight from Rio de Janeiro», 28 de julio, 2013, http://www.vatican.va /content/francesco /en/speeches/2013/july/documents/papa-francesco _20130728_gmg-conferenza -stampa.html.

181 Hace unos pocos años, una recopilación de encuestas nacionales reveló que la percepción del Cristianismo más común en la actualidad es «antihomosexual»: Ver *unChristian: What a New Generation Really Thinks About Christianity . . . and Why It Matters* de David Kinnaman (Grand Rapids, MI: Baker Books, 2007), 27.

183 uno de los estudios más grandes de Pew encontró que más gente LGBT se identifica como Católica (17%) que con ninguna otra tradición religiosa: «America's Changing Religious Landscape», Pew Research Center, Washington, DC, 12 de mayo, 2015, https://www.pewforum.org/2015/05/12 /americas-changing-religious-landscape/.

185 «Luego de decírselo sólo a una persona, se me dijo descaradamente que iba a arder en el infierno. Eso fue todo para mí»: Correspondencia personal por email con el autor.

188 «de tener que pasar por el programa de preparación matrimonial de pre-Caná»: Correspondencia personal por email con el autor.

188 En la actualidad, aproximadamente dos tercios de las parejas conviven antes de casarse, un incremento del 900% en la convivencia durante los últimos cincuenta años: Lauren Fox, «The Science of Cohabitation: A Step Toward Marriage, Not a Rebellion», *The Atlantic*, 20 de marzo, 2014, http://www.theatlantic.com/health/archive/2014/03/the-science-of-cohabitation-a-step-toward-marriage-not-a-rebellion/284512.

188 solo uno de cada cuatro norteamericanos desaprueba la convivencia antes del matrimonio: Brandon Gaille, «43 Statistics on Cohabitation Before Marriage», Brandon Gaille website, 20 de mayo, 2017, http://brandongaille.com/43-statistics-on-cohabitation-before-marriage.

188 «que están viviendo en pareja, sin haberse casado nunca»: Citado en «Digging Deeper into the Pew Data about the Nones, Millennials, and Christians», *Catholic World Report* de Anne Hendershott, 25 de mayo, 2015, https://www. catholicworldreport.com/2015/05/25/digging-deeper-into-the-pew-data-about-nones-millennials-and-christians/.

189 «factores que podrían presentar desafíos especiales a ellos o ponerlos en riesgo de una interrupción del matrimonio más tarde»: «Marriage Preparation And Cohabiting Couples: An Information Report on New Realities and Pastoral Practices» Conferencia de Obispos Católicos de los Estados Unidos (1999), sitio web de la Conferencia de Obispos Católicos de los Estados Unidos, http://www.usccb.org/issues-and-action/marriage-and-family/marriage/marriage-preparation/cohabiting.cfm.

190 una de cada cinco mujeres que conviven quedan embarazadas dentro de los primeros doce meses de mudarse: Fox, «The Science of Cohabitation».

190 «puede plantear problemas reales a su relación y a sus posibilidades futuras de casarse exitosamente»: Fox, «The Science of Cohabitation».

193 «La enseñanza refleja el rol específico del sacerdote en la comprensión Católica, el cual es representar a Jesús, pararse en su lugar»: *How to Defend the Faith Without Raising Your Voice: Civil Responses to Catholic Hot Button Issues, Revised and Updated* de Austen Ivereigh y Kathryn Jean Lopez (Huntington, IN: Our Sunday Visitor, 2015), 188.

193 «aquellos que están involucrados con grupos juveniles y actividades recreativas son mujeres»: «Catholic Women as Ministers and Theologians», *America* de Catherine Lacugna, October 10, 1992.

195 En respuesta a una encuesta del Foro Pew sobre por qué dejaban la Iglesia Católica: «Faith in Flux», Pew Research Center, Washington, DC, 27 de abril, 2009, https://www.pewforum.org/2009/04/27/faith-in-flux/.

196 «La píldora es la única droga que fue desarrollada para dársela a una mujer que estaba sana para crearle un estado de enfermedad»: Citado en «Pill's Pitfalls Create "Contraceptive Conundrum"», *Our Sunday Visitor* de Matthew Bunson, August 12, 2015.

196 las mujeres que toman la píldora tienen entre el 20 y 40% más posibilidades de tener cáncer de mamas que las mujeres que no y tienen muchas más posibilidades de contraer cáncer de cuello de útero o de piel que otras mujeres: Citado en Couple to Couple League, «The Pill: How Does It Work? Is it Safe?», EWTN, https://www.ewtn. com/catholicism/library /pill-how-does-it-work-is-it-safe-11232.

197 Cuando se utiliza apropiadamente, algunos de los métodos NFP han sido medidos con un 98% de efectividad en evitar el embarazo no deseado: Ver «Just How Effective is Natural Family Planning, Anyway?», *Shameless Popery* (blog) de Joe Heschmeyer, 11 de Septiembre, 2013, http://shamelesspopery.com /just-how-effective-is-natural-family-planning-anyway/.

199 «¿Cómo pudo ocurrir esto en una familia Católica?»: Citado en *When a Loved One Leaves the Church* de Lorene Hanley Duquin (Huntington, IN: Our Sunday Visitor, 2001), 192.

200 «La mejor cosa que hice alguna vez fue ir y hablar con un sacerdote que me dijo que no había razón por la cual no pudiera volver a casa»: Citado en Duquin, 193.

Capítulo 14: Objeciones Teológicas

204 Dios proporciona suficiente luz para aquellos que quieren ver, y suficiente oscuridad para esconderse en las sombras: *Pensees* de Blaise Pascal (New York: Penguin Classics, 1995), 50.

204 «la ciencia prueba que la religión es superstición»: «Faith in Flux», Pew Research Center, Washington, DC, 27 de abril, 2009, https://www .pewforum.org/2009/04/27/faith-in-flux/.

204 «el Cristianismo es anticiencia»: «Six Reasons Young Christians Leave Church», Barna Group, 27 de septiembre, 2011, https://www.barna.com/research/six-reasons-young-christians-leave-church/.

206 «La antorcha de la ciencia no puede iluminar la respuesta a cada pregunta que tenemos sobre el mundo»: *20 Answers: Faith and Science* de Trent Horn (El Cajon, CA: Catholic Answers, 2015), 25.

206 Encuestas recientes muestran que aproximadamente la mitad de los científicos en actividad son teístas: Citado en «Jesuit Philosopher Works to Demonstrate Compatibility of Faith and Science», de Fr. Robert Spitzer, entrevista por Jim Graves, *Catholic World Report*, 4 de noviembre, 2014, https://www.catholicworldreport.com/2014/11/04/jesuit-philosopher-works-to-demonstrate-compatibility-of-faith-and-science/.

207 «Hay más evidencia de la física de un comienzo del universo que nunca antes»: «Jesuit Philosopher Works to Demonstrate Compatibility of Faith and Science». de Spitzer.

209 «como el Señor viviente, el camino, la verdad y la vida»: Papa Juan Pablo II, *L'Osservatore Romano* (English Edition), 24 de marzo, 1993, 3.

209 Una encuesta reciente de Pew encontró que solo el 60% de los Católicos adultos cree aún en un Dios personal: Citado en *Forming Intentional Disciples: The Path to Knowing and Following Jesus* de Sherry Weddell (Fort Wayne, IN: Our Sunday Visitor, 2015), 35.

210 «No era difícil convencerlos de olvidar los sacramentos junto con la Iglesia que enfatizaba los sacramentos»: «How I Led Catholics Out of the Church», de Steve Wood, Catholic Education Research Center, https://www.catholiceducation.org/en/religion-and-philosophy/apologetics/how-i-led-catholics-out-of-the-church.html.

213 «todos los clérigos . . . se sumerjan en las Escrituras con asidua lectura» — *Dei Verbum*, 25, sitio web de Vaticano, 18 de noviembre 18, 1965, https://www.vatican.va/archive/hist_councils/ii_vatican_council/documents/vat-ii_const_19651118_dei-verbum_en.html.

214 ocho de diez (81%) nombran el disfrute del servicio religioso y el estilo de adoración como razón principal: «Faith in Flux», Pew Research Center.

216 «decidí que no podía tener nada que ver con un Dios que había permitido esa clase de dolor en mi corazón»: Correspondencia personal por email con el autor.

Conclusión

220 sólo céntrese en ayudar a su hijo a que se acerque un 1% más a Dios cada día que el día anterior: Esta idea está basada en los conceptos discutidos por Brett y Kate McKay en «Get 1% Better Every Day: The Kaizen Way to Self-Improvement», 31 de julio, 2020, http://www.artofmanliness.com/2015/08/10/get-1-better-every-day-the-kaizen-way-to-self-improvement.

ACERCA DEL AUTOR

Brandon Vogt es Director Senior de Contenidos en el Ministerio Católico Word on Fire del Obispo Robert Barron.

Es autor de diez libros, muchos de los cuales han sido número uno en ventas de Amazon y han ganado el Primer Lugar de premios tanto de la Asociación de Medios Católicos como de la Asociación de Editoriales Católicas.

Brandon es el presentador del podcast semanal *Word on Fire Show* con el Obispo Barron, así como también *The Burrowshire Podcast* con el Pr. Blake Britton. También dirige varios sitios web, incluyendo StrangeNotions.com y ChurchFathers.org.

El trabajo de Brandon ha aparecido en NPR, FoxNews, CBS, EWTN, Radio Vaticano, *Our Sunday Visitor, National Review* y *Christianity Today.*

Está en el consejo de dirección de la Sociedad G. K. Chesterton y presta servicio como Presidente de la Sociedad Chesterton de Florida Central.

Brandon vive con su esposa y siete hijos en Burrowshire, una pequeña granja a las afueras de Orlando, Florida, con gallinas, cabras, cerdos, conejos, patos y un jardín.